Positive Behavior Support

学校全体で取り組む
ポジティブ行動支援
スタートガイド

若林 上総・半田 健・田中 善大・庭山 和貴・大対 香奈子 編著

ジアース教育新社

はじめに

　本書の目的は、学校規模ポジティブ行動支援（School-Wide Positive Behavior Support; 以下、SWPBS と表記し、スクールワイド・ピー・ビー・エスと読みます）を始める上で必要な情報を届けることにあります。SWPBS は、米国をはじめとして世界中で普及し、多くの学校で実践されています。わが国でも、学校の先生方と研究者の協働が進みはじめ、SWPBS の成果を示す研究が発信されるようになってきました。こうした発信をキャッチした現場の先生の中には、「やってみたい！」と声をあげてくださる方がいます。ところが、いざ実際に SWPBS を実践しようとなると、大半の先生は「SWPBS が何かはわかった。でも、何から始めたらよいか…」と悩まれることがしばしばです。

　こうした先生の疑問に答えて、SWPBS のスタートアップに焦点を当てたのが本書です。執筆には大学教員 5 名が参加しました。それぞれは、わが国の教育実践の一層の充実を願い、現場の先生方との協働を通して SWPBS の実践を研究していました。多くの学校と関わり、サポートの提供機会をいただく中で、「学校が本当に変わった！」と言えるほどの成果を共有する機会にも恵まれました。一方で、より多くの先生方に SWPBS の実践が伝わり、興味・関心をお持ちいただけるようになると、「大学教員だけではサポート役が足りない」「自治体や学校が実践に取りかかり、続けるために必要な情報を届けなければいけない」といった課題に直面することになったのです。この課題の解決を目指し、大学教員が現場の先生方と一緒になって蓄積した知見をもとに、SWPBS のスタートアップに関する情報を余すところなく整理したのが本書なのです。

　内容は、主に徳島県、大阪府、宮崎県で取り組まれている実践を中心としました。それぞれの地域では、各自治体、各学校の先生方と大学教員 5 名との協働が行われていました。そこでの実践事例を盛り込んだ本書は、「SWPBS を始めたい！」と考える先生方にとって、具体的に「どうしたらよいか」の理解を促す一助になると確信しております。一方で、伝わる内容が SWPBS の実践の形式的な部分に留まってはいけません。だから、理論的な部分、本質的な部分に関する内容も議論し、十分に盛り込みました。

　本書は、大学教員 5 名が日本における SWPBS の現在、将来にわたる普及・拡大までを議論した結果です。多くの時間を費やした過程では、今回の掲載には至らなかったものの、先生方と共有したい情報が数多く議論されました。

あまりにも多くの議論をこなす中で、途中、「本当にこの本は完成するのか？」と心配するほどでした。しかし、大学教員5名が「今、この本が日本には必要！」との情熱を持って作業にあたり、皆様のお手元に届けることとなったのです。

　SWPBSは単なる教育プログラムではありません。すべての子どもに支援を届けるフレームワークです。SWPBSとしての実践を満たす要素は四つあります。1つ目は、実践（practice）です。大前提となるのは、効果の見込める方策の実施です。だから、応用行動分析学の研究領域で蓄積された知見を参考に方策を検討します。2つ目は、システム（system）です。実践の計画、実行、評価、見直しを学校規模に広げる工夫として、全教職員がどのように共通理解を図るか、全教職員が一貫して実践するか、その評価を全教職員でどう分かち合い、見直しにつなげるか、といったことを仕組み化します。3つ目は、データ（data）です。一人ひとりの子どもの行動変容を捉えるのに観察記録を数値化し、取組の成果や課題の明確化を実現します。この3つの要素を取り入れた実践により、4つ目の要素となる成果（outcomes）を導くのがSWPBSです。

　フレームワークとしてSWPBSを実践に取り入れることは、自治体や学校に多くの利益をもたらします。特別支援教育コーディネーターの先生、生徒指導主事の先生が本書を手に取れば、校内の指導・支援体制の見直し、再構築に必要なノウハウを知り、実践につなげることが期待できます。校長先生、教頭先生が本書を手に取れば、より良い指導・支援に必要な学校マネジメントの在り方に気づきを得るでしょう。各自治体の指導主事が本書を手にとれば、地域の教育振興の一層の推進に役立つアイデアが見つかるでしょう。それぞれの立場で本書をご活用いただき、児童生徒の日々の生活を豊かにし、保護者や地域の皆様の期待に応える教育実践に取り組まれることを何よりも期待しております。そうして、本書が学校や地域の一層の教育振興のお役に立てることは、編著者一同にとって望外の喜びです。

　令和5年5月

編著者を代表して

若林　上総

本書のポイント

　本書では、ポジティブ行動支援（Positive Behavior Support; PBS; 第1章第2節参照）を取り扱います。中心的なテーマは、どのように学校全体でPBSに取り組むかです。こうした取組は「学校規模ポジティブ行動支援（School-Wide Positive Behavior Support）」と呼ばれます。本書では、これ以降、学校規模ポジティブ行動支援をSWPBSと表記します。SWPBSの読み方は、「スクールワイド・ピー・ビー・エス」です。SWPBSは、3層支援モデル（第1章第2節参照）に基づき支援体制を構築します。

　本書の構成は全3章です。内容は、3層支援モデルの基礎となる第1層支援を中心に取り上げます。本書は、SWPBSの導入を図りたいと考える学校の推進チームメンバー、特に生徒指導主事、特別支援教育コーディネーターなど、推進リーダーを担う先生にとって、必読書となります。それは、タイトルのとおり、各校のSWPBSのスタートガイドをするために、役立つ情報をふんだんに盛り込んだからです。各章のポイントは以下のとおりです。

【ポイント1】　SWPBS実施の基礎がわかる！　　　　　　　　　　（第1章）

　第1章では、第1節に現在の学校教育の課題、第2節に課題への対応とPBSの考え方の関連が示されています。この2つの節を読むことで、SWPBSに取り組む意義がわかります。「SWPBS実施によって学校のどんな課題が解決できるのか」との疑問がある読者は、この2つの節を熟読することをお勧めします。

　続く第3節では、SWPBS実施に欠かすことのできない「推進チーム」や「推進リーダー」の役割を説明します。この節を読むことで、SWPBSの基礎となる組織づくりのイメージがつかめます。学校全体で組織的に取組を推進するイメージがつかめないと感じる読者には、この節の内容が参考になるでしょう。

　そして、第4節、第5節には、「データ」を取り扱う意義が示されています。SWPBSでは、誰にどのような支援を行うかという判断が、データに基づいて行われます。データは、第4節に示す実行度データと、第5節に示す成果データとで取扱いが異なりますが、いずれもSWPBSを実施する上では取扱い必須です。「支援の判断にデータを使ったことがない」と不安に感じる方、「PBSの考え方が分かれば十分で、データの取扱いは不要」と考える方は、ぜひともこの2つの節を読み、データの大切さを確認してください。

【ポイント2】　第1層支援完全実施までの推進チームの運営がわかる！　（第2章）

　第2章は、4つの節で構成されています。これは、SWPBSの実施が、「探索段階」「導入段階」「試行段階」「完全実施段階」に分けて捉えることができるからです。各節では、冒頭にSWPBSを実施する場合のモデルケースが示されています。ストーリーは、4つの段階それぞれを経るごとに、組織としてのSWPBSの実行度が高まる展開です。このストーリーの後には、各段階で実行度を高めるためのポイントも示されています。SWPBSに初めて取り組む場合には、このモデルケースの内容と、段階ごとのポイントが大きなヒントになるでしょう。

　加えて、第2章の各節には、段階ごとのポイントに沿って、小中学校の実践例が豊富に示されています。「モデルケースが自分の学校の実践には当てはまらない」「他の学校の事例を知りたい」と感じた方には、掲載されている豊富な実践例が大いに参考になるでしょう。

　そして、各節の最後には、推進チームのけん引役となる推進リーダーの役割・ポイントが示されています。段階ごとでの対応に迷いが生じるときには、この節の内容が各段階の対応に見通しを与えてくれるでしょう。

【ポイント3】　第1層支援完全実施後に目指す方向性がわかる！　（第3章）

　第3章は、第1層支援が完全実施段階に達した学校、そうした学校を設置する地域がその後に課題とすべき内容が示されています。特に第1節では、3層支援モデルに必要となる第2層及び第3層支援の概説が示されています。階層的な支援の実施が捉えづらいと考える読者には、この節の内容が理解を助けることになるでしょう。

　第2節では、SWPBSを地域全体で進めるという視点で、どのような要素が必要かを取り上げています。1校1校の実践の充実は、地域での実践の充実につながります。地域の教育振興は日々意図的に行われていますが、SWPBSの研究では、地域の教育振興を実現するための要素に関する知見が整理されています。この節にある、地域の教育振興を進めるヒントは、特に教育委員会の先生にお読みいただきたい内容です。

　なお、本書では、SWPBSの理論的基盤である応用行動分析学の考え方が触れられています。しかし、その内容はごく基本的な部分に留まっています。これは、本書の内容がSWPBS第1層構築を中心としているためです。SWPBS実践をより確実なものとするためには、応用行動分析学を専門として取り扱う各種の書籍・文献もぜひご参照ください。

目　次

はじめに
本書のポイント

第 1 章　学校教育の課題解決を目指す学校規模ポジティブ行動支援（SWPBS）

第 1 節　学校教育の課題と期待される対応 ———————————— 12
1．学校教育が直面している課題 ———————————————————— 12
（1）児童生徒の多様性や行動上の問題 ———————————————— 12
（2）教職員の働き方に関する課題 ————————————————————— 15
2．組織的対応 ———————————————————————————————— 16
（1）生徒指導の重層的支援構造 ———————————————————— 16
（2）生徒指導の重層的支援構造と SWPBS の親和性 ——————— 19
コラム①　SWPBS に取り組む教育委員会の声
　　　　　「宮崎県における SWPBS への期待」 ——————————— 22

第 2 節　学校規模ポジティブ行動支援（SWPBS）とは何か？ —— 23
1．ポジティブ行動支援（PBS）とは？ ————————————————— 23
（1）ポジティブな行動をポジティブなアプローチで伸ばす ——— 23
（2）"行動の ABC" に基づいて考える ———————————————— 25
（3）行動の ABC に基づいて、望ましい行動を伸ばす —————— 27
2．学校規模ポジティブ行動支援（SWPBS）とは ————————— 29
（1）PBS を学校全体で組織的に行う "SWPBS" ——————————— 29
（2）SWPBS を構成する 4 つの要素 ————————————————— 30
（3）SWPBS における 3 層支援 ———————————————————— 33
コラム②　SWPBS に取り組む管理職の声
　　　　　「荒れた学校に幸せを与えてくれた PBS」 ——————— 35

第 3 節　学校規模ポジティブ行動支援の"システム"を支える推進チームと推進リーダー ———————————————————— 36
1．SWPBS 実施の段階 ————————————————————————— 36
（1）SWPBS 実施と 4 つの段階 ———————————————————— 36
2．推進チーム ———————————————————————————————— 39
（1）推進チームとは ——————————————————————————— 39
（2）推進チーム内の役割 ——————————————————————— 40
（3）各学校の校内支援体制と SWPBS の推進チーム —————— 43
3．推進リーダーの役割と資質 ———————————————————— 44
（1）推進リーダーとコーチ —————————————————————— 44
（2）推進リーダーを担うべき人材 —————————————————— 45
4．実際の推進リーダーの姿 ———————————————————————— 46
（1）推進リーダーの活躍と環境 ———————————————————— 46
（2）推進チームを「機能させる」ということ ——————————— 48

（3）推進リーダーが「機能する」環境 ……………………………………………… 49
（4）推進リーダーの専門性向上 …………………………………………………… 50
コラム③ SWPBS に取り組む先生の声「推進リーダーを担って」 …………… 52

第4節 学校規模ポジティブ行動支援の確実な実行 ………………………… 53

1. 実行度評価の重要性 ………………………………………………………………… 53
（1）意思決定のために見るべきデータ ………………………………………… 53
（2）実行度の評価を行うことの重要性 ………………………………………… 56
2. 実行度評価のための指標 ………………………………………………………… 57
（1）実行度の評価に使える指標 ………………………………………………… 57
（2）実行度評価を実施するスケジュール ……………………………………… 58
（3）SWPBS の実践において推進リーダーが押さえるべきポイント ……… 60
3. 実行度評価の具体的な方法と意思決定へのデータの活用 ………………… 60
（1）実行度の評価方法 …………………………………………………………… 60
（2）実行度データに基づく年次評価と次年度に向けての改善計画 ………… 62
コラム④ SWPBS に取り組む先生の声
「TFI 評価は、より良い実践にするためのツール」 ………… 64

第5節 学校規模ポジティブ行動支援の成果データ …………………………… 65

1. データに基づく意思決定 ………………………………………………………… 65
（1）成果データ …………………………………………………………………… 65
（2）成果データに基づく意思決定 ……………………………………………… 66
2. ODR を基にした生徒指導記録を用いたデータに基づく意思決定 ……… 67
（1）生徒指導記録の収集 ………………………………………………………… 67
（2）生徒指導記録のグラフ化とデータに基づく意思決定 …………………… 70
3. "価値ある成果"に関するデータ ……………………………………………… 73
コラム⑤ SWPBS に取り組む管理職の声
「学校・家庭・地域みんなで取り組む PBS 北巽 ver.」 …… 76

第2章 学校規模ポジティブ行動支援（SWPBS）運営の実際

第1節 探索段階 ………………………………………………………………………… 82

1. モデルケース（探索段階）の紹介 …………………………………………… 82
（1）SWPBS 推進チームを結成（1年目の4月） ………………………… 83
（2）推進チームでの定期的な会議（1年目の5～7月） ………………… 83
2. モデルケースの TFI 得点の変化と探索段階のポイント ………………… 86
（1）校内に SWPBS 第1層推進チームを結成しよう ……………………… 86
（2）推進チームで定期的に集まり、できたことを確認し、次に取り組むことに
ついて決定しよう ……………………………………………………………… 86
（3）TFI を定期的につけて、それに基づいた改善計画を立てよう ……… 87

（4）SWPBS の効果的な実践を行うために教職員の研修計画を年間スケジュール
に組み込み実施しよう ── 87

3．小中学校の実践例（探索段階） ── 87

（1）校内に SWPBS 第1層推進チームを結成しよう ── 87

（2）推進チームで定期的に集まり、できたことを確認し次に取り組むことに
ついて決定をしよう ── 90

（3）SWPBS の効果的な実践を行うために教職員の研修計画を年間スケジュール
に組み込み実施しよう ── 94

4．推進リーダーの役割・ポイント ── 95

（1）推進チームメンバーとの意見交換 ── 95

（2）推進チームの運営 ── 96

（3）組織づくりと TFI 評価 ── 97

（4）年間の計画 ── 97

コラム⑥ SWPBS に取り組む先生の声
「新しいことを始めるのではなく、今あるものを整理することから…」 ── 99

第2節 導入段階 ── 100

1．モデルケース（導入段階）の紹介 ── 100

（1）SWPBS 概要説明のための校内研修（1年目の8月） ── 101

（2）生徒指導記録の開始（1年目の9月～） ── 101

（3）ポジティブ行動マトリクスの作成（1年目の 11 ～ 12 月） ── 103

（4）第1層支援の検討（1年目の冬休み～1月） ── 105

（5）第1層支援の内容を全教職員で共有する校内研修（1年目の2～3月） ── 107

（6）導入段階の困難と対応 ── 108

2．モデルケースの TFI 得点の変化と導入段階のポイント ── 111

（1）全教職員で SWPBS の実践に関わるデータを定期的に確認し、意見交換を
しよう ── 111

（2）学校全体で「ポジティブ行動マトリクス」を作成し、教職員・児童生徒全
員で共有しよう ── 112

（3）データの活用 ── 112

（4）TFI を定期的につけて、それに基づいた改善計画を立てよう ── 113

3．小中学校の実践例（導入段階） ── 113

（1）全教職員で SWPBS の実践に関わるデータを定期的に確認し、意見交換を
しよう ── 113

（2）学校全体で「ポジティブ行動マトリクス」を作成し、教職員・児童生徒全
員で共有しよう ── 114

（3）データの活用 ── 123

4．推進リーダーの役割・ポイント（導入段階） ── 126

（1）全教職員が関与する活動の用意 ── 126

（2）抵抗に対処する ── 127

（3）データの活用促進 ── 127

コラム⑦ SWPBS に取り組む先生の声 「動き出しは緩やかに」 ── 129

第 3 節 **試行段階** 130

1．モデルケース（試行段階）の紹介 130
（1）全教職員との確認・児童生徒と共有（2年目の4月） 131
（2）第1層支援の練習（2年目の5～7月） 133
（3）第1層支援の拡大（2年目の8～11月） 135
（4）試行段階のまとめ（2年目の12～3月） 137

2．モデルケースのTFI得点の変化と試行段階のポイント 138
（1）「ポジティブ行動マトリクス」に示された目標行動を具体的に児童生徒に
教えよう 138
（2）児童生徒の「学校で期待される姿」に沿った望ましい行動を称賛・承認
する共通手段を学校全体で持とう 139
（3）各学級においてもSWPBSの実践を取り入れよう 139

3．小中学校の実践例（試行段階） 139
（1）「ポジティブ行動マトリクス」に示された目標行動を具体的に児童生徒に教
えよう 139
（2）児童生徒の「学校で期待される姿」に沿った望ましい行動を称賛・承認す
る共通手段を学校全体で持とう 141
（3）各学級においてもSWPBSの実践を取り入れよう 148

4．推進リーダーの役割・ポイント（試行段階） 149
（1）実践の方向付け 149
（2）「誰が」「何を」「どのように」教えるかの確認 150
（3）「いつ」「どこで」教えるかの確認 150
（4）データ収集・分析のサポート 151
（5）実践の浸透 151

コラム⑧ SWPBSに取り組む先生の声
「まずは、自分の行動を変えてみる！」 152

第 4 節 **完全実施段階** 154

1．モデルケース（完全実施段階）の紹介 154
（1）月目標と対応したキャンペーン方式の導入に向けた準備
（3年目4～5月） 155
（2）ポジティブ行動支援に基づく生徒指導の方針の周知（3年目の4月） ... 155
（3）指導方法のフローチャート（3年目の6月～） 157
（4）キャンペーン方式の導入（3年目の6月～） 157
（5）完全実施段階のまとめ（3年目の12～3月） 161

2．モデルケースのTFI得点の変化と完全実施段階のポイント 162
（1）問題行動への対応 162
（2）児童生徒、保護者、地域住民ともSWPBSの実践と成果を共有し、意見交
換をしよう 163
（3）児童生徒の「学校で期待される姿」に沿った望ましい行動を称賛・承認す
る共通手段を学校全体で持とう 163
（4）年度末には1年間の実践を振り返り、その成果を報告（アピール）しよう
.... 164

　　３．小中学校の実践例（完全実施段階） ……………………………………… 164
　　　（1）問題行動への対応 ……………………………………………………… 164
　　　（2）児童生徒、保護者、地域住民とも SWPBS の実践と成果を共有し、意見交
　　　　　　換をしよう …………………………………………………………… 169
　　　（3）年度末には１年間の実践を振り返り、その成果を報告（アピール）しよう … 172
　　４．推進リーダーの役割・ポイント …………………………………………… 174
　　　（1）分掌、学年、学級レベルの方向付け ……………………………… 174
　　　（2）修復するアプローチの浸透 ………………………………………… 175
　　　（3）PBS 的対応をシステム化する後押し ……………………………… 175
　　　（4）成果の共有・発信 …………………………………………………… 176
　　コラム⑨　SWPBS に取り組む先生の声「まずは教師でやってみる！学校のみん
　　　　　　なで取り組むポジティブ行動支援」 ……………………………… 177

第3章　学校規模ポジティブ行動支援（SWPBS）の展開

第 1 節　支援の階層化 ………………………………………………………………… 180
　　１．追加支援を要する児童生徒の抽出 ………………………………………… 180
　　　（1）第１層支援によってどこまでの効果が得られたか ……………… 180
　　　（2）公平性の観点からの確認 …………………………………………… 181
　　２．第２層支援 ……………………………………………………………………… 182
　　　（1）第２層支援の実施方法 ……………………………………………… 182
　　　（2）第２層支援を行うために必要な校内体制 ……………………… 185
　　３．第３層支援 ……………………………………………………………………… 186
　　　（1）個別の行動支援 ……………………………………………………… 186
　　　（2）第３層支援を行うために必要な校内体制 ……………………… 188
　　４．推進チーム・推進リーダーへの期待 …………………………………… 190

第 2 節　学校規模ポジティブ行動支援の普及・拡大 ……………………… 192
　　１．地域規模での SWPBS の展開 ……………………………………………… 192
　　　（1）リーダーシップ（推進）チームの編成 ………………………… 194
　　　（2）ステークホルダーの関与 …………………………………………… 194
　　　（3）予算確保と施策間の整合性 ………………………………………… 195
　　　（4）政策 ……………………………………………………………………… 196
　　　（5）教職員の能力 ………………………………………………………… 196
　　　（6）研修 ……………………………………………………………………… 197
　　　（7）コーチング …………………………………………………………… 197
　　　（8）評価 ……………………………………………………………………… 198
　　　（9）地域における SWPBS モデル校の確立 ………………………… 199
　　２．今後の日本における SWPBS の普及・拡大のために …………… 201

リソース・資料・用語集 …………………………………………………………… 203
おわりに
編著者紹介

第1章

学校教育の課題解決を目指す学校規模ポジティブ行動支援(SWPBS)

第1章では、5つの話題を取り上げます。これらは、わが国でSWPBS実施を目指す根拠となる話題です。

第1節は、「学校教育の課題と期待される対応」です。わが国では、児童生徒の問題行動、特別な支援を要する状況が把握されています。こうした状況から、問題の予防に重点を置いた組織的対応の必要性が述べられています。

第2節は、「学校規模ポジティブ行動支援とは何か?」です。予防に重点を置いたポジティブ行動支援(PBS)の内容、それを学校全体に広げるSWPBSの取組が説明されています。SWPBSでは、応用行動分析学に基づき3層支援モデルによる校内支援体制構築を目指します。

第3節は、「学校規模ポジティブ行動支援の"システム"を支える推進チームと推進リーダー」です。3層支援モデルに基づく校内支援体制構築の中心は、推進チームと推進リーダーです。円滑な体制の構築と運営のためには、推進チームの編成は不可欠です。チームの活動促進には、推進リーダーの後押しが必要になります。

第4節は、「学校規模ポジティブ行動支援の確実な実行」です。SWPBS第1層の実施が円滑に進んでいるかどうかは、実行度を査定することで明らかになります。

第5節は、「学校規模ポジティブ行動支援の成果データ」です。"価値ある成果"の達成も、チームとしての"意思決定"も、"成果"を示すデータが根拠となります。データはどのように活用されるか、収集方法はどうするか、何を取り扱えばよいか、といったことが見えてきます。

第１節

学校教育の課題と期待される対応

1 学校教育が直面している課題

ポイント

●現在、児童生徒の暴力行為やいじめといった問題行動、特別な教育的支援を
必要とする児童生徒の割合が増加しています。
●教職員の精神疾患による病気休職者数も過去最多であり、教職員のメンタル
ヘルスに児童生徒の問題行動が悪影響を及ぼしています。
●学校現場には、問題行動を示す児童生徒や特別な教育的支援を必要とする児
童生徒への組織的な対応とそれを可能にする校内支援体制の確立が求めら
れています。

（1）児童生徒の多様性や行動上の問題

　文部科学省が集計・公表を行っている学校基本調査によると、令和４年度の小
学校の在学児童数は 615 万 1,305 人（前年度より 7 万 2,090 人減少）、中学校の在
学生徒数は 320 万 5,220 人（前年度より 2 万 4,477 人減少）となっています。こ
れはどちらも過去最少の在学者数です。

　また、新型コロナウイルス感染症の感染拡大という未曾有の危機によって、学
校は、臨時休校措置を取ることになり、3 年あまりの間、感染症対策を講じた授
業や学校行事を行ってきました。これは児童生徒の学業や社会性、メンタルヘル
スに影響を与えると考えられます。例えば、飯島ら（2022）は、新型コロナウイ
ルス感染症の感染拡大による臨時休校が、中学生のストレス反応、特に抑うつ・
不安や無力感に対して、強い影響を及ぼしたことを報告しています。

　このような現在の学校現場では、多様な児童生徒が在学していることを前提に、
児童生徒一人ひとりのニーズに即した対応の必要性が指摘されています。多様な
児童生徒と言っても様々です。一例として、「障害のある児童生徒」、「不登校状

態にある児童生徒」、「外国にルーツのある児童生徒」、「性的マイノリティの児童
生徒」、「貧困状態の家庭にいる児童生徒」、「被虐待経験のある児童生徒」が挙げ
られます。

　以下では、これらの児童生徒の現状として、SWPBS の第 1 層支援（詳細は第 1
章第 2 節を参照）が好影響を及ぼしやすい「問題行動を示す児童生徒」と「通常の
学級に在籍する特別な教育的支援を必要とする児童生徒」について取り上げます。

1）問題行動を示す児童生徒

　表 1-1-1 は、文部科学省初等中等教育局児童生徒課（2022）の調査結果を基に、
小中学校における「暴力行為発生件数」、「いじめ認知（発生）件数」、「不登校児
童生徒数」、「自殺した児童生徒数」について、平成 23 年度（2011 年度）と令和
3 年度（2021 年度）の状況を示しています。ご覧の通り、「暴力行為発生件数」
の中学校を除いた全ての生徒指導上の諸課題の件数・人数が、この 10 年間で増
加しています。特に、小学校における生徒指導上の諸課題の件数・人数は、中学
校と比べ、顕著に増加していることが確認できます。

　「暴力行為発生件数」の詳細は、「対教師暴力」が 9,154 件、「生徒間暴力」が
53,560 件、「対人暴力」が 794 件、「器物損壊」が 9,080 件であり、「生徒間暴力」
の発生件数が全体の 73.8% を占めています。また、「いじめ認知（発生）件数」
の態様として多く報告されたものは、「冷やかしやからかい、悪口や脅し文句、
嫌なことを言われる」（小学校 57.0%、中学校 62.2%）や、「軽くぶつかられたり、
遊ぶふりをして叩かれたり、蹴られたりする」（小学校 25.0%、中学校 14.3%）です。

　以上のような問題行動は、児童生徒の学業や社会性、メンタルヘルスだけでな

表 1-1-1　生徒指導上の諸課題の状況

	校種	平成23年度 （2011年度）	令和3年度 （2021年度）
暴力行為発生件数	小学校	7,175件　（1.0件）	48,138件（7.7件）
	中学校	39,251件（10.9件）	24,450件（7.5件）
いじめ認知（発生）件数	小学校	33,124件（4.8件）	500,562件（79.9件）
	中学校	30,749件（8.6件）	97,937件（30.0件）
不登校児童生徒数	小学校	22,622人（3.3人）	81,498人（13.0人）
	中学校	94,836人（26.4人）	163,442人（50.0人）
自殺した児童生徒数	小学校	4人	8人
	中学校	41人	109人

（　　）の数値は1,000人当たりの件数・人数を表しています.
グレーの塗りつぶしは10年間で増加したことを表しています.

（文部科学省初等中等教育局児童生徒課（2022）を参考に作成）

く、将来の社会適応にまで悪影響を及ぼします。また、教職員が個人で対応するには限界があります。そのため、現在の学校現場では、児童生徒の問題行動に対する組織的な対応が喫緊の課題となっています。

２）通常の学級に在籍する特別な教育的支援を必要とする児童生徒

　文部科学省初等中等教育局特別支援教育課（2022）が行った調査（以下、2022年調査）によると、小中学校の通常の学級において、知的発達に遅れはないものの学習面又は行動面で著しい困難を示す児童生徒の割合は 8.8% です。これは通常の学級に児童生徒が 35 人在籍していた場合、学習面又は行動面で著しい困難を示す児童生徒が 3 人いることを示唆しています。

　また、学習面又は行動面で著しい困難を示す児童生徒の割合は、10 年前に行われた調査（文部科学省初等中等教育局特別支援教育課 , 2012）において 6.5%であったことから、増加傾向にあることがわかります。これらのことから、今後は、全ての学級に特別な教育的支援が必要な児童生徒が在籍している可能性があることを前提に、校長のリーダーシップの下、特別支援教育コーディネーターを核として全教職員で組織的に対応する校内支援体制の確立を図ることの必要性が指摘されています（通常の学級に在籍する障害のある児童生徒への支援の在り方に関する検討会議 , 2023）。

　また、2022 年調査によると、学習面又は行動面で著しい困難を示す児童生徒のうち、校内委員会（障害のある児童生徒の実態把握や支援方法の検討などを行う）において特別な教育的支援が必要と判断されている児童生徒の割合は 28.7%です。よって、今後は、図 1-1-1 に示す通り、校内委員会の機能強化を図り、特別な教育的支援を必要とする児童生徒一人ひとりの実態を把握した上で、授業の工夫、ICT を含む合理的配慮の提供、特別支援教育支援員の配置、外部専門家との連携、通級による指導・特別支援学級の活用などの対応策を組織的に検討・

図 1-1-1　校内委員会による実態把握及び対応策の検討

実施することが重要になります（通常の学級に在籍する障害のある児童生徒への支援の在り方に関する検討会議, 2023）。

（2）教職員の働き方に関する課題

　教職員の働き方に関して、長時間勤務をはじめとした課題が指摘される中、文部科学省中央教育審議会（2019）は、「新しい時代の教育に向けた持続可能な学校指導・運営体制の構築のための学校における働き方改革に関する総合的な方策について（答申）」を取りまとめました。これに基づき、文部科学省は、学校における働き方改革を推進するため、「学校における働き方改革推進本部」を設置し、今後取り組むべき事項について工程表を作成し、勤務時間管理の徹底や学校及び教職員が担う業務の明確化・適正化、教職員定数の改善充実、専門スタッフ・外部人材の配置拡充など、教職員の働き方改革の推進に取り組んでいます（文部科学省中央教育審議会, 2021）。

　しかし、教職員の働き方は、未だ改善されていません。日本教職員組合（2022）は、小中学校、高等学校、特別支援学校の教職員を対象に調査を行った結果、月当たりの時間外労働時間が平均 95 時間 32 分であったことを報告しています。このことから、今なお、教職員の時間外労働時間が、過労死ライン（時間外労働時間の目安が月当たり 80 時間）を上回っていることがわかります。

　文部科学省（2023）によると、令和 3 年度（2021 年度）における小中学校、義務教育学校、高等学校、中等教育学校、特別支援学校の病気休職者数はのべ 8,314 人です。このうち、うつ病などの精神疾患による病気休職者数は 5,897 人であり、全体の 70.9% を占めています。図 1-1-2 は、精神疾患による病気休職者数につい

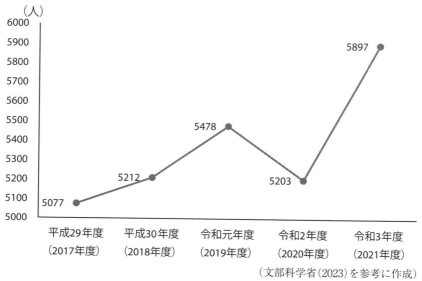

（文部科学省（2023）を参考に作成）

図 1-1-2　精神疾患による病気休職者数の推移

て、平成 29 年度（2017 年度）から令和 3 年度（2021 年度）の推移を示しています。ご覧の通り、精神疾患による病気休職者数がこの 5 年間で増加したことが確認できます。特に、令和 3 年度（2021 年度）の精神疾患による病気休職者数は、過去最多となっています。

　教職員のストレス反応に影響を及ぼす要因として、管理職、同僚、保護者、校務に加え、生徒指導が挙げられています（米山ら, 2005）。例えば、「授業中の私語」、「教科書を見ない、ノートを書かない」、「悪ふざけやいたずらを面白がる雰囲気」などの問題行動は、小学校の教職員に強いストレス反応をもたらすことがわかっています（安藤ら, 2013）。

　以上のように、先述した児童生徒の問題行動への対応は、教職員のメンタルヘルスの悪化を防ぐ上でも急務です。

❷ 組織的対応

ポイント

・これからの生徒指導は、児童生徒の目前の課題を解決するだけでなく、課題を未然に防止することを重要視しています。
・生徒指導の重層的支援構造は、全ての児童生徒から課題を示す特定の児童生徒に対する階層的な支援をモデル化しています。
・SWPBS は、この重層的支援構造やそれを可能とする校内支援体制について、必要な取組を提示できます。

（1）生徒指導の重層的支援構造

　先述の通り、現在の学校現場には、問題行動を示す児童生徒や特別な教育的支援を必要とする児童生徒に対して、組織的な対応とそれを可能にする校内支援体制の確立が求められています。このような状況を踏まえ、文部科学省中央教育審議会（2021）は、児童生徒の問題行動の発生を未然に防止するため、「成長を促す指導」等の「積極的な生徒指導」を充実させることの必要性を指摘しています。

　これを受け、2022 年に生徒指導提要（文部科学省, 2022；以下、生徒指導提要改訂版）が改訂されました。生徒指導提要改訂版では、図 1-1-3 に示した通り、児童生徒の課題への対応を時間軸や課題性の高低、対象といった観点から、生徒指導の構造を 2 軸 3 類 4 層構造に類別しています。以下では、生徒指導の 2 軸 3 類 4 層構造について、生徒指導提要改訂版を引用しながら説明します。

　２軸とは、図1-1-3の右側に示した通り、児童生徒の課題への対応を時間軸から、「常態的・先行的（プロアクティブ）生徒指導」と「即応的・継続的（リアクティブ）生徒指導」に分類されることを指します。

　３類とは、図1-1-3の左側と太字で示した通り、生徒指導の課題性の高低とその対応の種類について、全ての児童生徒を対象とする「発達支持的生徒指導」、全ての児童生徒及び課題の予兆行動が見られる一部の児童生徒を対象とする「課題予防的生徒指導」、深刻な課題を抱えている児童生徒を対象とする「困難課題対応的生徒指導」に分類されることを指します。

　４層とは、図1-1-3の中央に示した通り、生徒指導の対象となる児童生徒の範囲から、全ての児童生徒を対象とする第１層「発達支持的生徒指導」と第２層「課題予防的生徒指導：課題未然防止教育」、一部の児童生徒を対象とした第３層「課題予防的生徒指導：課題早期発見対応」、特定の生徒を対象とした第４層「困難課題対応的生徒指導」に分類されることを指します。この４層から構成される支援構造を「生徒指導の重層的支援構造」と呼びます。各層についての説明は次の通りです。

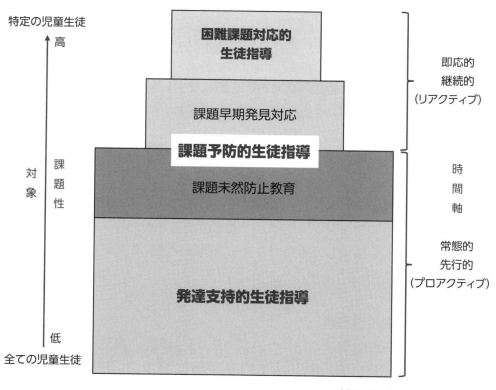

（文部科学省(2022)を参考に作成）

図 1-1-3　生徒指導の重層的支援構造

1）発達支持的生徒指導

　発達支持的生徒指導は、全ての児童生徒を対象に、学校の教育目標の実現に向けて、全ての教育活動において進められるものであり、生徒指導の基盤となるものです。また、他の生徒指導と異なり、特定の課題に焦点化することはありません。

　発達支持的生徒指導では、児童生徒の発達を支える働きかけを行います。この働きかけとは、日々の挨拶、声かけ、励まし、称賛、対話、及び授業や行事等を通した個と集団への働きかけを指します。それによって、児童生徒のコミュニケーション力や人間関係形成力、協働性、自己理解、他者理解、課題解決力などを含む社会的資質・能力、自己のキャリアをデザインする力などの育成を目指します。

2）課題予防的生徒指導

①課題未然防止教育

　課題未然防止教育とは、全ての児童生徒を対象に、生徒指導上の諸課題の未然防止をねらいとした意図的・組織的・系統的な教育プログラムを指します。具体的には、いじめ防止教育や自殺予防教育、薬物乱用防止教育、情報モラル教育、非行防止教育などが挙げられます。

②課題早期発見対応

　課題早期発見対応とは、課題の予兆行動（成績の急落、遅刻・早退・欠席の増加、身だしなみの変化など）を示す一部の児童生徒を対象に、課題の深刻化を防ぐことをねらいとした早期発見・早期対応を指します。早期発見では、いじめアンケートのような質問紙、スクールカウンセラーやスクールソーシャルワーカーを交えた会議によって、気になる児童生徒をスクリーニングします。早期対応では、学級担任が生徒指導主事などと「機動的連携型支援チーム」を編成し、機動的に課題解決を行います。また、課題によっては、学級担任や生徒指導主事、教育相談主任、特別支援教育コーディネーター、養護教諭、学年主任、スクールカウンセラー、スクールソーシャルワーカーなどが校務分掌や学年を超えて「校内連携型支援チーム」を編成し、定期的にケース会議を開催しながら組織的に対応します。

3）困難課題対応的生徒指導

　困難課題対応的生徒指導は、いじめ、不登校、少年非行、児童虐待など深刻な課題を抱えている児童生徒を対象に、校内の教職員だけでなく、校外の教育委員会や警察、病院、児童相談所、NPOなどの関係機関と連携・協働して行われます。困難課題対応的生徒指導では、児童生徒の個人的要因、家庭的要因、人間関係な

どの背景を踏まえ、「校内連携型支援チーム」や、学校と関係機関などで構成される「ネットワーク型支援チーム」を編成し、計画的・組織的・継続的な対応を行います。各支援チームの形態は図 1-1-4 に示した通りです。

　生徒指導には、課題早期発見対応や困難課題対応的生徒指導のように、特定の児童生徒を対象に、課題が起き始めた際にすぐに対応する（即応的）、あるいは深刻な課題に対して組織的に粘り強く対応する（継続的）というイメージが今も根強く残っています。しかし、先述したように児童生徒の問題行動が増加したことから、これからの学校現場では、「課題が起きたらどのように対応するのか」以上に、「どうすれば課題が起きないようになるのか」という予防的視点に立った生徒指導が求められています。そのため、発達支持的生徒指導や課題未然防止教育のように、全ての児童生徒に対して、日常的な働きかけ（常態的）や課題の未然防止をねらいとした教育プログラム（先行的）に積極的に取り組んでいく必要があります。

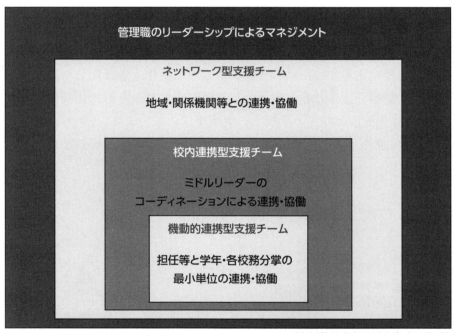

（文部科学省(2022)を参考に作成）

図 1-1-4　支援チームの形態

（2）生徒指導の重層的支援構造と SWPBS の親和性
　特定の児童生徒を対象とした課題早期発見対応や困難課題対応的生徒指導といった即応的・継続的（リアクティブ）な生徒指導は、これまで学校現場で取り組まれてきた生徒指導と重複している内容も多く、各校で蓄積されてきた取組を

基に実践が進むと考えられます。一方、全ての児童生徒を対象とした発達支持的生徒指導や課題未然防止教育といった常態的・先行的（プロアクティブ）な生徒指導は、各校でこれまで取組に差があり、参考になる情報も未だ少ない現状にあります。

　図 1-1-5 は、生徒指導の重層的支援構造と SWPBS の３層支援モデルをそれぞれ示しています。ご覧の通り、それぞれの構造は、全ての児童生徒から課題を示す特定の児童生徒を対象とした階層的な支援をモデル化している点で、高い親和性を有しています。特に、本書で扱う SWPBS の第１層支援の取組は、全ての児童生徒を対象に、児童生徒の問題行動を予防する支援を組織的に実施することから、発達支持的生徒指導や課題未然防止教育の取組として参考になります。

　また、学校現場で組織的な対応を行うためには、教職員や関係者（ステークホルダー）によるチーム支援が必要になります。しかし、文部科学省（2022）によると、実際の学校現場では、生徒指導や教育相談、キャリア教育、特別支援教育といった校内分掌を担う教職員が、一人の児童生徒への対応を独立してそれぞれに展開していることも多く、このような縦割りや分業が複合的・重層的な課題を抱える児童生徒への適切な対応の実施を阻害していることを指摘しています。

　文部科学省中央教育審議会（2015）は、「新しい時代に求められる資質・能力を育む教育課程を実現するための体制整備」、「複雑化・多様化した課題を解決するための体制整備」、「子どもと向き合う時間の確保等のための体制整備」といった背景から、「チームとしての学校」の実現を求めています。「チームとしての学校」とは、「校長のリーダーシップの下、カリキュラム、日々の教育活動、学校

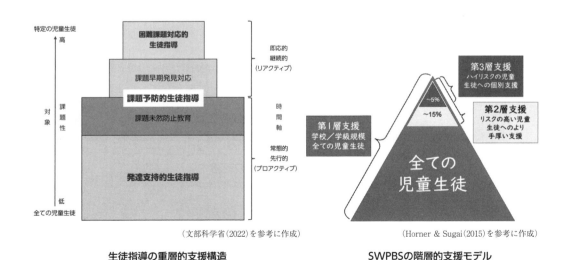

（文部科学省(2022)を参考に作成）　　　（Horner & Sugai(2015)を参考に作成）

生徒指導の重層的支援構造　　　　　　　SWPBSの階層的支援モデル

図 1-1-5　生徒指導の重層的支援構造と SWPBS の３層支援モデル

の資源が一体的にマネジメントされ、教職員や学校内の多様な人材が、それぞれの専門性を生かして能力を発揮し、子どもたちに必要な資質・能力を確実に身に付けさせることができる学校」を指します。

　しかし、現在の学校現場には、管理職を含む教職員や関係者がチームとなって支援を行うために、具体的にどのような校内支援体制を確立すれば良いのかといった情報が不足しています。これに対して、SWPBS には、教職員や関係者がチームとなって階層的支援を実施するために必要な校内支援体制について、Tiered Fidelity Inventory（TFI）という指標が作成されています（第 1 章第 4 節を参照）。この指標は、「チーム」、「実践」、「評価」の観点から、SWPBS の第 1 層支援から第 3 層支援を効果的に実施するために必要な取組がまとめられています。この TFI を参考にすることによって、教職員や関係者がそれぞれの専門性を生かしながらチーム支援を実施できる校内支援体制を確立できると考えられます。

コラム 1　SWPBS に取り組む教育委員会の声

「宮崎県における SWPBS への期待」

○今の学校の現状に必要な研修だと思った。
○ SWPBS の要素をすぐにでも取り入れたい現状の本校である。まず自分から今日の研修を生かした子どもへの接し方を実践していきたい。
○学校ごとに実態は違っても、この取組は必要なことではないか。

　これは、令和4年度に宮崎県で実施した「児童生徒の成長を促す学級・学校づくり～ポジティブ行動支援を生徒指導に生かす～」という研修の受講者アンケートの一部です。学校現場の児童生徒に対する指導・支援の在り方に対する悩みとともに SWPBS 導入への期待が窺えます。

　本県では、令和元年度より宮崎大学の先生方との共同研究として、SWPBS 実践支援プロジェクトに取り組んでいます。令和元年度には試行として4校（小学校3校、高等学校1校）、令和2、3年度には7校（小学校3校、中学校4校）、令和4年度からは8校（小学校5校、中学校2校、小中学校1校）を実践支援校として指定し、SWPBS の導入に取り組んできました。具体的には、各実践支援校に対して、宮崎大学の先生方に理論研修及び実践に対する助言をしていただきながら推進リーダーを育成し、各学校への実践へとつなぐことができるようにしています。令和4年度に取り組んだ実践校では次のような成果が報告されています。

○児童生徒の変容
　・身に付けたい行動ができたときに称賛するポジティブ行動支援を継続することで、温かく助け合う学校の雰囲気が育ってきている。
　・SWPBS の実施は、子ども総会の議題にも取り上げ話し合うなど、児童会活動と関わりのあるものとなった。
○教職員の変容
　・教職員自身のポジティブな言動が増えてきている。
　・学校全体での取組としているため、統一した指導ができた。

　すべての児童生徒を対象とした支援を可能にする SWPBS の導入を求める学校は県内に広がっている状況にあります。今後も宮崎大学の先生方と連携をしながら、各学校のニーズに合わせた SWPBS の研修や実践支援校への支援を継続していきたいと考えています。

宮崎県教育庁特別支援教育課　指導主事　黒木 大輔

第2節

学校規模ポジティブ行動支援（SWPBS）とは何か？

1　ポジティブ行動支援（PBS）とは？

ポイント

- ● PBS は教職員の「子どもにこんな姿になって欲しい」、子ども自身の「こんな姿になりたい」を実現するための枠組みです。
- ● PBS では、ポジティブな行動を、ポジティブかつ効果が実証されたアプローチで伸ばしていきます。
- ● PBS では応用行動分析学に基づき、"行動の ABC" の枠組みで行動支援計画を作成します。

（1）ポジティブな行動をポジティブなアプローチで伸ばす

　第1章第1節では、現在の学校現場を取り巻く諸課題について述べました。これらの課題について、学校内・教室内で実際に起きている出来事が何かを考えると、その多くは「行動に関する問題」として捉えることが可能です。例えば、集中して学習に取り組むことができない、積極的に発言・発表しない、自分の意見や気持ちをうまく伝えることができない、学校に登校しにくい（不登校）など、"望ましい行動ができない／しにくい"問題があります。また、授業中に騒ぐ、自分の意見を押し通そうとする、友達とケンカをする、嫌がらせをする、暴言・暴力など、"問題行動をする／してしまう"問題もあります。

　こうした問題を予防・減少させるだけでなく、教職員・保護者・地域住民の「子どもにこんな姿になって欲しい」、また子ども達自身の「こんな姿になりたい」を実現するための枠組みがポジティブ行動支援（PBS）です。PBS では、これらの願い・期待を抽象的なままにしておくのではなく、現実のものとするために、「具体的に行動レベルで何ができるとよいか？」を考えて目標行動を設定し、この目標行動を子どもができるように支援していきます。よって、PBS では、ポジティ

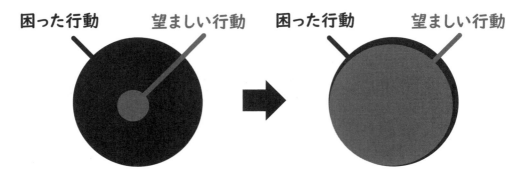

図 1-2-1　望ましい行動が増えると問題行動は減少する

ブな行動（望ましい行動）に着目し、これをポジティブな（かつ効果が実証された）アプローチで伸ばしていきます。

　行動に関する問題を解決する上でポジティブな（望ましい）行動に着目する理由の一つとして、問題行動と望ましい行動は同時にはできず、望ましい行動が増えれば問題行動は自然に減っていくことが挙げられます（図 1-2-1 参照）。例えば、授業妨害になるような私語をすること（問題行動）と、集中して課題に取り組むこと（望ましい行動）は、同時に行うことができません。集中して課題に取り組む時間が増えれば増えるほど、相対的に私語をする時間は必ず減っていきます。これは理論上そうなるというよりも、私達の身体は一つですので、物理的にそうならざるを得ません。よって、「望ましい行動が少ない」問題は当然として、「問題行動が多い」場合においても、望ましい行動を伸ばしていくことは極めて重要です。

　私達はどうしても問題行動に注目し、これを減らすことに力を注ぎがちですが、実は問題行動を減らしていくには「問題行動の代わりになるような望ましい行動を増やす」という観点が大切なのです。実際、問題行動を注意するだけの指導では、短期的にその場で問題行動を収めることはできるかもしれませんが、長期的に問題行動は減少せず（Caldarella et al., 2021）、むしろ罰的な指導を繰り返すことで問題行動が重篤化し、将来的に非行・犯罪などにつながりやすくなる可能性が指摘されています（American Psychological Association Zero Tolerance Task Force, 2008）。これに対して、PBS は子どもの適応的な行動の増加（Bradshaw et al., 2012; 大久保他, 2020）、問題行動の減少（Bradshaw et al., 2010; 石黒, 2010; 松山・三田地, 2020; 谷川・庭山, 2023）、学校風土の改善（Bradshaw et al., 2009）、学力の向上（Horner et al., 2009）、さらに教職員の燃え尽き感の減少と自己効力感の改善（Ross, Romer, & Horner, 2012; 大対・田中・庭山・松山, 2022）などの効果が多数報告されています（注：ここで紹介した研究成果は SWPBS によるものです。個別の PBS による成果も多数あります）。

（2）"行動の ABC" に基づいて考える

　問題行動を予防し、望ましい行動を伸ばしていくために、PBS では応用行動分析学に基づいて、"行動の ABC"という枠組みで支援計画を考えていきます。"行動の ABC"とは、個人の中に行動の原因を求めるのではなく、ある行動の前にどのようなきっかけ・状況があるとその行動が起こりやすいのか、またその行動の後にどのような結果があるとその行動は繰り返されやすいのかを分析する枠組みです（図 1-2-2 参照）。英語では、行動の前を Antecedent、行動を Behavior、行動の後を Consequence と呼びますので、頭文字をとって行動の ABC と呼びます。

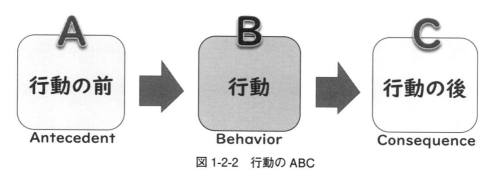

図 1-2-2　行動の ABC

　"行動の ABC"を理解する上で重要なのは、行動は周囲の状況や教職員・他の子どもが何をしているかといった"その子どもを取り巻く環境"に関係して起こるということです。例えば、子どもの「おはようございます！」という挨拶は、朝の校門前で教職員や友だちと出会った時に起こりやすく、挨拶をすると教職員や友だちからの「おはようございます！」という反応が返ってきます。一人きりの時に宙を見つめながら、「おはようございます！」と言う子どもはあまりいないでしょうし、挨拶をしても教職員や友だちが無反応だと、挨拶する行動は次第に減っていくでしょう。また算数の授業中に、教職員が「7＋5の答えは？」と発問したら、「12！」と子どもが答え、それに対して教職員が「正解です！」とフィードバックするように、授業中の子どもの行動もその時の課題や指示・教職員や周囲の子どもの反応に関係して起こります。問題行動についても、例えば難しい課題をするよう教職員が指示した時に、子どもが教室から飛び出すと、（注意されるかもしれませんが）難しい課題をするのを遅らせたり、しなくて済むかもしれません。このように、子どもの行動とその前後の状況・環境は無関係ではなく、むしろ密接に関係しています。

　こうした行動と環境の関係性を示すのが、行動の ABC です。例えば先に挙げた朝の挨拶であれば、"行動の前（A）"は校門・朝の時間帯・教職員や友だちの存在といった挨拶をするきっかけとなる状況であり、挨拶をするという"行動

（B）"をすると、それに対して教職員・友だちからの反応が返ってくるといった"行動の後（C）"があります。特に"行動の後（C）"に何が起こるかは、見逃されがちですが重要です。先に述べたように、挨拶をしても教職員や友だちが無反応であれば、次第に挨拶をする行動は減っていく可能性が高いでしょう。逆に、挨拶をしたことに対して教職員や友だちからポジティブな反応が返ってくれば、挨拶をする行動は繰り返されやすくなるでしょう。このように、子どもの望ましい行動が増えていくには、その行動の後（C）が子どもにとって好ましいものでなければいけません。

　この行動を増やすような「好ましいもの」のことを、応用行動分析学では"強化子"と言います。また、ある行動（B）に強化子が伴うこと（C）によって行動が繰り返されて増えることを"強化"と言います（この場合、正確には"正の強化"）。

　強化子は子どもによって、また状況によっても異なりますが、一般的には以下のようなものが強化子になりえます。

・肯定的な注目（褒められる、認められる）
・目標に近づいていることを示すグラフなどの視覚的フィードバック
・花丸や肯定的なコメントを書いてもらう
・好きなシールやスタンプなど欲しいものがもらえる
・好きな活動ができる

　ただし、上記のもの＝強化子ではありません。例えば、ある行動ができたことを「できたね」と褒めたとしても、その行動が増えないのであれば、少なくともその「できたね」は強化子になっていません。もっと別の褒め言葉のほうがよいのかもしれませんし、「できたね」と言う時の声のトーンが褒めているように聞こえないのかもしれません。また、そもそも口頭で褒められることが強化子になりにくく、視覚的なフィードバックのほうが強化子になるのかもしれません。いずれにしても、行動が増えるようなものであることが重要です。子どもにとっての強化子が何かを把握するためには、「子どもは何が好きか？」を日頃からよく観察しておくこと、そして子どもと好きなものについて会話しておくことが役立ちます。

　また、よく学校現場で「望ましい行動を強化するには、毎回褒めたり、褒め続けたりする必要があるのですか？」というご質問をいただくことがあります。そんなことはありません。最初は褒められる・認められる、またはシール・チケットなどの付加的なものが強化子になっていたとしても、十分に強化される経験を積むことで、毎回褒めなくても行動できるようになっていきます。

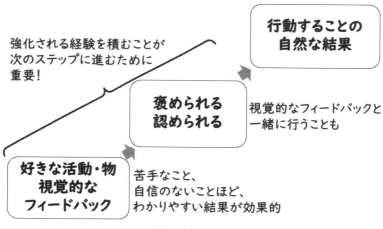

強化される経験を積むことが
次のステップに進むために
重要！

行動することの
自然な結果

褒められる
認められる

視覚的なフィードバックと
一緒に行うことも

好きな活動・物
視覚的な
フィードバック

苦手なこと、
自信のないことほど、
わかりやすい結果が効果的

図 1-2-3　「自然な強化」につなげる

　さらに、図 1-2-3 に示すように、望ましい行動が強化される経験を繰り返し積むことで、その望ましい行動をすることによる"自然な結果"だけでも行動が継続するようになっていきます。例えば、計算問題に取り組めた時に最初は教職員が褒めたり、10 問取り組むごとにシールを渡したりしていたとします。しかし、これによって計算問題に取り組む行動が増え、計算問題に正解できる機会が増加すると、「正解した！解けた！」ということ自体が強化子になってきたりします。あるいは朝の挨拶において、最初は挨拶をしたら「よい挨拶だね」と教職員から認められることが強化子になっていたとしても、これを続けるうちに相手から挨拶がきちんと返ってくることや、挨拶をすること自体の気持ち良さが強化子になったりします。つまり、望ましい行動をすると達成感があったり、良い気持ちになったり、報われたりするということを子どもが体験して学んでいく過程において、付加的な強化子（例えば、褒めたり・認めたりなど）が必要な場合があるのです。

（3）行動の ABC に基づいて、望ましい行動を伸ばす

　以上述べてきた"行動の ABC"に基づいて、PBS では子どもの望ましい行動を伸ばしていきます。この際、まずは子どもに期待する望ましい行動が何かを具体化することから始めます（図 1-2-4 参照）。これは、真ん中の行動（B）を明確にするということであり、何ができるようになるとよいかという"目標"を明確に定めるということです。"その行動ができるようになることは、子ども本人のためになるのか？周囲にとって都合のよい行動になっていないか？"という点に気をつけながら、目標となる行動について具体的に考えましょう。

　目標とする行動が決まったら、次にその望ましい行動を"引き出す工夫"を計画します。これが、行動の前（A）の工夫です。例えば、望ましい行動が何か具

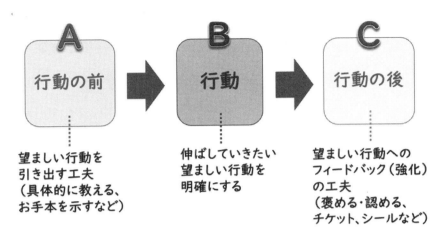

図 1-2-4　望ましい行動を伸ばすための ABC

体的に説明したり、お手本を示したり、掲示物の工夫をしたり、物理的な環境を整えたり、良い例と悪い例を子どもと一緒に考えたりなど、様々な工夫が考えられます。「子どもの望ましい行動が引き出されるような工夫だろうか？」と考えることが大切です。望ましい行動を教え、実際に身体を動かしてその行動を練習する機会を設けるのもよいでしょう。

　行動（B）と行動の前（A）の工夫が決まったら、行動の後（C）の工夫として、望ましい行動へのフィードバックの方法（先に解説した強化子）について考えましょう。例えば、口頭で褒める・認める、チケット・シール・スタンプなどを用いた視覚的なフィードバック、できたことのグラフ化など、子どもが望ましい行動を"またやってみよう！"と思えるようなフィードバックを計画します。これがないと、望ましい行動をしたとしても報われず・結果が伴わず・評価されず、望ましい行動はなかなか定着しません。積極的にフィードバックしていくようにしましょう。

　ただし、子どもの望ましい行動が増えていくような効果的なフィードバックであることが大切です。例えば、小学1年生を褒めるように中学生を褒めても効果的ではないでしょうし、また同じ小学6年生であったとしても、学級全体の前でできたことを取り上げられるのが嬉しい子どももいれば、それは嫌だという子どももいるでしょう。子どもにとって効果的なフィードバック方法は何か（強化子は何か）を考えるようにしましょう。

　また、問題行動が生じてしまった時の対応も、PBS に基づくものにしていくことが大切です。望ましい行動を積極的に伸ばしていくことで問題行動予防になりますが、それでも問題行動が生じてしまうことは現実的にはあり得ます。その際、問題行動をしてしまったことをただ注意する・叱るのではなく、その問題行

動の"代わりになる望ましい行動"を教えたり、一緒に考えたりすることが重要です。例えば、友だちに何か言われた時にそれを嫌だと感じて、友だちを叩いてしまったとします。叩くのがよくないことであるという確認はもちろん必要ですが、叩く代わりに例えば「止めて」と言えばよいこと、先生に相談すればよいことなど、代わりにどうすればよかったかを教えたり、一緒に考えたりするようにしましょう。

② 学校規模ポジティブ行動支援（SWPBS）とは

ポイント

● 学校全体で組織的に PBS を行うのが"SWPBS"。
● SWPBS には、"実践"、"システム"、"データ"、"成果"、という4つの要素があります。
● SWPBS では、全児童生徒を対象として3層支援モデルに基づいた行動支援を行います。

（1）PBS を学校全体で組織的に行う"SWPBS"

　PBS を学校全体で組織的に行うのが SWPBS です。"PBS 的な指導・支援"を既に行っている教職員は現在の学校現場にもたくさんいますが、学校全体で目標とする望ましい行動を共有し、これを伸ばすための行動支援を全教職員で一貫して行うことが SWPBS の特徴です。これによって、子ども達は小学校であれば6年間、中学校・高等学校であれば3年間、一貫した目標や指導方針のもとで過ごすことができ、安定した学校環境で過ごすことができます。

　安定した環境で過ごすことの重要性は言うまでもありませんが、仮に大人であったとしても、例えば校長と教頭の方針がバラバラだと教職員は混乱するでしょう。また、異動してきた校長の方針が、前の校長の方針と180度違っても大変かと思います。子ども達も、関わる教職員によって言われることがまったく違う、担任が変わるたびに毎年言われることが変わる、という状況ではなかなか安定して過ごすことができないでしょう。ただし、SWPBS では、トップダウンで教職員に対して「PBS に基づく指導をしなさい！」「これを目指しなさい！」と押し付けるようなことはしません。むしろ、全教職員でよく話し合い、意見を出し合って、その中で共有・共感できる部分を見つけ、全体の方向性について合意形成していくことを大切にします。このための具体的な方法については、第2章で紹介していきます。

（2）SWPBS を構成する4つの要素

　学校全体で組織的に PBS に取り組むために、SWPBS には大きく分けて4つの要素があります。"実践"、"システム"、"データ"、そして"成果"です（図1-2-5 参照）。"実践"は子ども達への行動支援を行うこと、"システム"は行動支援を実際に行う教職員へのサポート体制のこと、"データ"は学校・子どもの実態をデータに基づいて把握して実践・システムの改善に生かすこと、そして"成果"は SWPBS の実行によって期待される最終的な子ども達の変容のことを指します。以下ではより詳しく、この SWPBS の4つの要素について解説します。

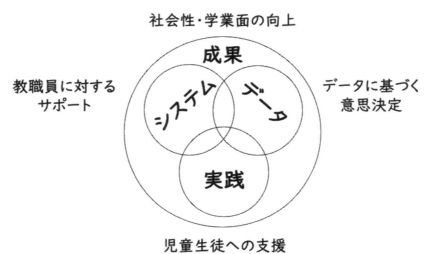

（Sugai & Horner, 2002 より一部改変）

図 1-2-5　SWPBS の4つの要素

1）SWPBS の構成要素：成果

　既に述べたように、教職員（また、保護者・地域住民）の「子どもにこんな姿になって欲しい」、子ども達の「こんな姿になりたい」を実現することが、SWPBS を実施する目的です。この目的を明確にし、「なぜこの学校では SWPBS を導入する必要があるのか？ その目的は何か？」について教職員が"腑に落ちている"ことが、SWPBS を推進していく上ではとても大切です。

　よって、SWPBS を導入していく際、まず始めに考えるべきは「この学校における課題は何か？ SWPBS で何を改善したいのか？」についてです。この現在の学校課題を踏まえて目指す成果のことを、SWPBS では"価値ある成果（valuable outcome）"と呼びます。この"価値ある成果"は、SWPBS を導入する目的とほぼイコールと考えて構いません。いじめ、暴力行為、遅刻、不登校、授業に積極的に参加できない、心理的な問題を抱えている子どもが多い…など、様々な課題があるかもしれません。こうした課題を踏まえた上で、何を目指し、何が"価値

ある成果"だと、勤務校の教職員は考えるでしょうか？この"価値ある成果"は、勤務校の教職員（および保護者と地域住民、子ども達）が心から価値を感じられるものであるべきです。図1-2-5では"成果"について"社会性・学業面の向上"と書かれていますが、具体的に勤務校ではどのようなものになるでしょうか？現在の学校の状態を示す各種データも確認しながら、明確にしておきましょう。この際、具体的にどのようなデータを確認すればよいのかについては、第1章第4節及び第5節で解説します。

2）SWPBS の構成要素：実践

　"実践"については、先に述べた"行動の ABC"に基づいて子どもへの行動支援を学校全体で組織的に行っていきます。具体的にどのような行動支援を行っていくかは、学校の実態に合わせて推進チームを中心に検討していくことになりますし、実践例は第2章で紹介していきますが、検討する際のポイントは行動のABC に基づいて主に3点です。

　1つ目のポイントは、子ども達に期待する望ましい行動（B）が何か、学校全体で共有することです。この目標の共有のために、SWPBS では"ポジティブ行動マトリクス"と呼ばれる行動目標を示した表を作成します。このポジティブ行動マトリクスの作成方法については、第2章第2節で紹介しますが、ポイントは「〜しない」という否定的な表現ではなく「〜する、〜できる」という肯定的な表現で目標とする行動を示すこと、さらにその行動の良い例と悪い例を実際にその場でできるほど具体化しておくことです。

　2つ目のポイントは、目標とする望ましい行動を"引き出す工夫（A）"を計画し、これも学校全体で共有しながら実行することです。学校の各場面・場所で期待される望ましい行動が何かを、全児童生徒に具体的に教え、できるように支援していきます。具体的な実践例については、第2章第3節で紹介します。

　3つ目のポイントは、望ましい行動へのフィードバック（C）についても、全校で共通した方法を持つことです。口頭で褒める・認めるだけでなく、チケットやシール・スタンプ、グラフ化など、教職員にとって取り組みやすく、子ども達にとって効果的なフィードバック方法を計画します。このフィードバック方法についても、具体的な実践例を第2章第3節で紹介します。また、既に述べたように、

問題行動が生じてしまった時の対応も PBS 的なものにしていくことが大切です。これも学校全体で一貫してできるように仕組みを整えていきます。

3）SWPBS の構成要素：システム

　SWPBS における"システム"とは、"教職員が PBS を実践しやすくするためのサポート"のことです。子どもの望ましい行動を伸ばしていくための行動支援を、教室内で日々"実践"するのは教職員です。しかし、「全校で PBS をやりましょう！」と言うだけでは、なかなか各教室内で全教職員が同じ方向性で PBS を実践するような状態にはなりません。そこで、必要なのがシステムです。

　このシステムの重要な部分を担うのが、"SWPBS 推進チーム"です。その主な役割は、先に述べたように"教職員が PBS を実践しやすくするためのサポート"を行うことに他なりません。SWPBS 導入に対する教職員の賛同を得ることから始まり、教職員が PBS に関する知識・技能を得られるように研修を計画・実施すること、教職員の負担を考慮した SWPBS 推進計画を立案すること、各教職員が PBS を実践していることを称賛して励ますことなど、この SWPBS 推進チームが"大人への PBS"を積極的に行っていくことが SWPBS を成功させるための秘訣です。

　この SWPBS 推進チームを、校内組織図や校務分掌の中に正式に位置付け、役割を明確にすることが大切です。生徒指導、特別支援教育、人権教育など、SWPBS と目的を同じくする既存の校務分掌がその役割を担い、SWPBS に関わる部分に管理職が適宜参加する形にするのもよいでしょう。いずれにしても、管理職を含めた SWPBS 推進チームを校内で編成し、推進リーダー役を定め、組織的に SWPBS を推進していくようにします。

　また、SWPBS の年間スケジュールや研修計画を立案し、教職員に SWPBS 導入についての見通しを持ってもらうことも必要です。管理職や教務主任などと連携して、早めにスケジュールを立てるようにしましょう。第2章で、年間スケジュールのモデルと実際の例について、紹介していきます。

4）SWPBS の構成要素：データ

　SWPBS の構成要素の4つ目は"データ"です。SWPBS を実行することその

ものは手段であり、目的ではありません。また、実行する前から100％うまくいくことがわかっている取組はこの世に存在しませんし（SWPBSは効果の実証された取組ですが、各校の実態に合わせた"調整"が必要です）、現在の児童生徒に対してうまくいった取組が数年後の児童生徒に対してもそのまま有効かどうかはわかりません。また、SWPBS導入の計画を立てたとしても、多忙を極める学校現場の中で、計画通りに進まないこともあるでしょう。

　そこでSWPBSでは、「SWPBSをどこまで計画通りに実行できているのか？」や「子ども達は本当に伸びているのか？課題のある部分はないか？」について、定期的にデータを用いながら振り返り、改善計画を立てます。これを"データに基づく意思決定"と呼びます。"意思決定"ですので、データを確認して終わるのではなく、データに基づいて現在の実践を続けるのか、改善するのか、改善するとしたらどのようにするのか、などについて具体的な計画を立てることが重視されます。また、「SWPBSをどこまで計画通りに実行できているのか？」に関するデータのことを"実行度データ"、「子ども達は本当に伸びているのか？課題のある部分はないか？」に関するデータのことを"成果データ"と呼びます。これら実行度データと成果データについては、この後の第1章第4節と第5節で具体的に解説します。

（3）SWPBSにおける3層支援

　以上述べてきた4つの要素に加えて、もう一つ重要なSWPBSの特徴として、3層支援モデル（図1-2-6参照）に基づくという点が挙げられます。3層支援モデルでは、まず第1層支援として学校・学級規模で全児童生徒を対象としたユニバーサルな行動支援を行います。そして、第1層支援では効果の見られない児童生徒に対して、より手厚い第2層支援を行います。さらに第2層支援でも効果の見られない児童生徒に対しては、アセスメントに基づいた個別支援である第3層支援を行います。本書は第1層支援に関する書籍ですので、その導入方法や実践例は第2章で詳しく解説します。また、第2層支援と第3層支援については、本書の後半である第3章第1節においてその概要を説明します。

　よって、ここでは第1〜3層支援の詳細については述べませんが、先に一つだけ強調しておきたいことがあります。「3層支援モデルは子どもを分類するもの

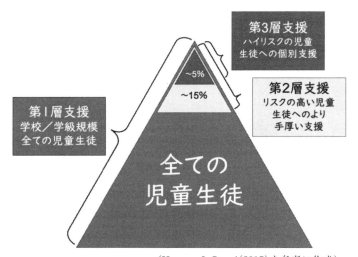

（Horner & Sugai(2015)を参考に作成）

図 1-2-6　SWPBS の 3 層支援モデル

ではない」という点です。SWPBS における 3 層支援では、ある子どもに第 2 層支援や第 3 層支援が必要か否かは、データに基づいて判断していきます。また、第 2 層支援や第 3 層支援がその児童生徒にとって効果的かどうかについても、定期的にデータに基づいてモニタリングします。つまり、データを活用しながら、その時々において、各児童生徒に最適な支援の量・質に調整していきます。例えば、第 2 層支援を受けた結果として、第 1 層支援のみに戻っても大丈夫だと判断することもあります。その反対に、第 2 層支援が効果的でないことがデータからも明らかであれば、第 3 層支援に移行してより支援を手厚くします。よって、"第 2 層支援の子ども" や "第 3 層支援の子ども" がいるわけではありません。"この子どもは第 2 層支援・第 3 層支援を現在○○の領域については必要としている" という考え方をします。また、全体の 20％以上の子どもが第 2・3 層支援を必要としているようであれば、それはベースである第 1 層支援が十分に機能していない可能性があると考えます。つまり、3 層支援モデルは子どもを分類するものではなく、子どもの実態に合わせて常に指導・支援を最適化し続ける仕組みなのです。

コラム2　SWPBS に取り組む管理職の声

荒れた学校に幸せを与えてくれた PBS

　本校で SWPBS を導入したきっかけは『学校の荒れ』でした。当時は授業中に教室を出ていく生徒が多数おり、教室では私語が絶えず、物が飛び交っているような状態でした。その他にも、学校のいたる所で物が破壊され、指導をすれば対教師暴力といったことが日常的に起こっていました。教職員は毎日遅くまで生活指導事案に追われ、夜遅くからその日にあった問題行動について共有し、翌日に行わなければならない指導を確認して帰るという毎日でした。

　私が初めて SWPBS 導入の話を受けた時には、こんな方法で当時の大変な状況が収まるとは到底思えませんでしたが、現状を変えるために藁にもすがる思いで取り組んだことを覚えています。

　目標は毎日の問題行動を減らすこと。最初は子ども達の良いところを見つけて、言葉にして伝えようということからのスタートでした。当時全校生徒 330 人の学校で、毎日 330 回以上の子ども達の素敵な姿を見つけて伝えることを目標にして、常にカウンターを握りしめていました。少しずつカウンターを握る教職員が増え、子ども達の素晴らしさを見つけて伝えることが定着していきました。それに合わせて、私たち教職員が子ども達の持つ素晴らしさを感じられるようになっていきました。それまで、ルール違反や問題行動が続く毎日の中で、どこかで子ども達のせいにして、私たち教職員が真っすぐに子ども達を見れなくなってしまっていたことに気づかされました。このことに気づいてからは、驚くほどのスピードで学校全体が落ち着きを取り戻していきました。学校の荒れの原因は、子ども達が教職員に不信感を持ち、反発していることだと思っていましたが、子ども達が不信感を持っていた理由は私たちにあったのだと理解しました。

　SWPBS 導入時は、対教師暴力や器物破損が絶えませんでしたが、1 年間で問題行動は激減し、3 年間で全国学力・学習状況調査の結果も目に見えて向上しました。5 年が経った今では、地域でも PBS が定着し、子ども達や教職員の様々な取組が全国でも認められるような学校になりました。今でも課題はたくさんありますが、これからも子ども達を大切にする日本一の学校でありたいと思っています。最後に、教員という仕事の喜びを与えていただいた PBS との出逢いに心から感謝しています。

大阪市立井高野中学校　教頭　谷川 雄一

第３節

学校規模ポジティブ行動支援の"システム"を支える推進チームと推進リーダー

① SWPBS 実施の段階

ポイント

● SWPBS 実施は、「探索段階」「導入段階」「試行段階」「完全実施段階」の４つの段階に分かれます。
● 「探索段階」は、SWPBS が学校に必要かどうかを検討する段階です。
● 「導入段階」は、SWPBS 実施の準備を進める段階です。
● 「試行段階」は、導入段階で立てた計画を試行する段階です。
● 「完全実施段階」は、試行した計画を見直し、繰り返し取り組む段階です。

（１）SWPBS 実施と４つの段階

　前節では、SWPBS を構成する４つの要素が紹介されました。SWPBS の実施には、"成果"を導く"実践"、"システム"、"データ"の取扱いが必須です。しかし、それぞれの充実は、一足飛びに進むことはありません。一貫した取組が学校で実施されるまでには、２～４年を要すると言われています（Bierman, Coie, Dodge, Greenberg, Lochman, McMahon, & Pinderhughes, 2002; Fixsen & Blase, 2018）。

　SWPBS によって安定した成果が得られる学校運営にたどり着くまでには、ある種の過程を経ます。つまり、充実した取組の前には、必ず試行錯誤があるということです。そして、試行錯誤の前提には、教職員間でどのような取組を行うかの共通理解を押さえる必要があります。この過程は、大きく４つの段階があると言われています（Horner & Monzalve-Macaya, 2018; 図 1-3-1 参照）。各段階は行きつ戻りつしながら進行します。４つの段階を知り、学校がどの段階にあるかを確認できるようになると、進行の見通しを得られることになるでしょう。

図 1-3-1　SWPBS 実行の 4 段階

　SWPBS は学校規模の取組です。多くの人が関わります。道筋を見失わず、充実した取組に至ることができるよう、以下の４つの段階をつかみましょう。

1）探索段階（exploration stage）

　1つ目は「探索段階」です。SWPBS のように学校規模での取組を行う場合、SWPBS が「学校に必要なのか？」「学校の役に立つのか？」「実行に必要な人的、物的な資源はあるのか？」といったことを考える必要があります。検討には、児童生徒の学業成績、問題行動の頻度、出席や遅刻の状況、学年会などで先生方から挙げられる児童生徒の報告内容、学校の組織、地域のリソースに関する情報などの各種のデータが役に立ちます。根拠となるデータを集め、学校のニーズを整理し、何に取り組むべきかを決定することが、この段階のゴールになります。

　学校によっては、SWPBS とは別に、自治体から事業の委嘱を受けていることがあります。学校が独自に研究主題を設定している場合もあります。その場合、事業や研究主題と SWPBS は矛盾なく進められるのか、といったことについても、根拠となる資料を用意する必要があります。取組の統合が図れるのであれば、根拠となる資料を教職員全体で共有し、議論すると良いでしょう。SWPBS の実施に当たって校長が承認を与え、教職員が賛同するのに十分な根拠の整理に努めましょう。

2）導入段階（installation stage）

　2つ目は「導入段階」です。一貫した支援を学校規模で行うためには、実行ま

での一連の過程を明確にして、一つ一つ着実に進める必要があります。探索段階での意思決定をどのように全教職員に伝え賛同を得るか、どのような方法で支援を進めるか、実行度をどのように保つか、成果をどのように把握するか、進捗状況をどのように推進チームで協議するか、その結果をどのように全教職員と共有するか、といったことを考え、準備するのは、この段階です。

　特に、SWPBSの着実な実行には、全教職員との支援方策の共有が大切になります。このために、校内研修も繰り返し開かれることになります。教職員が取組を理解し、実行できるように、教職員をサポートしましょう。このサポートは実践に移行した後も継続的に実施されるものです。教職員の実践をサポートする仕組みは、この段階から検討し、準備できるとよいでしょう。そして、一度実践が始まれば、その取組は中断されることなく続くことが期待されます。持続可能な取組とするためには、この導入段階の時点で1〜3年後の取組状況を見通した行動計画を立てておくと良いでしょう。

3）試行段階（initial implementation stage）

　3つ目は「試行段階」です。一連の過程を試行する段階となります。大切なことは、共通理解をもって取組を進め、支援の実行度を高め、支援に効果が伴うことです。だから、取組を絞って、最小限の規模で行うといった工夫も考えられます。実際に取組が始まれば、成果や課題があったかの評価を行います。評価のためには、進捗状況の把握が大切になります。必要なデータ収集は、予め検討した方法に沿って取り組みましょう（詳細は、第1章第4節、第5節）。支援の実行中は、教職員の支援の実行を支える組織的な動きも必要です。導入段階での計画を生かし、教職員が自信をもって取り組むことができるようにサポートし、成果を導けるようにしましょう。

　試行が終われば、取組を振り返ります。そうして改善点を見出し、取組を一層洗練化させていくことになります。これは、児童生徒への支援方策はもちろん、教職員の実行を支える体制についても議論します。いずれも過不足があれば、その後の持続可能性を高めるという観点から改善を図りましょう。

4）完全実施段階（full implementation stage）

　4つ目は「完全実施段階」です。この段階では、試行段階の反省を踏まえながら、一層の充実、持続可能な取組を目指します。取組は、試行段階のような一連の改善過程に繰り返し取り組むことが重要になります。取組を繰り返す中で、当初に目指していた改善事項そのものが見直されることもあるかもしれません。今の学校教育上の課題は何か、データに基づいて学校の教育課題に向き合い、一層の組

織の充実を目指しましょう。

　加えて、完全実施段階では、SWPBS の取組規模の拡大が期待できます。これまでの取組を土台にして、児童生徒、保護者、地域の関係者を巻き込み、さらなる取組の充実を目指しましょう。また、蓄積された取組は、地域内の他校と共有しましょう。こうした努力は、地域の教育振興への貢献にもつながります。

② 推進チーム

ポイント

● SWPBS 実施には、推進チームが必要です。
● 推進チームでは、メンバーがそれぞれの役割を担い、SWPBS 実施に必要なシステム構築を目指します。
● わが国でも、各学校が構築している校内支援体制を基礎として、SWPBS を実施することは可能です。

（1）推進チームとは

　SWPBS は、探索、導入、試行、完全実施の４つの段階を経ます。各段階を経て、取組前にあった課題の解決を図り、充実した指導や支援に至る一連の流れは、「改革（reform）」にふさわしい取組となるはずです。各段階を進めるためには、管理職、教職員が一体となって、組織的に対応することが必要になります。そのため SWPBS では、組織運営の中心メンバーを揃えて、推進チームを編成することが、取組の第一歩となります。

　推進チームは、SWPBS 運営の要です。推進チームは、学校全体での取組の意思決定を行い、全教職員、全児童生徒に対して取組を方向付けます。推進チームがこうした重要な役割を担うためには、様々な立場を代表する人々をメンバーに加えることが重要です（Sugai & Horner, 2009）。SWPBS の普及が進む米国では、校長、教頭、通常の学級の担任の代表者、特別教育（special education）の担当者、学校心理士、看護師、カウンセラーなど校内の専門職がメンバーとして加わります。その他、必要に応じて、用務員、事務員、バス運転手が加わることもあります。児童生徒や保護者から代表を募ったり、地域の代表者に参画してもらったりすることも大切にされています。それぞれを推進チームのメンバーに加えるのは、単にそれぞれが学校教育に関与する者だからということではありません。それぞれは、学校の教育活動全般の利害関係者だからです。

SWPBS では、学校教育に関わるすべての人が“成果”を享受できるように、利害関係者を推進チームメンバーに加えることを考慮します。必要なメンバーを推進チームに迎え、推進チームの活動をよりよいものとしましょう。

　推進チーム自体は、SWPBS の“システム”の構築、持続的な運営を担います。“実践”との関連では、効果の見込める方策を計画に盛り込み、学校全体での取組となるように全教職員の組織化を図ります。取組に進捗があるかどうかを把握するためには、“データ”の収集、分析も担います。“成果”が認められれば、校内外への発信にも取り組みます。こうした活動を通して、学校全体でポジティブ行動支援が実施されることになるのです。

（2）推進チーム内の役割

　SWPBS は、学校全体の取組です。その取組をリードする推進チームの取扱い事項も多岐にわたります。そのため、SWPBS 実施に必要なコミュニケーションの効率を最大化することは、推進チームの運営上必須事項となります。だから、各メンバーがどのような役割を担うかは、予め定めておく必要があります。

　以下に示す役割は、特に SWPBS 実施に必要なものとなります。SWPBS 実施とともに“成果”が得られるように、推進チームのメンバーそれぞれが割り当てられた役割を理解し、取り組みましょう。ただし、一人につき一役を割り当てなければいけない、ということではありません。以下に示す役割を満たすメンバーの数がいない場合には、一人で複数の役割をこなすことを検討してください。また、役割の検討では、チームが効率的に議論できる分担が重要になります。メンバーそれぞれにも得意不得意があるので、メンバーごとに持てる力が発揮され、チームとして機能する役割の分担を考えましょう。

　SWPBS は、導入に一定の期間を要します。3 ～ 5 年間で推進チームが一定の責任を担うことを予め確認し、当初はメンバーが流動化しないように配慮することが大切です。ときに、各メンバーが役割の遂行に困難を生じることがあるでしょう。その場合でも活動が止まらないように、役割ごとにバックアップメンバーを定めることで、安定的な運営を目指しましょう。

1）責任者

　責任者は、推進チームを方向付け、意思決定に責任を持ちます。SWPBS を通して学校がどのような“成果”を求めるかは、校長が示す学校運営方針に大きく関わります。SWPBS を導入しようとなった場合にも、学校で求める“成果”に必要な予算や時間の割り当て、人材の配置は、校長が責任を有します。だから、責任者は校長が担います。

　推進チームでは、児童生徒にどのような支援を提供するかが議論されます。この議論のゴールは、学校教育目標や年度ごとの重点目標の達成にあります。だから、責任者は、会議ごとに何を目指して議論しているか、適宜方向付けを行うことが重要になります。メンバー相互に共有したい価値観、取組の重要性を推進チームのメンバーと発信し、"成果"に結び付く議論を方向付けましょう。

　支援の決定には、実際的な判断も必要となります。議論を通してチケットやシールを用いた支援を行うとなれば、関連する教材教具の購入に予算を割り当てる必要があります。児童生徒に期待される行動を教えるために一定の時間を確保するとなれば、教育課程を踏まえてどの時間で教えるかの判断が必要になります。支援の方法を全教職員が共通理解できるようなサポートを行うことになれば、推進チームメンバーが活動しやすいような配置、校内を自由に行き来する権限を認めることになります。これらの決断が円滑に進むように、責任者は、推進チームの活動に対して積極的に参加し、一貫して関与しましょう。

2）推進リーダー

　探索、導入、試行、完全実施の4つの段階で、推進チームや全教職員の取組をけん引する人材のことを推進リーダーと呼びます。推進リーダーは、4つの段階ごとに必要な議題を取りまとめ、会議ではメンバーの発言や責任者の意思決定を促すファシリテーターの役割を担います。会議では、「今の意見についてもう少し詳しく聞かせてください」「○○さんはどのように考えますか？」「では、今後の取組はこれでよろしいでしょうか？」「役割分担を確認させてください」など、メンバーの参加を促し、チームとしての意思決定ができるように効率的な会議運営に貢献します。

　加えて、推進リーダーは推進チームの決定事項を教職員間に浸透させ、支援の実行度を保てるように、校内で柔軟に立ち回ることが求められます。例えば、推進チームが計画した支援の内容を共有する場として、校内研修を設けたとします。このとき、研修で一度話を聞いたからといって、教職員の誰もが支援内容を間違いなく実行できるとは限りません。教職員の中には、新たな指導に抵抗を感じる場合があります。また、実際の指導場面では、研修の想定を超えることもあるでしょう。研修を行ったまま、その後は研修の効果を期待して待つだけ（train and hope approach）では、SWPBSの実行度は維持されません。だから、推進リーダーは、全ての教職員の取組を見守り、適宜フィードバックを伝えるなど、教室での"実践"を支える存在となって動き回ります。

3）データ分析係

　推進チームは、SWPBS実施の成果や課題の確認に"データ"を活用します。会議ごとに進捗状況を共有できるように、データの収集、分析を担うメンバーが必要です。係となったメンバーは、問題行動の記録、出欠の情報、保健室やカウンセラーの利用状況、学業テストや学期ごとの成績、定期的に実施されるアンケートの結果などをチームで適宜参照できるような仕組みづくりを行います。

　会議が行われる前には、予めデータを整理してメンバーに示します。メンバーが事前に質問や意見を考える機会があれば、会議は効率よく進めることができます。資料は、データそのものを一覧にして示してもよいですが、グラフ化することで、状況の把握が一層容易となります。

　会議になれば、データを要約して示し、チームの理解を支援します。メンバーがデータの解釈をしやすくなるようなグラフ化は、可能な範囲で事前から取り組みましょう。データに基づく議論をチームが進めれば、データから言えることを伝えます。そして、「支援は計画どおりに実行されていましたか？」「児童生徒の大半は支援方策の導入によって変容していますか？」「支援方策は、教職員によって正確に取り扱われましたか？」「満足の得られる成果となっていますか？」など、データの解釈を働きかけ、チームがデータに基づいて意思決定を適切にできるよう支援します。

　事後には、校内の他の教職員に対してデータを示し、推進チームの議論を伝えます。データに対する疑問や質問があれば、丁寧に対応します。データ閲覧を希望する教職員には、システムへのアクセスを支援し、活用方法のアイデアを提案します。

4）支援の提案係

　推進チームは、SWPBSの実施に当たり応用行動分析学の理論や知見をもとに支援の提案を行います。まずは、本書の内容理解に努めて、本書の基本的事項を踏まえながら支援方策を検討してください。もちろん、学校の中で応用行動分析学の知識を有する教職員がいれば、メンバーとして支援策のとりまとめに力を発揮してもらうのがよいでしょう。詳しい人材がいない場合には、外部の専門家の力を借りることで、補うこともできるでしょう。エビデンスに基づく支援方策の提案は、SWPBSの成否を決する重要事項です。応用行動分析学が蓄積した知見を学びながら、チームとして効果の見込める支援方策を検討できるように、事前の提案準備を行いましょう。

5）記録係

　多くの会議では、事後に会議録を蓄積しています。これは、単なる書類仕事ではなく、会議の決定事項を確認するためのものです。決定事項ですから、メンバーは、それに従う必要があります。この大事な情報を書き留める係が、会議には必要です。

　記録は、メンバーの発言を逐語的に整理する必要はありません。あくまでも何が決まったかを記します。素早く記録を残すために、ワープロソフトを用いてもよいでしょう。要点を記録に残すわけですから、会議の進行をつかみ、重要な議論を聞き逃さない集中力が求められます。

　事後には、記録をファイリングするだけでなく、推進チームのメンバー相互が確認可能な状態にします。24 時間以内にとりまとめた記録のファイルをメールで送信したり、共有ファイルにしたりするなど、必要な作業を滞りなくこなす必要もあります。

6）タイムキーパー係

　会議時間を管理します。進行とともに時間が限られてくる場合には、残り時間を伝えるなど、時間の有効活用を図る意識づけをメンバーに対して行います。議題が多いときには、予め１議題当たりの検討時間を示しておき、その時間が経過すれば、検討を一旦切り上げることを提案するなど、推進チームが効率的に会議を進行できるようにサポートします。推進リーダーが担う会議のファシリテーター役との重なりがあるので、両方を兼ねてもよいですし、タイムキーパー係に進行の効率化の責任を担ってもらってもよいでしょう。

（3）各学校の校内支援体制と SWPBS の推進チーム

　わが国では、校内支援体制の整備に一定の進捗があり、児童生徒の実態把握、支援方法の検討などの役割を担う組織が多くの学校で備わっています。特別支援教育に関する校内委員会はもちろん、運営委員会、企画委員会など、学校運営の中核を担う委員会でも、支援に関する話し合いは行われます。委員会では、校長のリーダーシップのもと、各学年の主任、教務主任、生徒指導主事、進路指導主事などがメンバーとなり、指導、支援の充実を話し合っています。各学校ですでに構築されている校内支援体制は、SWPBS 運営においても十分に役割を果たすことが期待されます。推進チーム編成に当たっては、これまでに構築した校内支援体制を基礎として、取組可能な部分から SWPBS を導入してもよいでしょう。ただし、SWPBS 導入の目的が各学校の"成果"にあるならば、その"成果"と整合する SWPBS の準備が必要です。"成果"と SWPBS 導入の関連を理解した

責任者がチームを率いていなければ、責任者と SWPBS 導入について議論する必要があるでしょう。SWPBS 導入により利益を享受するそれぞれの立場の代表者が推進チームに参加していなければ、参加のない立場の代表者たちが推進チームとどうつながるかを考える必要があるでしょう。既存の組織に"実践"、"システム"、"データ"の取扱いがなければ、どのような役割や準備が必要かを考えることが大切です。

　各学校で構築されている校内支援体制は、必ずしも機能しているとは言えません。学習面又は行動面で著しい困難を示している児童生徒のうち、校内委員会において特別な教育的支援が必要と判断される割合も 3 割未満です（文部科学省初等中等教育局特別支援教育課, 2022）。特別な教育的支援が必要と判断されなければ、そもそも校内委員会での検討自体がなされていないことも懸念されています（通常の学級に在籍する障害のある児童生徒への支援の在り方に関する検討会議, 2023）。これに対し SWPBS は、推進チームメンバーの役割が明確で、メンバーごとの役割もシステムの一つとして備えることが必要になります。SWPBS を通して構築を目指すシステムは、実践を単発で終わらすことを防ぎます（Sugai & Horner, 2009）。SWPBS 導入に必要なシステムの準備が校内委員会の機能化という課題の解決に結び付くのであれば、組織づくりという視点からも SWPBS を導入する意義があるといえるでしょう。

③ 推進リーダーの役割と資質

ポイント

●推進チームには推進リーダーが必要です。米国では、コーチが同じ役割を果たします。

●推進リーダーは、SWPBS の「探索段階」「導入段階」「試行段階」「完全実施段階」のすべてで、学校全体の取組に伴走します。

●推進リーダーには、組織を動かす資質を備えた人材の配置が期待されます。

（1）推進リーダーとコーチ

　推進リーダーは、推進チーム運営の中心を担います。これは、SWPBS の実践が先行している米国でも同じです。米国では、推進チームをリーダーシップチーム（leadership team）、推進リーダーをコーチ（coach）と呼びますが、コーチも推進リーダーと同様に、各学校での SWPBS 実施による"成果"を目指して、様々

な役割を遂行しています。米国では、コーチの活躍があり、SWPBS を実施した各学校の様々な"成果"が蓄積されています（詳細は第１章第２節）。これに伴い、コーチの役割、資質についても様々な知見が示されています。ここでは、そうしたコーチに関する米国の文献に触れ、コーチにとって大切にすべきことについて述べていきます。なお、わが国でコーチ役を担うのは、推進リーダーです。そこで、コーチに関する米国の文献を引用する際には、すべて推進リーダーとの表現に置き換えて説明します。

（２）推進リーダーを担うべき人材

　米国では、推進リーダーは何らかの役職付きの人が担当するというものではありません。段階ごとに必要な取組を推進する資質のある人材が担当するべきとされています（George, Kincaid, Pollard-Sage, 2009）。特に、SWPBS では、応用行動分析学の研究知見に基づく実践が行われます。実践を学級の指導に落とし込むためには、４つの段階のそれぞれで管理職、すべての教職員と協働します。推進リーダーは、協働を通して指導実践に対する教職員の関心の喚起、指導実践が児童生徒のニーズに合致するかどうかに関する教職員との議論、児童生徒への指導のモデルの提示、教職員の指導実践に対する適切なフィードバック、といったことを担います（Knight, 2012）。

図 1-3-2　成功する推進リーダーの特徴

　成功する推進リーダーは、自身の役割を担う中で様々な姿を示します（図1-3-2）。具体的には、「励ます」「支える」「責任感がある」「鋭い」「自由に発想する」「敬意をもつ」「熱意がある」「社交的である」「忍耐強い」「共有する」といった特徴を示します（McCormick & Brennan, 2001）。もちろん、こうした特徴のすべてを推進リーダーが兼ね備えなければいけない、ということではありません。それ

でも、推進リーダーの資質が一層磨かれるように、意識的に行動することが重要です。校長は、全校でリーダーシップを発揮して取組を方向づけますが、他の教職員と関わりながら、校長のリーダーシップを実質的なものにするのは、推進リーダーの役割なのです（McCamish, Reynolds, Algozzine, & Cusumano, 2015）。そうして、推進リーダーは支援の実行度向上に貢献するのです。

　SWPBS の実践が普及している米国では、SWPBS の実行度を保つ力量を備えた教職員が、その任に当たります。具体的には、特別教育の担当教員、学校心理士、ソーシャルワーカーなど、関連領域の専門性のある教職員、さらには教科指導の専門性の高い教職員や進路指導を担当する教職員の中から、推進リーダーを担う人材が出ているようです（George & Kincaid, 2008）。わが国では、特別支援教育コーディネーターが、校内支援体制の中心となって校内外の連絡調整に当たっています。生徒指導主事が、開発的予防的生徒指導の推進を担っています。養護教諭が、心身の健康面への対応や教育相談の要として活躍しています。これらを含む校内のいずれの役職を担う教職員の中には、これまでに触れた資質を備え、役割を担う人材として活躍される方が多くいます。そのような人材は、SWPBS 実行の推進リーダー役としての活躍も、十分期待できるでしょう。

④ 実際の推進リーダーの姿

ポイント

- 推進リーダーは、SWPBS のすべてに関与します。
- 推進リーダーは、「学校組織や教職員の行動」というターゲットを変容させる環境となります。
- 推進リーダーには、他の教職員との関わり、校内の巡回、教職員や児童生徒の観察、特別支援学級や通級指導教室との連携、といったことに柔軟に対応するための裁量が必要です。
- 推進リーダーには、学び続ける姿勢が必要です。

（1）推進リーダーの活躍と環境

　米国では、SWPBS の普及が進んでいます。2018 年時点で SWPBS に取り組む米国内の公立学校は 25,000 校以上とも言われています（詳しくは、https//www.pbis.org/pbis/what-is-pbis）。各校は、校内の人材から推進リーダーを位置付け（internal coach; 内部コーチ）、SWPBS の実施を推進します。表 1-3-1 には、

SWPBS 実施に必要な推進リーダーの動きを整理します。詳細は第2章で取り上げますが、推進リーダーが推進チームをリードし、学校全体を盛り立てます。そうして、SWPBS 実施のすべてに関与し、活躍することが期待されます。

　逆に、推進リーダー役を指名しない学校では、SWPBS を進めるのは難しいでしょう。それは、推進リーダーという支えが組織にないことで、SWPBS の実行度を保つことが困難になるからです。SWPBS では、児童生徒が望ましい行動をとれるように、一貫した支援を行います。教職員が共通理解を持って取り組むためには、校内研修が行われます。このとき、研修で一度話を聞いたからといって、教職員の誰もが共通理解のもと支援に取り組むことができるとは限りません。自

表 1-3-1　推進リーダーの動き

重要なコーチの機能	具体例
○チームのスタートアップを支援する	・チームの会議を後押しする ・チームの会議での役割を伝え、手本を示す ・チームの会議の計画を立案する ・教職員や地域の代表を漏れなく募ってチームを編制する
○支援の実行度を把握し、支える	・実行度データを1つ以上は収集する ・実行度データの解釈を支援し、チームの行動計画立案を方向づける ・実行度を高めるために、必要な支援策を立てる
○チームの活動の持続可能性を高め、説明責任を果たせるようにする	・詳しい行動計画をチームが立てられるようにする ・チーム内で教職員、管理職が交替する場合の計画を立てる ・役割や責任を交替できるよう、複数のコーチで活動したり、推進チームのメンバーを励ましたりする
○技術的な支援を提供し、問題解決を進める	・整理された校内の課題を扱うために、より明確に問題を定義したり、根拠のある実践を選択したりするチームをサポートする ・データ収集、解釈、共有、普及と関連するリソースを提供する
○行動計画を進めるごとにきっかけを与えたり、強化したりする	・実施後のデータが集まるまでに行動計画の遂行を促したり、支援を提供したりする ・行動計画を進めるごとに、効果的に強化する
○全体の関係性やコミュニケーションを改善する	・学校に関わるすべての人(教職員、児童生徒、保護者、地域)とチームの取組や成果についてやりとりする ・学校に関わるすべての人と生み出した成果、実践のフィードバックを受ける
○外部からの支援をつなぐ	・他のコーチから学ぶために推進リーダー間でつながる、推進リーダーでつくるネットワークに参加する ・外部のリソースや新しく開発されているものを知るために、地域の会議に参加する
○専門的な内容を提供する	・データの収集や解釈を方向づける ・選んだ実践が根拠に基づくものか、ニーズに合致しているか、課題となっている行動の機能と整合しているか、といったことを確認する

参考:Freeman, J., Sugai, G., Simonsen, B., & Everett, S. (2017). MTSS coaching: Bridging knowing to doing. Theory Into Practice, 56(1), 29-37.

分は研修内容を理解し実行できたとしても、他の教職員、保護者、児童生徒は、新たな指導に抵抗を感じるかもしれません。また、実際の指導場面では、児童生徒の多様な学習ニーズが研修の想定を超えることもあるでしょう。単に研修を行って、その後は効果を期待して待つアプローチ（train and hope approach）で終わらせないためには、SWPBSを理解し、学校全体の伴走者となる推進リーダー役を、誰かが担う必要があります。

（2）推進チームを「機能させる」ということ

　SWPBSの実践は、応用行動分析学の知見に基づきます。これは、推進リーダーの活動についても同様です。だから、推進リーダーの活発な動きも、応用行動分析学の視点から理解することができます。

　例として、探索段階の推進チームの会議の場面を考えてみましょう（図1-3-3参照）。探索段階では、推進チームのメンバーとの協働が課題になります。課題への対応のためには、推進リーダーがSWPBSの概要説明を担うことがあります。他のメンバーの考えを広げ、メンバーが活発に議論するためには、丁寧な説明が役立ちます。これは、推進リーダーの説明が、推進チームの議論という「行動の前（A）」になるからです。「議論（B）」が進めば、意見を表明してくれたメンバーへの労い、よい意見に賛同すること、どの点が良い意見であったかという解釈を伝えます。これは、推進チームメンバーの議論する行動に「行動の後（C）」で肯定的な結果を伴わせ、今後の会議でも活発な議論を促すことを意図した働きかけといえます。

　推進リーダーは、児童生徒の行動の理解はもちろん、組織全体の行動についても「行動の前（A）→行動（B）→行動の後（C）」の枠組みで捉えます。これは、児童生徒と同様に、学校組織の動き、教職員の行動も、校内の様々な環境からの影響を受けて、学習されたものと捉えるからです。つまり、SWPBSの導入や実践では、

行動の前	推進チームメンバーの行動	行動の後
丁寧な説明	活発な議論	労い、賛同、解釈

図1-3-3　推進チームの会議と推進リーダーの機能

推進リーダー自身の働きかけが、「学校組織や教職員の行動」というターゲットを変容させる環境となります。表 1-3-1 のような推進リーダーの動きのそれぞれは、SWPBS に取り組む学校組織や教職員の行動の前・行動の後となります。学校組織の動き、教職員の行動に肯定的な変化が生じたとき、推進リーダーの活動は学校を機能させたといえるでしょう。

（３）推進リーダーが「機能する」環境

　推進リーダーの活動は、推進チームの活動や校内の支援の充実と関係します。そのため、推進リーダーが活動しやすい環境の整備は重要です。具体的には、他の教職員との関わり、校内の巡回、教職員や児童生徒の観察、特別支援学級や通級指導教室との連携、といったことに柔軟に対応するための裁量が必要だということです。

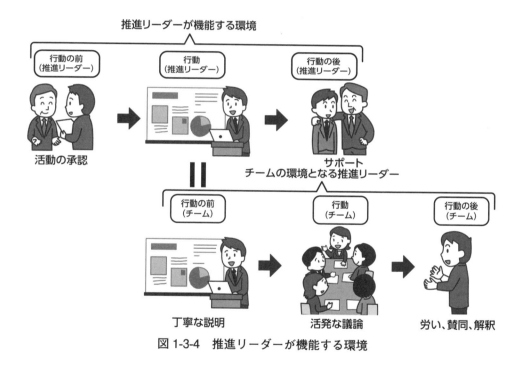

図 1-3-4　推進リーダーが機能する環境

　推進リーダーの活動に一定の裁量を与える役目は、責任者である校長にあります。推進リーダーが SWPBS 推進に寄与するためには、校長から活動の承認を受け、積極的にサポートされる必要があります（Hershfeldt, Pell, Sechrest, Pas, & Bradshaw, 2012; 図 1-3-4 参照）。校長のリーダーシップに基づき、こうした環境が提供される学校では、SWPBS の実践が円滑に進むことが期待されます。

　一方、そうした環境づくりが不足する場合、推進リーダー自身に一定の努力が求められます。だからといって、熱心であるあまり、時間をかけすぎたり、

他の教職員に負担をかけたりすることは、他の教職員の受入れを難しくします（Stormont, et al., 2015）。焦らず、チームや学校のために献身的な活動を継続するとともに、進捗状況や成果の発信、共有を丁寧に進めましょう。賛同を広げ、協働する仲間、サポートを得ることで、組織としてSWPBSに取り組む環境は充実することになります。

（4）推進リーダーの専門性向上

　推進リーダーは、様々な課題解決にかかわります。しかし、時には推進チームや学校全体の運営を困難にする課題もあるでしょう。課題解決を目指し、推進リーダー自身が日々学びを得ることは重要です。課題への対処が求められる推進リーダーにとって、習熟すべき初歩のスキルには、表1-3-2に示すものがあります。

　取組を通して、学校全体の支援を運営するためのスキルに習熟するには、推進リーダー自身が学び続ける必要があります。「初級」のスキルを発揮し、校内での活躍が認められれば、SWPBS実施の「上級」者として、他校に力を貸すこともあるでしょう。さらに、SWPBSの実践が広がれば、地域の「コーディネーター」としての活躍を求められる立場に立つこともあるでしょう。「初級」「上級」「コーディネーター」といった立場ごとに必要なスキルの一覧は、巻末に示してあります。一覧に示されたスキルを参考に、今の自分に備わっているスキル、今後磨く必要のあるスキルを把握し、学び続けることで、推進リーダーとしてのキャリアを一層豊かにすることが期待されます。

　なお、推進リーダーが学び続けるためには、学びやすい環境づくりが重要です。推進リーダーが相互に努力し、情報交換を行うことは、各校のSWPBS推進にとってメリットになります。管理職は、そうしたメリットを見通しながら、推進リーダーが相互に交流する機会を設けられるような後押しを行うとよいでしょう。加えて、学びやすい環境づくりには、教育委員会の協力が欠かせません。担当者レベルの会合、地域内のフォーラムの実施、外部専門家からの直接支援など、どれもが推進リーダーの力になるはずです。自治体ごとにPBSなどのように展開するかは、第3章第2節にその詳細が示されています。そこでのアイデアを参考にしながら、推進リーダーが継続的にSWPBSのことを学び、学んだ成果を各校に還元するサイクルを生み出していくことも重要といえます。

表 1-3-2　推進リーダーとして習熟すべきスキル（初級；巻末資料に補足あり）

領域	スキル
データ	1. 多様なデータ収集システムと、その活用に慣れている (例；問題行動の記録、実行度の評価、各種のアンケート、学業成績の統計、出欠統計など). 2. 必要に応じて上記以外の他のデータシステムの構築を支援できる 3. 意思決定を方向付けるためにチームにデータ活用の方法を教え、支援することができる
実践	1. SWPBS の本質的な特徴を知っており、その定義を実践に当てはめることができる 2. 教室での効果的な指導や学級経営の特徴を理解している 3. 根拠に基づく実践を明確にして実践に落とし込めるように、学校を方向づけることができる 4. 適切な行動を増やし、不適切な行動を減らす方策を知っている 5. 他校で実施されている SWPBS のモデルや取組例を学校に提供できる 6. 応用行動分析学の基本的な原則を理解している（すなわち、強化[※1]、弱化[※2]、刺激性制御[※3]）
システム	1. 効果的なチーム会議をファシリテートできる 2. 推進チームに対して効果的なコンサルテーションや技術支援を提供できる 3. 校内で効果的なコミュニケーションをとることができる 4. 教職員を支え、SWPBS の取組の持続可能性が高まるよう学校を支援する仕組みづくりを支えられる

参考：Lewis-Palmer, T., Barrett, S. & Lewis, T. (2004). Coaches self-assessment.
Retrieved from www.pbis.org

※1　巻末　用語集「強化」を参照。
※2　弱化（punishment）とは、行動に特定の結果（刺激の出現または消去）が伴い、その行動の将来の生起頻度が減る現象である。いたずらした直後に注意を受けたり、罰としておやつが取り上げられたりすることで、いたずらがなくなることは、弱化に当てはまる。
※3　刺激性制御（stimulus control）とは、行動（B）と、行動の前（A）の出来事の関係性を表す。行動の前（A）に特定の出来事があり、行動（B）を起こしてみると、行動の後（C）で強化を受けることがある。このときに起こした行動は、特定の出来事のもとでは再び起こりやすくなる。

コラム 3 SWPBS に取り組む先生の声

「推進リーダーを担って」

　SWPBS の取組を行うに当たって、私に与えられた役割は推進リーダーでした。学校規模で組織的にこの取組を行っていくためにはどのように進めていけばいいのだろうか、全職員が賛同してくれるだろうか、そして、何よりも人前に立つことが苦手な自分に、取組の中心になるこの役が務まるのだろうかと、初めは不安ばかりでした。

　全職員の賛同を得るという目的で、SWPBS とは何かの理論研修を行いました。職員の意見を取組に反映させるために、ディスカッションを取り入れた研修を行いました。本校の児童が目指す行動目標を明確にすることや校内体制を整えることが大切と考え、準備期間を長く取りました。SWPBS を進めていく上での土台づくりをしっかり行うことが大切であったと、今、改めて感じています。

　取組を実行していくためには、推進リーダーだけ動いていても無理です。私の場合は、自分が表に出ていくことはあまりせず、児童に向けては、生徒指導主事や児童会担当職員が表に出て取組を支援する立場に立ってもらいました。職員に向けては、取組を周知した後、要所要所で校長に発言してもらい、取組の後押しをしてもらいました。また、教務主任には SWPBS に関係する会議の日程や時間の設定をしてもらい、職員が無理なくスムーズに実行できるような調整を行ってもらいました。どちらかというと、取組の裏方的な役割で動いていたような気がします。それぞれの先生方の役割、そして校長のリーダーシップがあるからこそ、取組が充実していくことを実感しています。

　苦労したことは、「職員に負担のかからない取組、やらされ感のない取組」を常に考え、どのように折合いをつけながら職員に周知し、実行していくかでした。職員のモチベーションを保つことができたかどうかには課題が残ります。しかし、「この取組を行ったことで、児童の望ましい姿が増えてきた」「今後も継続して取り組みたい」という意見が上がってきたことで、職員が取組に対する成果を感じてもらえたことがわかり、嬉しくなりました。

　まだまだしっかり実施できているとはいえません。学校の状況に合わせて工夫や改善を加えていかなければならないと考えています。児童の望ましい姿が増えていくことを想像して、職員と児童に笑顔があふれる学校を目指して、学校全体で SWPBS の取組を行っていくために、推進リーダーとして研鑽を積んでいこうと考えています。

宮崎県　公立学校教員

第4節

学校規模ポジティブ行動支援の
確実な実行

① 実行度評価の重要性

ポイント

● SWPBS ではデータに基づく意思決定が重要な鍵となります。
● 扱うデータには「成果データ」と「実行度データ」があります。
● 実行度とは実践があるべき手続きに沿って実践されている程度を意味します。
● 実践が効果的であったか、どこを改善すべきかを正しく評価するために実行度データを評価することは重要です。

（1）意思決定のために見るべきデータ

　これまで教育現場では数々の新しい実践が導入されてきましたが、その実践が効果的であったかどうかが十分に検証されないままに、徐々に自然消滅的に実践されなくなってしまったり、次の新しい実践に入れ替えられたりすることは少なくありません。新しいものが導入されるたびに教職員はその実践方法について学ばなければならず、その割にそこにかけた労力分の成果があったかどうかも感じられないという状態は、教職員を疲弊させるだけだと言えます。SWPBS では、これまでのように一時的ブームで終わらないよう、効果的かつ持続性のある実践にするための仕組みがあります。第2節でも説明されたように、SWPBS の重要な特徴の一つとして「データに基づく意思決定」がありますが、これがその効果的かつ持続的実践を実現するための鍵となる仕組みの一つと言えます。

　SWPBS で扱う「データ」には2種類あります。1つは「成果データ」で実践により児童生徒に期待するような変化が見られたかどうかを確認するためのものです。実践は、例えば「子ども達の優しい言葉かけを増やしたい」や「不登校を減らしたい」などの成果を上げることを狙いとして行われるものですので、当然ながらその狙いとしていた成果が得られたか、つまりは変化させたい行動が変化

させたい方向に変化したか、ということから実践が効果的であったかを評価します。成果データとして扱う具体的な指標については、第1章第5節でも説明されています。また、この成果データに基づく意思決定については、第2章の中でSWPBSの進め方が詳しく紹介される中で、より具体的に触れていきます。

　SWPBSで扱うもう1つのデータが「実行度データ」です。実行度（implementation fidelity）とは、一般的な定義として「介入プログラムを実施する際に、そのプログラムが開発者の意図した通りに忠実に実践されている程度」を意味するものです。具体的には、仮にそのプログラムを実施するためのマニュアルが存在するならば、そのマニュアルに記された通りの手続きで実施されたかどうかや、必要とされるセッション数や時間で実施されたか、参加者がプログラム内の活動に参加していたかどうかなど、プログラムがあるべき形でどの程度実施されていたかを評価する指標です（大対, 2020）。特にSWPBSのように、その実践に関わる人数が多くまた多岐にわたる場合や、長期間かけて行う実践の場合には、実践を進めていく中で人によってやり方が変わったり、また時間経過につれて省かれる要素や実施しやすいようアレンジされる要素が出てきたりすることはごく自然な流れだといえます。実践を適用する環境や文脈に合わせて柔軟に調整すること自体は大切な視点なのですが、その調整が自然発生的に起こるままに任せてしまうと、本来実施していたものから大きく形を変えてしまうことにもなりかねません。そこで、SWPBSの実践では実行度を定期的に測定し、実践として今何が行われているのか、またまだ行えていない内容は何かなどを確認しながら進めていくことで実践の質を向上させ、また十分な状態で維持できるようにしていきます。

　「成果データ」と「実行度データ」はその結果を解釈する際に相互に関係してきます。先に説明したように、成果データから児童生徒に狙い通りの変化が見られたかを評価するわけですが、その結果を「SWPBSの効果があった／なかった」と解釈するためには、その前提として実践がSWPBSと呼べる要素を含むものとして実行されている必要があります。したがって、まずは「実行度データ」からSWPBSが十分な実行度で実践されているかを確認することが大切になります。図1-4-1のフローに示したように、実行度が十分な水準であることをもって初めて、SWPBSで行った実践が成果につながったかどうか、効果が見られたかが判断できます。実行度が十分でない場合には、仮に成果データが狙い通りの変化を示したとしても、それがSWPBSの実践によるものとは言い切れなくなり、その判断自体が難しくなります。

　では、もう少し具体的にSWPBSの実践に沿って説明をしてみましょう。例えば、SWPBSの実践として、「挨拶キャンペーン」を行ったとします。このキャ

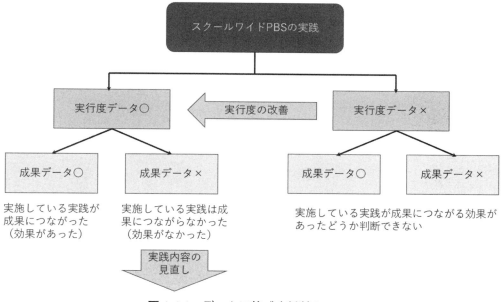

図1-4-1　データに基づく判断のフロー

ンペーンでは、登校時に校門のところで実行委員が立ち、登校してくる児童のうち挨拶をしてくれた人にはシールを渡すということをしたとしましょう。この場合の成果データは「朝登校時に自分から挨拶をした児童の数」となります。この児童の数がキャンペーン実施前よりもキャンペーン実施後に増えていれば、「成果があった」ということになるわけですが、思ったほど挨拶する児童の数が増えないということも結果としては起こり得ます。

　成果が出なかった場合、つまり成果データが×の場合というのは、図1-4-1では実行度データが○の場合と×の場合の２パターンあります。このどちらのパターンかによって、調整すべきところが異なってきます。実行度データが○の場合は、計画していた通りの手続きを行ったにも関わらず、それが成果にはつながらなかったということですので、行った実践の手続きそのものが挨拶行動を増やすという成果につながるような手続きではなかったということです。例えば、登校時の挨拶はキャンペーンを実施する前から既に多くの児童ができていたために、「増える」という変化が見られにくかったということがあるかもしれません。その場合は、キャンペーンを行う場面を登校時ではなく別の挨拶が少ないとされ

る場面（A）で実施すべきだったということになるでしょう。あるいは、挨拶をしてもらえるシールが児童にとってはそれほど魅力的なものではなく、挨拶行動を増やす強化子としての十分な効果がなかったということもあるかもしれません。この場合は、シールよりも魅力的なものを挨拶行動に対する結果（C）として設定し直す必要があります。このように、手続きそのものが成果を生むのに十分ではなかったということが1つ目に考えられる理由です。

　そしてもう1つは、実行度データが×の場合、つまり計画していた通りの手続きで実践が行われなかったという場合です。先と同じ例を使うと、挨拶をしてくれた児童にシールを渡すという手続きになっていたが、実行委員の人数不足などで実際はほとんどシールが渡せていなかったということがあったとすれば、これは計画していた手続きが忠実には実施されていなかったということになります。つまり、成果が出なかった理由として、実践内容が妥当ではなかった可能性に加えて、やるべきことをやっていなかったから、という可能性がさらに考えられることになり、結局なぜ成果が出なかったのかという理由を特定することが難しくなります。なので、実行度データが×となった場合は、まず実行度を改善する必要があり、シールの渡し忘れをどのように防げるか、どうすれば確実に挨拶をしてくれた人にシールを渡すことができるか、ということを考えて改善する必要があります。

　このように、成果データが×の場合で何かしらの調整が必要だと思われる状況では、実行度データが×の場合は実行度が改善するよう意思決定をする、実行度が〇の場合は実践内容そのものを見直すよう意思決定をするという形で、実行度データの評価によって調整すべきところが変わってきます。

（2）実行度の評価を行うことの重要性

　SWPBSに限らず、どのような介入を行う場合でも、まずその介入が十分な実行度で実施されていることを確認した上で、その介入の効果について検討する必要があります。SWPBSの実践では、実行度を定期的に確認しながら、より質の高い実践となるよう必要な改善をその都度加えて進めていきます。これまでの研究からも、十分な実行度でSWPBSの実践を行っている学校は、そうでない学校に比べると生徒の問題行動の指導件数や停学処分の件数が少なかったという報告

があることや（Flannery et al., 2014）、また実践が継続しやすいということもわかっています（McIntosh et al., 2016）。やりっぱなしで終わるのではなく、成果データや実行度データに基づき意思決定をすることで、改善をしながらSWPBSを進めていくこの仕組みは、SWPBSを効果的で持続性のあるものにするための重要な鍵となります。

　成果データが児童生徒の行動変化を表す指標であるとすれば、実行度データはSWPBSの実践者である学校の教職員の行動変化を表すものとも言えます。つまり、実行度データが改善していくことは、教職員の実践が改善されていることを可視化することにもなり、教職員へのポジティブなフィードバックとして機能することが期待されます。これまでのやりっぱなしのやり方とは異なり、やったことがやっただけ成果データや実行度データという形となって返ってくるこの仕組みは、実践に取り組む教職員のやりがいにつながるものになるでしょう。また、同時にまだ実践できていないことも明確になるので、SWPBSの実践として改善すべきことを校内で共有することにも役立ちます。

② 実行度評価のための指標

ポイント

● 実行度評価のために使える指標として日本語版TFIという尺度があります。
● 日本語版TFIを使って定期的に実行度を評価します。
● 日本語版TFIに示されている項目内容に対応した、推進リーダーが押さえるべきポイントがチェックリストで示されています。
● 実行度評価の結果に基づき、チェックリストの中で次に改善すべきことを明確化し、行動計画を立てます。

（1）実行度の評価に使える指標

　海外では、実行度を評価するための尺度がこれまでにも複数開発されており、例えばPBIS Self-Assessment Survey（SAS）やSchool-Wide Benchmark of Quality（BoQ）、School-Wide Evaluation Tool（SET）といったものがあります

（McIntosh et al, 2017）。これらの尺度の多くは 3 層支援モデルの第 1 層支援にのみ特化して実行度を測定するものであることから、第 1 層から第 3 層までの全ての実行度を測定できる尺度として Tiered Fidelity Inventory（TFI）が Algozzine et al（2014）により開発されました。現在、日本語で利用できる実行度の尺度としては、この TFI の日本語版（図 1-4-2）が日本ポジティブ行動支援ネットワークのホームページ（巻末のリソース参照）にて公開されており無料でダウンロードして利用できます（日本ポジティブ行動支援ネットワーク, 2023）。また、項目の詳細は本書の資料にも掲載してあります。原

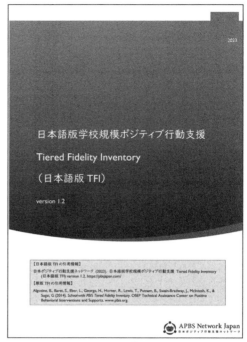

図 1-4-2　日本語版 TFI

版の TFI については、その信頼性と妥当性が確認されており（McIntosh et al, 2017）、日本語版はその項目を SWPBS に従事したことのある専門家が翻訳し、バックトランスレーションの手続きを経て、最終的に SWPBS の実践を経験したことのある現場の教職員にもその文言の確認をしてもらった上で作成されたものです。先の説明では、SWPBS の 1 つのキャンペーンという実践における実行度について取り上げましたが、TFI には SWPBS を実践していくに当たって、より大きな視点から学校全体として整えておくべき内容が項目として示されており、TFI を用いた実行度の評価から、推進チームおよび推進リーダーは学校全体として SWPBS の実行度を高めるために次にすべきことの指針を得ることができます。以下では、この日本語版 TFI を実行度評価に用いる指標として取り上げ、その使用方法を詳しく紹介します。

（2）実行度評価を実施するスケジュール

　実行度の評価は、SWPBS を導入する前にまず第 1 層から第 3 層までの全ての実行度を評価します。TFI の項目に示されているような実践の手続きは、SWPBS を実施していない学校でもある程度行っている場合がありますので、まずは SWPBS を導入する前の段階でどの程度、どの実践を実行しているのかを評価しておきます。多くの場合、この段階では得点が低く出ます。SWPBS の導入が開始された「導入段階」では、最初のうちは 3 〜 4 か月ごと、もしくは学期ご

表 1-4-1　SWPBS 第 1 層支援の実践項目チェックリスト

チーム	1.1	校内に SWPBS 第 1 層推進チームを結成しよう
	1.2	推進チームで定期的に集まり、できたことを確認し、次に取り組むことについて決定しよう
実践	1.3	学校全体で「ポジティブ行動マトリクス」を作成し、教職員・児童生徒全員で共有しよう
	1.4	「ポジティブ行動マトリクス」に示された目標行動を具体的に児童生徒に教えよう
	1.5	問題行動には一貫して対応する指針を持とう
	1.6	問題行動の指導では代わりとなる望ましい行動を伸ばすアプローチを中心に位置付けよう
	1.7	SWPBS の効果的な実践を行うために教職員の研修計画を年間スケジュールに組み込み実施しよう
	1.8	各学級においても SWPBS の実践を取り入れよう
	1.9	児童生徒の「学校で期待される姿」に沿った望ましい行動を称賛・承認する共通手段を学校全体で持とう
	1.10	全教職員で SWPBS の実践に関わるデータを定期的に確認し、意見交換をしよう
	1.11	児童生徒、保護者、地域住民とも SWPBS の実践と成果を共有し、意見交換をしよう
評価	1.12	SWPBS の成果や進捗状況を確認できるデータを用意しよう
	1.13	データをもとに SWPBS の成果や進捗状況を評価し、実践の見直しや指導改善に役立てよう
	1.14	TFI を定期的につけて、それに基づいた改善計画を立てよう
	1.15	年度末には 1 年間の実践を振り返り、その成果を報告（アピール）しよう

とに TFI の評価をこまめに行い、その評価結果をもとに改善を加えながら実行度を高めていきます。原則的には第1層支援から順番に導入していきますので、この時点での TFI の評価は導入している層のものだけで構いません。一旦、実行度が十分な水準にまで到達すれば、その後は年に1回のペースで年度末に評価をし、その結果から実践の改善点を明らかにして次年度に引き継ぐことになります。

（3）SWPBS の実践において推進リーダーが押さえるべきポイント

　表 1-4-1 は、TFI の第1層支援の実行度に含まれる 15 項目に対応する形で示した、SWPBS の第1層支援を実践していくにあたって実施すべき内容をわかりやすく示したチェックリストです。1.1 と 1.2 が推進チームの編成と役割についての項目、1.3 〜 1.9 が実践に関わる項目、1.10 〜 1.15 が評価に関わる項目です。第2章では SWPBS を実践していくに当たって、推進リーダーの役割、推進チームの役割を示しながら、具体的な進め方を説明していますが、そこではこのチェックリストのどの項目に関する説明かも示されています。これらの項目は必ずしも番号順に整えていくものとは限らず、それぞれの学校で既に行っていることや既存の組織体制などによっても、どの項目から整えていくかが変わってきます。本書で説明しているモデルケースの進め方の順番はあくまでも一例として捉えていただき、定期的な TFI の評価より、さらに整えるべき項目が明らかになったら、その部分に対応した説明を第2章で参照していただくという形での活用をしてみてください。

③　実行度評価の具体的な方法と意思決定へのデータの活用

ポイント

● 日本語版 TFI を用いた実行度の評価は推進チームで一緒に行います。
● 実行度が不十分だと評価された項目を3つまで選び、改善のための行動計画を立てます。
● 年度末には実行度で改善された点を全教職員で共有し、1年間の取組の成果を分かち合います。
● 実行度評価からさらに改善の必要な項目についても、年度末に全職員で共有し、次年度に向けて取り組むべきことを確認しておきます。

（1）実行度の評価方法

　TFI は第1層支援について 15 項目、第2層支援について 13 項目、第3層支

援について17項目から構成されており、それぞれの項目については０「実施していない」、１「部分的に実施している」、２「完全に実施している」の３段階で評価します。各項目における０～２の評価については、詳細な評価基準が示されているので、その基準に照らし合わせて評価していきます(本書巻末の資料参照)。評価は原則的には校内で組織したSWPBSの推進チームで集合して行います。一人が項目を読み上げ、全員が同時に０～２の評価を一斉に指で示すなどします。そこから、最終的にチームとして合意された評価の値をその項目の得点とします。このようにして、全ての項目についての評価を行います。

「十分な実行度」だと見なされる基準は70%以上の得点率です。第１層支援では実行度の得点が30点満点なので、21点以上であれば十分な実行度で実践されているということになります。通常、SWPBSの導入が開始されてから実行度が21点に到達するまでには２～３年かかることが多いとされています。したがって、導入段階で、得点が非常に低かったとしても、一気に得点を21点にまで上げようとする必要はありません。項目の中で０か１の評価がついたものの中から上限３つまでを選び、その３つについて改善するための行動計画を具体的に立てます。現時点で評価０の場合は１にするためにできること、評価１の場合は２にするためにできることを具体的に決め、その期限と担当者も決めておきます。行動計画のためには、日本語版TFIの付録Ａとして利用できるシート（図1-4-3）があり、こちらも日本ポジティブ行動支援ネットワークのホームページよりダウンロードできますのでご活用ください。行動計画を具体的に立てておくことで、

日本語版学校規模ポジティブ行動支援 Tiered Fidelity Inventory（日本語版 TFI）　APBS Network Japan

第１層					
下位尺度	項目	現在の得点	行動計画	担当者	実施期限
チーム	1.1 チーム構成	1	【現状】PBS推進チームは存在しているが必要な役割全員を含んでいない ⇒推進チームメンバーに以下の人が含まれるようにする (1)　外部コーチとして〇〇大学△△先生 (2)　●●先生 (3)　学年副主任, 生徒指導担当 (4)　校長先生, 教頭先生 (5)　生徒班長メンバー	校長、教頭	3月末
実践	1.4 目標行動の指導	1	【現状】学年単位で取り組んでいるため、実施の程度に校内でもばらつきがある ⇒3学年にまたがった学校全体の取組を行うことで、目標行動についての全校での共通理解をはかる	学年副主任	次年度学期ごとに1つ
評価	1.15 年度評価	1	【現状】年度末に1回実行度の評価を実施できたが、他の教員への共有がされていない ⇒今回のTFI評価で示された課題を次年度はじめの研修で全教員に共有し、次年度での改善点についての共通理解をはかる。また、次年度は年度末の振り返り研修にて実行度評価の共有と改善点の確認ができるようにする。	推進リーダー ●●先生	次年度4月

図1-4-3　TFIの評価に基づく行動計画の例

次年度には選んだ３つの項目については１点ずつでも実行度を改善していくことができます。このように、焦りすぎず、無理しすぎず、でも着実に改善をしながら進めていくことが重要です。

（２）実行度データに基づく年次評価と次年度に向けての改善計画

　図 1-4-4 に示したのは、ある公立中学校で３年間にわたって測定した TFI の結果です。この学校では TFI による実行度の評価を開始する２年前から SWPBS に取り組んでいました。X 年度は、SWPBS を開始してから３年目に当たります。X 年度の時点で、TFI の得点は 14 点（得点率 45.7％）でした。カテゴリー別に見ると、実践の得点率は 61％であるのに対し、チームと評価についてはどちらも 25％でした。実行度評価の結果に基づき次年度に改善した点としては、推進チームの構成メンバーを明確にしたことと（1.1）、学年単位でそれぞれの裁量に任せて取り組まれていたことを学校全体で共通した枠組みのもとでの取組へと拡大したこと（1.4）、また実行度の評価を年度末の振り返り研修で全教職員に共有して改善点を確認するようにしたこと（1.15）（図 1-4-3）でした。このような改善をすることで、X ＋１年度には実行度は 19 点（得点率 63.3％）にまで上昇しました。さらにここから、次年度に向けて学校全体での取組のために学年をまたいだ会議を行うことで全教職員での共通理解が進み、適切な行動に対してほとんどの教職員からポジティブなフィードバックが与えられる体制が整いました（1.9）。また学年ごとに行っている取組であってもその結果は廊下などに掲示され、校内全ての教職員や生徒に共有できるようにし、年度末の振り返り研修では全教職員での意見交換ができる場を設けました（1.10）。また、校長からの学校だよりや学年ごとに発行している学年だよりで、日々の SWPBS 実践内容や成果について、家庭や地域に向けての発信も行うようになり、今後はこれらの発信内容に対して保護者や地域の方が集まる機会において積極的に意見を求めることになりました（1.11）。これらの改善を加えて取り組んだ結果、X ＋２年度には全体の実行度は 21 点（70％）となり、ここでようやく十分とされる水準の実行度に到達しました。したがって、この学校では 70％の実行度に到達するまでに、SWPBS の導入を開始してから５年を要したことになります。

　図 1-4-4 で実行度の評価を始めてからの得点の上がり方を見ていただくと、毎年着実に得点が上がって、実践の質が改善されていることがわかります。このような改善は、実行度評価の結果にただ一喜一憂するのではなく、そこから見えてきた改善できる点を具体的にして、取り組んできた結果だと言えます。この学校では、TFI の項目に直接的には示されていませんが、学校全体で共通した枠組みで取り組めるようにするための工夫として、学年ごとに行う取組についてもそ

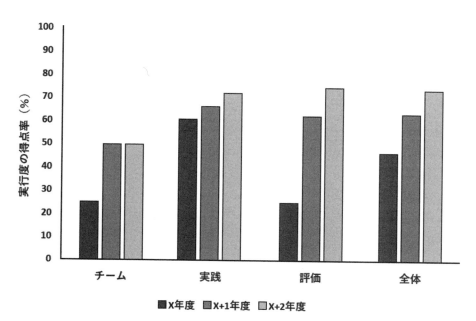

図1-4-4　ある公立中学校の3年間のTFIの結果

　の手続きを共通フォーマットを用いて文書化して全教職員に共有するようにしました。このフォーマットがあることで、取組を計画する学年は実践に含めるべき要素を含んで計画が立てられるようになり、また全教職員に情報が共有される際にも、共通の枠組みに沿って情報が提示されることで、どの教職員にも理解がしやすいものとなりました。また、校内のどの教職員が推進チームに入っても同じ要領でSWPBSが継続して実施していけるように、学校内での進め方の取組ガイドが作成されました。このように、実行度評価は単に学校の良し悪しの評価のために行うものではなく、必要な要素を含んだ形で、効果的かつ持続性のある実践を目指し、次年度に向けて改善すべき指針を得るためのものです。だからこそ、「学校全体で一貫した取組にするためには」「教職員の入れ替わりがあっても持続的なものにするためには」といったこのような工夫が自主的に学校から生まれてくるのだと思います。年度末には1年間取り組んできたSWPBSについての振り返りを行う機会を持ち、校内の教職員全員に実行度評価の結果をフィードバックすることで、実行度が着実に改善され、自分たちの行っている実践の質が高まっているということが実感でき、SWPBSに取り組む教職員の励みにもなると思われます。

コラム 4　SWPBS に取り組む先生の声

「TFI 評価は、より良い実践にするためのツール」

　本校では、1 学期末と年度末に TFI 評価をする機会を持ち、校内研修でその結果をもとにした振り返りと、次年度に向けて課題確認するようにしています。

　3 年間継続して評価をしていく中で、TFI 評価には 2 つの意義があると感じています。1 つは、「実践内容をステップアップさせるためのチェック表」という点、もう 1 つは、「実践を形骸化させない校内システム作りのヒント集」という点です。

　評価 1 年目は、学年教員の前向きな取組により、「実践」の項目は得点できましたが、「チーム」「評価」の項目には、やっていないことがたくさんあり、0 点が多くありました。当時は、学校全体で統一した実践に移行する過渡期にあり、推進する立場である私自身の PBS や TFI 評価に対する理解が不十分だったことと、学校のシステムの中での PBS の位置付けが不安定だったことが原因でした。

　翌年から 3 学年そろった実践が始まりました。難しいと感じていた項目も少しだけ、無理のない範囲で取り入れるようにしました。0 点だったものが、1 点になり、まだまだだとしか思えていなかったところが、前進しているとわかり嬉しかったです。変化をグラフ化することで教職員にもフィードバックできました。

　3 年目となった評価の場では、気づいたことがたくさんありました。1 点から 2 点を目指す段階では、なぜその項目が必要なのかを実感できるようになりました。すると、今の取組をさらに良くしていくためにはこのようなアプローチ方法があるのかと気づかされたり、この項目を実行することが課題の解決方法になるのではないかというヒントになったりしました。実践を多角的に振り返り、同じ項目で評価を繰り返すことで変容を確認しながら、ステップアップさせていくことができると感じています。

　また、職員の入れ替わりがある中で実践を継続していくためには、形骸化させない校内システムが必要でしたが、その「チーム」の得点の低さが大きな課題となっていました。しかし、会議の目的である「共有」の内容が「企画」に片寄っていて、「振り返り」が不十分だとわかり、担当者会議の定期開催の必要性が明確になりました。また、「家族・地域の関与」の項目では、地域との会合にも出席している管理職の先生から「これができる」というアイデアが提案され、次年度の計画につながりました。TFI 評価の場にチームの複数人が参加することでチームとして理解を深め、役割をもって推進することが、取組の継続につながると感じています。

大阪府　公立学校教員

第 5 節

学校規模ポジティブ行動支援の成果データ

① データに基づく意思決定

> ### ポイント
> ●成果データには、"価値ある成果"に関するものと、"データに基づく意思決定"に関するものがあります。
> ●データに基づく意思決定におけるデータの機能は、アセスメント、プログレス・モニタリング、スクリーニングです。

（1）成果データ

　SWPBS で扱うデータには、実行度データと成果データがあります（第 1 章第 2 節、第 4 節参照）。本節では、このうち成果データを取り上げます。成果データは、児童生徒に関するデータで、その使用目的に合わせて、2 種類に分かれます。1 つ目の成果データは、「SWPBS の取組によって、学校における課題が解決しているのか（"価値ある成果（valuable outcome）"をもたらしているのか）」を評価するためのものです。"価値ある成果"に関するデータは、第 1 章第 2 節で解説した SWPBS の 4 つの要素の内の"成果（社会性・学業面の向上）"と対応するものです（図 1-5-1 参照）。この"価値ある成果"に関するデータは、年に 1 回程度確認し、その年の SWPBS の取組全体の評価に使用します。

　2 つ目の成果データは、"データに基づく意思決定"のためのものです。これは、第 1 章第 2 節で解説した SWPBS の 4 つの要素の内の"データ（データに基づく意思決定）"と対応するものです（図 1-5-1 参照）。SWPBS では、定期的にデータを用いながら実践の成果や課題を振り返り、改善計画を立てます。このような実践に関する意思決定のために用いるデータは、"価値ある成果"に関するデータよりも、より頻繁に確認することになります。実践に関する意思決定のためのデータは可能であれば毎月確認することが望ましいです。毎月成果データを

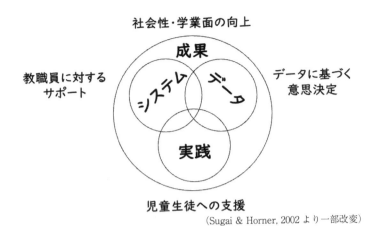

図 1-5-1　SWPBS の４つの要素（再掲）

SWPBS の推進チームで確認しながら、必要に応じて計画を改善することで、児童生徒の実態に合った実践を行うことができます。

　本節では、意思決定のためのデータについて解説した後、"価値ある成果"に関するデータについて解説します。

（2）成果データに基づく意思決定

　SWPBS では、支援の立案、支援の評価・改善、第2・3層支援の対象児決定をデータに基づいて行います。それぞれの意思決定におけるデータの機能（役割、働き）は、アセスメント（支援の立案のためのデータ）、プログレス・モニタリング（支援の進捗確認のためのデータ）、スクリーニング（第2・3層支援の対象児決定のためのデータ）です。SWPBS では、各層の支援を効果的に実践するために、それぞれの機能を担うデータを収集し、適切な意思決定を行います。

　米国の SWPBS の実践校の多くは、第1層支援のアセスメントとプログレス・モニタリング、第2・3層支援のスクリーニングのために、管理職への規律指導に関する照会（Office Discipline Referrals：ODR）のデータを用いています（田中, 2020）。ODR は、米国の学校では問題行動を管理、監督するための一般的な手続きです。この手続きでは、児童生徒の問題行動が生じた際に、その行動を観察した教職員が、その行動に関する情報を所定の用紙に記録し、管理職（校長等）に渡し、児童生徒には原則その日の内に管理職の部屋（オフィス）に行くように促します。管理職は、部屋に来た児童生徒に対して聞き取りを行った後、問題行動に関する児童生徒への処遇（タイムアウト、居残り、停学、退学等）を決定します（Sugai, Sprague, Horner, & Walker, 2000; 片山, 2004）。このような管理職のオフィス（office）での規律指導（discipline）に関する照会（referral）の手続きが ODR であり、ODR の記録に基づくデータ（ODR の件数等）は、学校

の問題行動の状況を反映する指標となります。米国のSWPBSの実践校の多くは、ODR のデータをグラフ化し、データに基づく意思決定を行っています。

　ODR の手続きは日本では一般的なものではないですが、ODR の記録と類似のものとして、生徒指導の記録があります。日本の学校でも、ODR の事案に相当するような問題行動については、生徒指導事案として生徒指導担当の教職員（生徒指導主事等）や管理職が記録を残していることがあります。このような学校全体の生徒指導の記録の手続きを ODR を基に整えることによって、データに基づく意思決定に活用することができます。次にこの ODR を基にした生徒指導記録について解説します。

② ODRを基にした生徒指導記録を用いたデータに基づく意思決定

ポイント

● ODR を基にした生徒指導記録を行う際には、統一した基準で記録を行うために、記録対象となる行動の定義と記録のための書式を用意します。
● ODR を基にした生徒指導記録は、第 1 層支援のアセスメント及びプログレス・モニタリングと、第 2・3 層支援の対象児のスクリーニングのために使用します。

　ここでは、日本の学校のSWPBS の実践において、ODR を基にした生徒指導記録のデータを用いた意思決定を行うための手順について説明します。生徒指導記録データに基づく意思決定は、第 1 層支援のアセスメント、第 1 層支援のプログレス・モニタリング、第 2・3 層支援のスクリーニングの 3 種類です。ここで紹介する 3 種類の意思決定は、SWPBS の第 1 層支援を進める上で重要なものですが、使用するデータは生徒指導記録以外のものでも構いません。生徒指導記録以外のデータを用いる場合は、それぞれの意思決定毎に別の種類のデータを用いて、複数の種類のデータを組み合わせて、生徒指導記録データと同じ機能を実現することもできます。

(1) 生徒指導記録の収集

　SWPBS の実践における意思決定のためのデータとして、生徒指導記録を用いる場合には、全教職員が統一した基準で記録を行い、それを担当者が集約する必要があります。統一した基準で記録を行うために、記録対象となる問題行動の定

義と、記録のための書式を用意する必要があります。

　表1-5-1は、記録対象となる問題行動の定義の例を示したものです。問題行動の定義は、記録の対象となる行動を網羅することに加えて、各行動が相互に排他的なものとなるようにする必要があります。例えば、SNSによるいじめ事案が発生した場合、表1-5-1では「スマホ等の不適切な使用」ではなく、「いじめ・嫌がらせ」として記録することが定義の中で示されています。

表1-5-1　生徒指導記録の対象となる問題行動の定義の例

問題行動	定義
暴言	他者をののしる、中傷する、または不適切な言葉の使用。
いじめ・嫌がらせ	からかい、悪口、脅し、嫌がらせ、無視・仲間外れ、金品の要求、嫌なことの強要など。インターネット（スマホなど）を通じたものも含む。
不服従	教師の度重なる（1日3回以上）注意・指導に従わず、無視する、反抗する、言い返す。
授業妨害	授業の進行や他者の学習を妨害する。大声での私語、叫び声、騒音、悪ふざけ、物を投げる、長時間の立ち歩きなど。
服装規定違反	学校で定められている服装・髪・化粧等の規定を守っていない。
けんか	他者と相互に暴力行為に及ぶ。
他者私物隠蔽破損等	他者のものを許可無く取る、使用する、落書きする、破損する。もしくは他者の成果を自分の成果だと報告する。
ハラスメント	性別、人種、文化的背景（出身地区等も含む）、宗教、障害、身体的特徴などについて差別的な発言・行為をする。
不適切な場所への立入	立ち入りが禁止されている場所への立ち入り。
暴力（対生徒）	他の児童生徒に対する怪我をさせるような身体的接触（叩く、殴る、物で殴る、蹴る、髪を引っ張る、引っ掻くなど）。
暴力（対教師）	教師に対する怪我をさせるような身体的接触（叩く、殴る、物で殴る、蹴る、髪を引っ張る、引っ掻くなど）。
器物損壊	公共の器物を破損する、破損するような行動をする。
徘徊／さぼり	授業中に教室外に出て徘徊する。授業を許可なく欠席する。
スマホ等の不適切な使用	携帯電話（スマホ）、音楽プレイヤー、カメラ、PCなどを不適切に使う（学校の規則による）、不適切な時間帯に使う。※スマホ等によるいじめ・嫌がらせは、「いじめ・嫌がらせ」として記録する。
アルコールの所持／使用	アルコールの所持もしくは使用。
たばこの所持／使用	たばこ及びその他喫煙具の所持もしくは使用。
刃物（危険物）の所持／使用	他者に危害を加えるような刃物（あるいは他の危険物）の所持もしくは使用。
その他	その他の問題行動

生徒指導記録シート　　生徒名　　年　組

日付	月　　日　（　　）
時間	時　　分
指導担当者	
生徒ID	

場所(選択)
- □ 教室　　□ 体育館
- □ ろうか　□ 校外
- □ トイレ
- □ 運動場
- □ 特別教室(　　　)
- □ その他(　　　)

時間帯(選択)
- □ 1時間目　□ 休み時間
- □ 2時間目　□ 昼休み
- □ 3時間目　□ 給食
- □ 4時間目　□ 掃除
- □ 5時間目　□ 始業前
- □ 6時間目　□ 放課後
- □ その他(　　　　)

指導対象(重複した場合はすべてチェックし主なものに〇)
- □ 暴言　　　　　　　□ 暴力(対生徒)
- □ いじめ・嫌がらせ　□ 暴力(対教師)
- □ 不服従　　　　　　□ 器物損壊
- □ 授業妨害　　　　　□ 徘徊／さぼり
- □ 服装規定違反　　　□ スマホ等の不適切な使用
- □ けんか　　　　　　□ アルコール
- □ 他者私物隠蔽破損　□ たばこ
- □ ハラスメント　　　□ 刃物(危険物)
- □ 不適切な場所への立入
- □ その他(　　　　　　　)

校内の情報共有・報告
- □ 担任　　□ 学年　　□ 部長
- □ 主事　　□ 教頭　　□ 校長
- □ その他(　　　　)

家庭連絡
- □ 家庭連絡なし　　□ 家庭連絡あり
- □ 家庭訪問　□ 電話連絡　□ その他
- □ 父　　□ 母　□ その他(　　　)

詳細(事実確認および対応)

図1-5-2　生徒指導記録の書式の例

　図1-5-2は、ODRを基にした生徒指導記録の書式の例を示したものです。書式には、生徒の情報に加えて、生徒指導事案が発生した日時・曜日と、場所、時間帯、指導対象を記録します。これらの項目については、それぞれの詳細なグラフを作成することで、いつ（曜日、時間、時間帯の項目）、どこで（場所の項目）、どん

な問題行動（指導対象の項目）が起こっているのかといった学校全体の状況を把握することができます。これらに加えて、生徒の情報から、学年毎のグラフや学級毎のグラフを作成すると、支援が必要な学年や学級を特定する際の参考資料として活用することができます。他にも、校内や家庭との情報共有の状況を確認するための項目も設けておきます。

　記録対象となる問題行動の定義と、記録のための書式（記録シート）を用意したら、研修等によって全教職員に周知します。研修等で周知する際には、いくつか具体的な事案を示して、問題行動の定義を基に記録するか否かの判断について練習したり、記録シートを使った記録方法について練習するとよいでしょう。問題行動の定義については、網羅的なものとなっているのですが、ここで定義されていないものについても必要に応じて記録を行います。

　記入した記録シートは、生徒指導の担当者（生徒指導主事、管理職等）に提出します。生徒指導の担当者に共有すべき事案（保護者連絡した生徒指導事案等）については、上記したように問題行動の定義にない場合でも記録シートに記録を行うことを全教職員に周知することが重要です。なお、このような定義にない行動については、図 1-5-2 の記録シートの指導対象の項目の「その他」にチェックし、具体的な行動を記入します。

（2）生徒指導記録のグラフ化とデータに基づく意思決定

　ODR を基にした生徒指導記録を用いて SWPBS に関するデータに基づく意思決定を行う際には、提出された記録シートをグラフ化するとよいでしょう。グラフ化は、生徒指導記録（問題行動）の件数について行います。件数のグラフ化は、表計算ソフト（Microsoft Excel 等）を使って行うこともできますが、グラフ化のためのアプリケーションを利用することもできます。グラフ化のアプリケーションは、日本ポジティブ行動支援ネットワークの HP から入手することができます。HP から入手可能なアプリケーションは、iPad 用（庭山 , 2021）と Windows 用（大対 , 2022）の 2 種類です。どちらのアプリケーションも、全校の月毎の問題行動発生件数に加えて、場所別（教室、廊下、体育館など）、時間帯（1 時間目、昼休みなど）・曜日別、学級・学年別、指導対象別、児童生徒別の問題行動件数のグラフを作成することができます。

　生徒指導記録を用いたデータに基づく意思決定は、第 1 層支援に関するものと第 2・3 層支援に関するものがあります。第 1 層支援に関するものは、プログレス・モニタリングとアセスメントです。第 1 層支援を開始したら、推進チームはプログレス・モニタリングとして、定期的（毎月等）に全校の月毎の 1 日当たりの問題行動発生件数（月毎の生徒指導記録件数をその月の授業日数で除して算出）

のグラフを確認します（図1-5-3）。このグラフを見て、現在の支援計画が効果的に機能しているかどうかを判断し、支援計画の継続または改善を決定します。グラフを見ての判断は、当該の月の件数に加えて、年度内の他の月の件数も含めたグラフの傾向を確認します。件数が減少傾向の場合は支援計画が効果的に機能している可能性が高いですし、増加傾向の場合は効果的に機能していない可能性が高いです。複数年度の生徒指導記録がある場合は、過去の年度のグラフと比較することも、支援計画が機能しているかどうかを判断する際に役立ちます。

　月毎の問題行動発生件数のグラフから、支援計画が効果的に機能していない可能性が高いと判断したら、次に当該月の児童生徒別のグラフを確認します。グラフから、特定の児童生徒のみの件数が多く、他の児童生徒はほとんど問題行動を行っていないことが確認された場合は、第1層支援の計画の改善ではなく、件数の多い特定の児童生徒に対する支援について検討する必要があります。一方で、多くの児童生徒が問題行動を行っていて、そのことが全体の件数の増加につながっている場合には、第1層支援の計画を改善する必要があります。

　図1-5-3を見ると、4月から6月にかけて増加傾向がみられます。また、第1層支援を導入した前年度の同時期のグラフと比較しても、件数が多いことがわかりました。さらに、6月の児童生徒別のグラフを確認したところ、多くの児童生徒が問題行動を行っていたため、推進チームは第1層支援の計画の改善を決定しました。

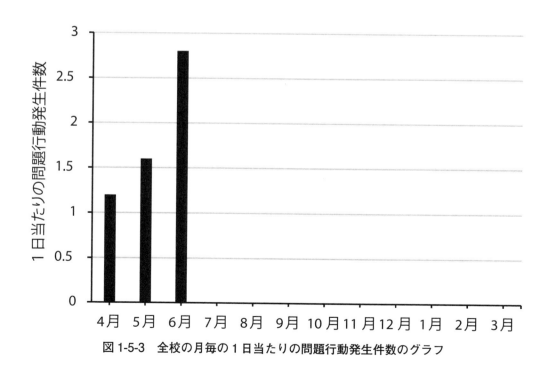

図1-5-3　全校の月毎の1日当たりの問題行動発生件数のグラフ

　生徒指導記録のデータから第１層支援の改善を決定したら、次に第１層支援の
アセスメントのために生徒指導記録のデータを使用します。第１層支援のアセスメ
ントでは、時間帯・曜日別（いつ）、場所別（どこで）、指導対象別（どんな問題）、
学級・学年別等のグラフを確認し、支援計画の改善が必要な領域を検討します。
データから支援計画の改善が必要な領域を決定したら、それぞれの領域に合わせ
て推進チームで支援計画を検討します。特定の場面（場所、時間帯等）で問題行
動が頻発している場合には、その場面で期待される行動を増やすための第１層支
援を計画します。第１層支援の対象となる行動は、ポジティブ行動マトリクスの
目標行動から選択することもできます。例えば、図1-5-4の時間帯別、指導対象
別のグラフから、授業場面で徘徊・さぼりが多いことがわかったら、ポジティブ
行動マトリクスに示された「予鈴を聞いたらすぐに教室に戻ろう」を目標行動と
した第１層支援の取組を実施すれば、問題行動の件数を減少させることができる
かもしれません。改善が必要な領域が、特定の場面ではなく、学年や学級の場合
には、全校規模の取組よりも、対象となる学年や学級に焦点を当てる形での取組
を実施することが有効かもしれません。取組の対象が、特定の学年や学級の場合
も、全教職員で情報を共有しながら、チームで取組を進めることが重要です。

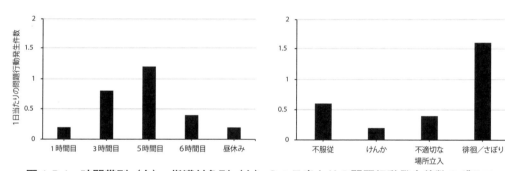

図 1-5-4　時間帯別（左）、指導対象別（右）の１日当たりの問題行動発生件数のグラフ

　第１層支援のアセスメントから改善が必要な領域を特定し、その領域について
支援計画を立てて実施したら、再び生徒指導記録のデータを用いて第１層支援の
プログレス・モニタリングを行います。ここでは、全校の月毎の問題行動発生件
数のグラフに加えて、アセスメントで改善が必要だと判断した領域のグラフも合
わせて確認します。これらのグラフを確認し、実施した支援計画が効果的に機能
しているかどうかを判断し、支援計画の継続または改善の意思決定を行います。
　生徒指導記録のデータは、第１層支援に関する意思決定に加えて、第２・３層
支援の対象となる児童生徒のスクリーニングに用いることもできます。米国では、
第２層支援、第３層支援の対象となる児童生徒の ODR の件数の一般的な基準（第
２層支援は１年間に 2-5 件、第３層支援は１年間に６件以上）があるため、多く

の学校でこの基準を超えた生徒に対して第２層支援や第３層支援が実施されています。第１層支援に続いて、第２層支援や第３層支援（第３章第１節参照）を導入する場合には、対象となる生徒をスクリーニングするためのデータとその基準を設定することが重要です。スクリーニングのためのデータとして生徒指導記録を用いる場合には、米国のように一定の基準を設けて、問題が重篤化する前に第２層支援につないでいくことが求められます。

❸ “価値ある成果” に関するデータ

ポイント

● “価値ある成果” に関するデータは、SWPBS が学校の課題解決をもたらしているのかを検証するためのものです。
● “価値ある成果” に関するデータは、学校の既存のデータや質問紙尺度等、さまざまな指標が利用可能であるため、各学校の課題に対応したものを選ぶ必要があります。

　“価値ある成果” に関するデータは、SWPBS を導入することで、学校の課題が本当に解決しているのか（または解決に向かっているのか）を検証するためのものです。そのためこのデータは、SWPBS で解決を目指す学校の課題と対応したものを選ぶ必要があります。“価値ある成果” に関するデータを SWPBS の導入の前後で収集し、SWPBS の導入の効果を検討します。これに加えて、SWPBSの導入後も、年に１回程度（年度末等）データを測定し、前年度までのデータと比較することで、SWPBS を継続する中での成果（良好な状態が維持されている、さらに状態が良くなっている等）を確認することができます。

　表 1-5-2 に ODR を基にした生徒指導記録の他に “価値ある成果” に関するデータの候補となるものを示しました。“価値ある成果” は、各学校の課題に応じたものを選択する必要があるため、まずは SWPBS の導入によってどのような課題を解決しようとしているのかを明確にする必要があります。この学校の課題を明確にする際にも、表 1-5-2 に示すデータを用いることができます。なお、学校の課題の明確化については、第２章第１節で詳しく解説を行います。

表 1-5-2　学校の課題と関連するデータ

- 学校の既存のデータ -

○児童生徒の問題行動・不登校生徒等生徒指導上の諸課題に関する調査（文部科学省初等中等教育局児童生徒課, 2022）
・暴力行為発生件数、いじめ認知（発生）件数、出席停止件数、不登校児童生徒数、自殺した児童生徒数等

○全国学力・学習状況調査の児童・生徒質問紙（小中学校）（国立教育政策研究所, 2023）
・「自分には、よいところがあると思う」、「先生は、あなたのよいところを認めてくれていると思う」、「学校に行くのは楽しいと思う」等の質問項目
・回答方法：　4件法（「当てはまる」～「当てはまらない」等）
・回答者：　児童生徒

- 質問紙尺度 -

○子どもの強さと困難さアンケート（Strengths and Difficulties Questionnaire: SDQ）（SDQ-JV, 2019）（詳細は巻末のリソースを参照）
・下位尺度：　【困難さ】情緒の問題、行為の問題、多動／不注意、仲間関係の問題、総合的困難さ　【強み】向社会的な行動
・回答方法：　3件法（「あてはまらない（0点）」、「まああてはまる（1点）」、「あてはまる（2点）」）
・項目数：　25項目
・回答者：　児童生徒、教師、親

○学校肯定感・回避感質問紙（日本語版 School Liking and Avoidance Questionnaire: SLAQ）（大対・堀田・竹島・松見, 2013）
・下位尺度：　学校肯定感、学校回避感
・回答方法：　3件法（「いいえ（1点）」、「ときどき（2点）」、「はい（3点）」）
・項目数：　11項目
・回答者：　児童生徒

○ ASSESS（Adaptation Scale for School Environments on Six Spheres）（栗原・井上, 2010）
・下位尺度：　生活満足感、教師サポート、友人サポート、非侵襲的関係、向社会的スキル、学習的適応
・回答方法：　5件法（「あてはまらない（1点）」～「あてはまる（5点）」）
・項目数：　35項目
・回答者：　児童生徒

○学校風土調査セット（School Climate Survey Suite）（Center on PBIS, 2022）（英語版のみ）

【小学生用】
- ・下位尺度：　学校のつながり、学校の安全、学校の秩序、仲間や大人との関係
- ・回答方法：　4件法（「全くない」～「常にある」）
- ・項目数：　11項目
- ・回答者：　児童

【中高生用拡張版】
- ・下位尺度：　学校とのつながり、仲間からのソーシャルサポート、大人からのソーシャルサポート、文化の受容、社会・公民的学習、物理的環境、学校の安全性、秩序と規律
- ・回答方法：　4件法（「強く反対」から「強く賛成」）
- ・項目数：　36項目
- ・回答者　生徒

【中高生用短縮版】
- ・下位尺度：　授業と学習、人間関係、安全
- ・回答方法：　4件法（「強く反対」から「強く賛成」）
- ・項目数：　9項目
- ・回答者　生徒

【教職員用】
- ・下位尺度：　スタッフのつながり、学習のための構造、学校の安全性、物理的環境、仲間・大人との関係、保護者の関与
- ・回答方法：　4件法（「強く反対」から「強く賛成」）
- ・項目数：　29項目
- ・回答者：　教職員

【保護者用】
- ・下位尺度：　授業と学習、学校の安全性、対人関係、施設環境、保護者の参画度
- ・回答方法：　4件法（「強く反対」から「強く賛成」）
- ・項目数：　21項目
- ・回答者：　保護者

コラム5　SWPBS に取り組む管理職の声

「学校・家庭・地域みんなで取り組む PBS 北巽 ver.」

　「先生はおまえの味方や！」教室で暴れる子どもの興奮が収まりません。本当はこんなことを言いたくないし、こんな風に抑えたくはありません。そんなことが1日に何度か起こります。どうすればこの子のように暴れたり、すねたり、とび出そうとしたりする子が、心穏やかに学校生活を送れるようになるんだろうと考えていた時、近隣校の人権教育実践交流会の資料「ポジティブ行動支援」が目に留まりました。褒めて育てること。最初の認識はそんなものでした。児童が問題行動を起こす原因は単純ではありませんが、共通して「もっと認められたい、もっと褒められたい」という思いが窺えました。お家の人から、先生から、友だちから認められ、褒められれば頑張れますし心も充たされます。「PBS を北巽小学校に取り入れたい！」そんな思いが高まりました。PBS 導入は私一人の力では難しく、まずは同じ学校に勤める教職員のみんなの協力、そして、PBS を研究している大学の先生の協力が必要でした。「北巽小学校の課題はなに？子ども達にどんな風になってもらいたいの？」この質問を考えることを皮切りに教職員みんなで「ああでもないこうでもない」と話し合いました。そして、学校みんなで取り組む PBS がどのようなものなのか、その理論と枠組みについて教えていただきました。弓矢を引き絞りに引き絞ったときのように、取り組み始めて約半年後、北巽小学校のポジティブ行動マトリクス「もえろ！きたたつ魂！」が完成しました。その中で、子ども達は大人から単に褒めてもらえるだけの存在ではなく、自分たちで PBS の枠組みの一端を担います。具体的には、望ましい行動ができたときのフィードバックシールのキャラクター作りを、全校児童の応募から決定したり、望ましい行動を示す掲示物画像や委員会の取組動画へ子ども達が出演したりしました。そして、11月15日（月）朝、全校集会で子ども達に向けて校長から SWPBS のお話とプレゼンがありました。引き絞った弓矢が放たれた瞬間です。びっくりするぐらい子どもたちは変わりました。取組から1年後の調査で、自尊感情は前年度比＋10ポイント「先生はあなたのことを認めてくれていますか」前年度比＋15ポイント「家の人に褒められることがありますか」前年度比＋10ポイント。驚いたのが「友だちのよいところをお互いに認め合えますか」前年度比＋20ポイントと、目標に向けて改善されていました。家の人は付箋「いいところみ〜つけた」に子ども達のいいところを書いてくださいます。地域の見守り隊の方は登下校時、いい挨拶ができた子ども達に「想い魂シール」を渡してくださいます。今後、SWPBS を継続していくための第二、第三の矢を、今日もみんなで考えました。幸せでとっても楽しい時間です！きたたつ魂のもと、子ども達も学校に来て友達や先生達と過ごすことをとっても楽しんでいると思います。

大阪市立新北島小学校　校長（前大阪市立北巽小学校　教頭）　武知 広幸

文献

第 1 節

安藤きよみ・中島望・鄭英祚・中嶋和夫（2013）． 小学校学級担任の学級運営等に関連するストレス・コーピングに関する研究．川崎医療福祉学会誌，22, 148-157.

飯島有哉・松本茂美・桂川泰典（2022）． 感染症拡大下における臨時休校が中学生のストレスにおよぼす影響性とストレス反応表出プロセスに関する記述的検討．学校メンタルヘルス，25, 180-190.

文部科学省（2022）．生徒指導提要（改訂版）．文部科学省．

文部科学省（2023）．令和 3 年度公立学校教職員の人事行政状況調査について．文部科学省，2023 年 1 月 16 日，https//www.mext.go.jp/a_menu/shotou/jinji/1411820_00006.htm（2023 年 3 月 17 日閲覧）

文部科学省初等中等教育局児童生徒課（2022）． 令和 3 年度児童生徒の問題行動・不登校等生徒指導上の諸課題に関する調査結果について．文部科学省，2022 年 10 月 27 日，https//www.mext.go.jp/content/20221021-mxt_jidou02-100002753_1.pdf（2023 年 3 月 17 日閲覧）

文部科学省初等中等教育局特別支援教育課（2012）． 通常の学級に在籍する発達障害の可能性のある特別な教育的支援を必要とする児童生徒に関する調査結果について．文部科学省，2012 年 12 月 5 日，https//www.mext.go.jp/a_menu/shotou/tokubetu/material/__icsFiles/afieldfile/2012/12/10/1328729_01.pdf（2023 年 3 月 17 日閲覧）

文部科学省初等中等教育局特別支援教育課（2022）． 通常の学級に在籍する特別な教育的支援を必要とする児童生徒に関する調査結果について．文部科学省，2022 年 12 月 13 日，https//www.mext.go.jp/content/20221208-mext-tokubetu01-000026255_01.pdf（2023 年 3 月 17 日閲覧）

文部科学省中央教育審議会（2015）． チームとしての学校の在り方と今後の改善方策について（答申）．文部科学省，2015 年 12 月 21 日，https//www.mext.go.jp/b_menu/shingi/chukyo/chukyo0/toushin/__icsFiles/afieldfile/2016/02/05/1365657_00.pdf（2023 年 3 月 17 日閲覧）

文部科学省中央教育審議会（2019）． 新しい時代の教育に向けた持続可能な学校指導・運営体制の構築のための学校における働き方改革に関する総合的な方策について（答申）．文部科学省，2019 年 1 月 25 日，https//www.mext.go.jp/component/b_menu/shingi/toushin/__icsFiles/afieldfile/2019/03/08/1412993_1_1.pdf（2023 年 3 月 17 日閲覧）

文部科学省中央教育審議会（2021）．「令和の日本型学校教育」の構築を目指して～全ての子供たちの可能性を引き出す、個別最適な学びと、協働的な学びの実現～（答申）．文部科学省，2021 年 1 月 26 日，https//www.mext.go.jp/content/20210126-mxt_syoto02-000012321_2-4.pdf（2023 年 3 月 17 日閲覧）

米山恵美子・松尾一絵・清水安夫（2005）． 小学校教師のストレスに関する研究—ストレッサー、自己効力感、コーピング、ストレス反応を指標とした検討—．学校メンタルヘルス，8, 103-113.

日本教職員組合（2022）． 2022 年学校現場の働き方改革に関する意識調査．日本教職員組合，2022 年 12 月 22 日，https//www.jtu-net.or.jp/wp/wp-content/uploads/2022/12/ff5d915b368a9430399331dbca4c644a-1.pdf（2023 年 3 月 17 日閲覧）

Horner, R. H. & Sugai, G. (2015). School-wide PBIS: An example of applied behavior analysis implemented at a scale of social importance. Behavior Analysis in Practice, 8, 80–85.

通常の学級に在籍する障害のある児童生徒への支援の在り方に関する検討会議（2023）． 通常の学級に在籍する障害のある児童生徒への支援の在り方に関する検討会議報告．文部科学省，2023 年 3 月 13 日，https//www.mext.go.jp/content/20230313-mxt_tokubetu02_000028093_01.pdf（2023 年 3 月 17 日閲覧）

第 2 節

American Psychological Association Zero Tolerance Task Force. (2008). Are zero tolerance policies effective in the schools?: An evidentiary review and recommendations. *The American Psychologist*, 63, 852–862.

Bradshaw, C., Mitchell, M., & Leaf, P. (2010). Examining the effects of schoolwide positive behavioral interventions and supports on student outcomes. *Journal of Positive Behavior Interventions*, 12, 133–148.

Bradshaw, C. P., Koth, C. W., Thornton, L. A., & Leaf, P. J. (2009). Altering school climate through school-wide positive behavioral interventions and supports: Findings from a group-randomized effectiveness trial. *Prevention Science*, 10, 100–115.

Bradshaw, C. P., Waasdorp, T. E., & Leaf, P. J. (2012). Effects of school-wide positive behavioral interventions and supports on child behavior problems. *Pediatrics*, 130, e1136–e1145.

Caldarella, P., Larsen, R. A. A., Williams, L., Wills, H. P., & Wehby, J. H. (2021). "Stop Doing That!": Effects of teacher reprimands on student disruptive behavior and engagement. *Journal of Positive Behavior Interventions*, 23, 163–173.

Horner, R. H., Sugai, G., Smolkowsk, K., Eber, L., Nakasato, J., Todd, A. W., Esperanza, J. (2009) A randomized, wait-List controlled effectiveness trial assessing school-wide positive behavior support in elementary schools. *Journal of Positive Behavior Interventions*, 11, 133–144.

Horner, R. H. & Sugai, G. (2015). School-wide PBIS: An example of applied behavior analysis implemented at a scale of social importance. *Behavior Analysis in Practice*, 8, 80–85.

石黒康夫（2010）．応用行動分析学を用いた学校秩序回復プログラム．教育カウンセリング研究, 3, 56–67.

松山康成・三田地真実（2020）．高等学校における学校規模ポジティブ行動支援（SWPBS）第1層支援の実践――Good Behavior Ticket（GBT）と Positive Peer Reporting（PPR）の付加効果――．行動分析学研究, 34, 258–273.

大久保賢一・月本彈・大対香奈子・田中善大・野田航・庭山和貴（2020）．公立小学校における学校規模ポジティブ行動支援（SWPBS）第1層支援の効果と社会的妥当性の検討．行動分析学研究, 34, 244–257.

大対香奈子・田中善大・庭山和貴・松山康成（2022）．小学校における学校規模ポジティブ行動支援の第1層支援が児童および教師に及ぼす効果．LD研究, 31, 310–322.

Ross, S. W., Romer, N., & Horner, R. H. (2012). Teacher well-being and the implementation of school-wide positive behavior interventions and supports. *Journal of Positive Behavior Interventions*, 14, 118–128.

Sugai, G., & Horner, R. (2002). The evolution of discipline practices: School-wide positive behabior supports. *Child & Family Behavior Therapy*, 24, 23-50.

谷川雄一・庭山和貴（2023）．学校規模ポジティブ行動支援（SWPBS）が公立中学校における問題行動発生率に及ぼす効果―4年間にわたる実行度の変化と問題行動発生率の推移―．行動分析学研究, 37, 205–214.

第3節

Bierman, K. L., Coie, J. D., Dodge, K. A., Greenberg, M. T., Lochman, J. E., McMahon, R. J., & Pinderhughes, E. (2002). The implementation of the Fast Track Program: An example of a large-scale prevention science efficacy trial. *Journal of Abnormal Child Psychology*, 30, 1–17.

Fixsen, D. L., & Blase, K. A. (2018). The teaching-family model: The first 50 years. *Perspectives on Behavior Science*, 1–23.

Freeman, J., Sugai, G., Simonsen, B., & Everett, S. (2017). MTSS coaching: Bridging knowing to doing. *Theory Into Practice*, 56 (1), 29-37.

George, H. P., & Kincaid, D. (2008). Building district-wide capacity for positive behavior support. *Journal of Positive Behavioral Interventions*, 10, 20–32.

George, H. P., Kincaid, D., & Pollard-Sage, J. (2009). Primary-tier interventions and supports. In Handbook of positive behavior support (pp. 375-394). Springer, Boston, MA.

Hershfeldt, P. A., Pell, K., Sechrest, R., Pas, E. T., & Bradshaw, C. P. (2012). Lessons learned coaching teachers in behavior management: The PBIS plus coaching model. *Journal of Educational and Psychological Consultation*, 22 (4), 280-299.

Horner, R., & Monzalve-Macaya, M. (2018). A framework for building safe and effective school environments: Positive behavioral interventions and supports (PBIS).

Knight, D. S. (2012). Assessing the cost of instructional coaching. *Journal of Education Finance*, 38, 52-80.

Lewis-Palmer, T., Barrett, S. B. & Lewis. T. J. (2004). Coaches Self-Assessment. https//www.pbis.org/resource/coaches-self-assessment

McCamish, C., Reynolds, H., Algozzine, B., & Cusumano, D. (2015). An investigation of characteristics, practices, and leadership styles of PBIS coaches. *Journal of Applied Educational and Policy Research*, 1 （1）, 15-34.

McCormick, K. M., & Brennan, S.（2001）. Mentoring the new professional in interdisciplinary early childhood education: The Kentucky Teacher Internship Program. *Topics in Early Childhood Special Education*, 21 （3）, 131-149.

文部科学省初等中等教育局特別支援教育課（2022）. 通常の学級に在籍する特別な教育的支援を必要とする児童生徒に関する調査結果について. ＜ https//www.mext.go.jp/b_menu/houdou/2022/1421569_00005. htm ＞

Sugai, G., & Horner, R. H.（2009）. Defining and describing schoolwide positive behavior support. Handbook of positive behavior support, 307-326.

Stormont, M., Reinke, W. M., Newcomer, L., Marchese, D., & Lewis, C.（2015）. Coaching teachers' use of social behavior interventions to improve children's outcomes: A review of the literature. *Journal of Positive Behavior Interventions*, 17 （2）, 69-82.

通常の学級に在籍する障害のある児童生徒への支援の在り方に関する検討会議（2023）. 通常の学級に在籍する障害のある児童生徒への支援の在り方に関する検討会議報告. ＜ https//www.mext.go.jp/b_menu/shingi/chousa/shotou/181/toushin/mext_00004.html ＞

第 4 節

Algozzin, B. Barrett, S., Eber, L., George, H., Horner, R., Lewis, T., ⋯⋯ Sugai, G.（2014）. School-wide PBIS Tiered Fidelity Inventory. OSEP Technical Assistance Center on Positive Behavioral Interventions and Supports.

Flannery, K. B., Fenning, P., McGrath Kato, M., & McIntosh, K.（2014）. Effects of school-wide positive behavioral intervention and supports and fidelity of implementation on problem behavior in high schools. *School Psychology Quarterly,* 29, 111-124.

McIntosh, K., Mercer, S. H., Nese, R. N. T., Strickland-Cohen、K., & Hoselton, R.（2016）. Predictors of sustained implementation of school-wide positive behavioral interventions and supports. *Journal of Positive Behavior Interventions*, 18, 209-218.

McIntosh, K., Massar, M. M., Algozzine, R. F., George, H. P., Horner, R. H., Lewis, T. J., & Swain-Bradway, J.（2017）. Technical adequacy of the SWPBIS Tired Fidelity Inventory. *Journal of Positive Behavior Interventions.*, 19, 3-13.

日本ポジティブ行動支援ネットワーク（2023）. 日本語版学校規模ポジティブ行動支援　Tiered Fidelity Inventory（日本語版 TFI）version 1.2. https://pbsjapan.com/

大対香奈子（2020）. 学校規模ポジティブ行動支援（SWPBS）における実行度の評価. 日本行動分析学研究, 34, 229-243.

第 5 節

Center on PBIS（2022）. School Climate Survey（SCS）Suite Manual. University of Oregon. www.pbis. org

片山紀子（2004）. アメリカにおける生徒懲戒リスクの再検証と懲戒に関する施策の動向. 比較教育学研究, 30, 110-128.

栗原慎二・井上弥（2010）. アセス（学級全体と児童生徒個人のアセスメントソフト）の使い方・活かし方. ほんの森出版.

文部科学省初等中等教育局児童生徒課（2022）. 令和 3 年度児童生徒の問題行動・不登校等生徒指導上の諸課題に関する調査結果について. 文部科学省, 2022 年 10 月 27 日, https://www.mext.go.jp/content/20221021-mxt_jidou02-100002753_1.pdf（2023 年 3 月 17 日閲覧）

庭山和貴（2021）. 生徒指導アプリ. 日本ポジティブ行動支援ネットワーク.

大対香奈子（2022）. 生徒指導アプリ Windows 版. 日本ポジティブ行動支援ネットワーク.

大対香奈子・堀田美佐緒・竹島克典・松見淳子（2013）. 日本語版 SLAQ の作成：学校適応の規定要因および抑うつとの関連の検討. 日本学校心理士会年報, 6, 59–69.

SDQ-JV（2019）. SDQ：子どもの強さと困難さアンケート. https://ddclinic.jp/SDQ/index.html

Sugai, G., & Horner, R.（2002）. The evolution of discipline practices: School-wide positive behabior supports. *Child & Family Behavior Therapy,* 24, 23-50.

Sugai, G., Sprague, J. R., Horner, R., & Walker, H. M.（2000）. Preventing school violence : The use of office deiscipline referrals to assess and monitor school-wide discipline interventions. *Journal of Emotional and Behavioral Disorders*, 8, 94–101.

田中善大（2020）. 学校規模ポジティブ行動支援（SWPBS）を支えるデータシステムとしての ODR. 行動分析学研究, 34（2）, 211-228.

国立教育政策研究所（2023）. 令和 5 年度全国学力・学習状況調査の調査問題・正答例・解説資料について. 国立教育政策研究所, 2023 年 4 月 18 日, https//www.nier.go.jp/23chousa/23chousa.htm（2023 年 4 月 21 日閲覧）

第2章

学校規模ポジティブ行動支援
（SWPBS）運営の実際

　第2章では、SWPBS の第1層支援を実際に学校に導入し、運営していくための手順について紹介します。第1層支援は、4つの段階（実施の4段階）で進めていきます。実施の4段階は、探索段階、導入段階、試行段階、完全実施段階です（詳細は第1章第3節参照）。

　第2章では、実施の4段階のそれぞれで節を設けて話題を展開します。各節では、はじめにモデルケースを示しながら、SWPBS の第1層支援の実行度をどのように高めていくのかについて解説します。その上で、モデルケースの進み方を照らしながら、第1層支援の実行度を高める為の推進チームのポイントを示します。次いで、ポイントに沿って、実際の小中学校の実践例の紹介も行います。SWPBS 第1層の具体的な実践に関する情報は、多くの学校の参考になるでしょう。そして最後には、推進チームの中心となって活躍する推進リーダーの役割・ポイントを示します。推進リーダーを担う場合には、こちらの情報から推進リーダーの具体的な動きがイメージできるようになるでしょう。

　なお、各節に示したモデルケースのスケジュールは、1年目が探索段階と導入段階、2年目が試行段階、3年目が完全実施段階です。ここでは、2年目の試行段階で、第1層支援の実行度（TFI）は、基準点（21点）を超え、3年目の完全実施段階でさらに実行度が上昇するスケジュールとなっています。モデルケースで示す3年間のスケジュールはあくまでも導入の一例として紹介するものです。導入は、必ずしも3年間で行わなければいけないというものではないですし、導入の方法や時期も様々です。3年間のスケジュールを示す中で、TFI の各項目の得点の変化も示しますが、毎年得点が上昇していれば、必ずしもこの項目の順番でなくても問題ありません。各学校の実態に合わせて、導入のスケジュールは、適宜、調整が必要だということを前提に、参考例としてモデルケースの流れを確認してください。

第1節

探索段階

❶ モデルケース（探索段階）の紹介

　探索段階では、SWPBS の第1層支援に取り組む上で校内の中心となる SWPBS 第1層推進チーム（以下、推進チーム）を結成します。推進チームは、教職員全体が SWPBS に取り組む目的を理解できるように、学校が抱える課題を明らかにします。また、教職員全体を対象とした SWPBS に関する研修計画を立案します。具体的な流れは、表 2-1-1 のモデルケースをご覧ください。

表 2-1-1　モデルケース（導入 1 年目 1 学期；探索段階）

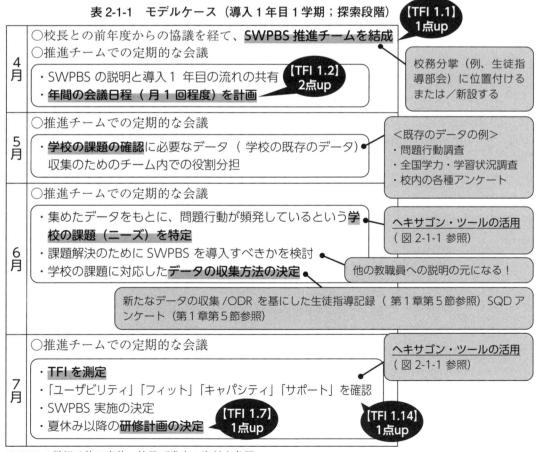

4月	○校長との前年度からの協議を経て、**SWPBS 推進チームを結成**　【TFI 1.1】1点up ○推進チームでの定期的な会議 ・SWPBS の説明と導入 1 年目の流れの共有　【TFI 1.2】2点up ・**年間の会議日程（月 1 回程度）を計画** （校務分掌（例、生徒指導部会）に位置付けるまたは／新設する）
5月	○推進チームでの定期的な会議 ・**学校の課題の確認**に必要なデータ（学校の既存のデータ）収集のためのチーム内での役割分担 （＜既存のデータの例＞・問題行動調査・全国学力・学習状況調査・校内の各種アンケート）
6月	○推進チームでの定期的な会議 ・集めたデータをもとに、問題行動が頻発しているという**学校の課題（ニーズ）を特定**（ヘキサゴン・ツールの活用（図 2-1-1 参照）） ・課題解決のために SWPBS を導入すべきかを検討 ・学校の課題に対応した**データの収集方法の決定**（他の教職員への説明の元になる！） （新たなデータの収集 /ODR を基にした生徒指導記録（第 1 章第 5 節参照）SQD アンケート（第 1 章第 5 節参照））
7月	○推進チームでの定期的な会議 ・**TFI を測定**（ヘキサゴン・ツールの活用（図 2-1-1 参照）） ・「ユーザビリティ」「フィット」「キャパシティ」「サポート」を確認 ・SWPBS 実施の決定 ・夏休み以降の**研修計画の決定**　【TFI 1.7】1点up　【TFI 1.14】1点up

※ TFI の詳細は第 1 章第 4 節及び巻末の資料を参照

（1）SWPBS 推進チームを結成（1年目の4月）

　モデルケースでは、まず始めに SWPBS の推進チームを結成しています。SWPBS の導入は、推進リーダー一人で行うのではなく、推進チームで行います。推進チームは校長が結成します（表の吹出し【TFI 1.1】1点 up の部分）。推進リーダーは4月の推進チーム結成に向けて前年度から校長と協議を重ねておきます。推進チームは、毎月会議を行うので、できれば1年間の会議日程を4月に決めておきます（表の吹出し【TFI 1.2】2点 up の部分）。

（2）推進チームでの定期的な会議（1年目の5～7月）

1）学校の課題の確認

　探索段階の目的は、推進チームで SWPBS を学校に導入するかどうかを決定することです。そのために、推進リーダーはまず4月の推進チームの会議で SWPBS の説明と、1年間の流れを推進チームのメンバーに説明します。これに続いて、5月には、推進チームのメンバーで、SWPBS の導入の根拠になる「学校の課題の確認」を行います。この確認に役立つのが、ヘキサゴン・ツール（National Implementation Research Network, 2020; 図 2-1-1）です。

2）ヘキサゴン・ツール

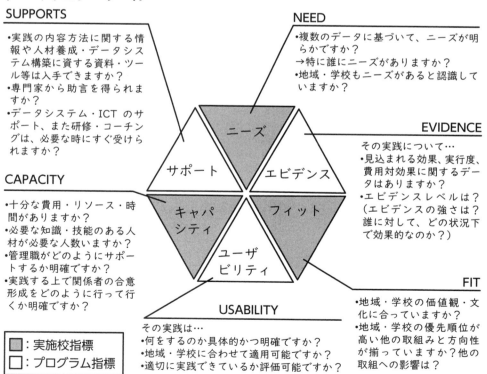

図 2-1-1　ヘキサゴン・ツール

註：巻末の資料に補足あり

　ヘキサゴン・ツールは、学校に導入を検討しているプログラムが学校ごとの課題に適合するか、実行可能かといったことを実施前に検討することを支援するツールです。図には、6つの観点が示されています。グレーに色分けされている「ニーズ」「フィット」「キャパシティ」は、導入を検討しているプログラムがどれくらい学校に合うかを検討するための、各学校の実態把握に関する指標です（実施校指標；implementing site indicators）。これに対して、白に色分けされている「エビデンス」「ユーザビリティ」「サポート」は、導入を検討しているプログラム自体に関する指標です（プログラム指標；program indicators）。

3）ヘキサゴン・ツールの活用（モデルケースの場合）

　モデルケースでは、5月に推進チームが、スクールワイド PBS が学校の課題に合っているか、実行可能か、といった検討に入っています。図 2-1-1 に示された観点に沿って、裏付けになる情報をチーム内で役割分担しながら集めることにしています。6月の推進チームの会議では、学校の既存のデータから、学校の課題（「ニーズ」）を特定しています。モデルケースの学校の課題は、問題行動が頻発していることでした。課題は毎年、教育委員会に報告されている文部科学省の調査（文部科学省初等中等教育局児童生徒課, 2022）の暴力行為発生件数のデータから明らかにされました。これに続いて、問題行動が頻発しているという学校の課題を解決するフレームワークとして、SWPBS は十分な「エビデンス」があることが推進リーダーから報告されました（SWPBS のエビデンスは第 1 章第 2節参照）。そこで、推進チームは「ニーズ」と「エビデンス」の観点においては、SWPBS の導入が妥当であると判断しました。

　7月の推進チームの会議では、残りの「ユーザビリティ」「フィット」「キャパシティ」「サポート」についても検討しています。「ユーザビリティ」については、「SWPBS の実践内容が明確か？」、「SWPBS の実行度を評価することができるか？」といった点について検討しました。その結果、推進チームは、TFI（第 1 章第 4 節参照）を用いて実践内容の確認ができることと、実行度を評価できることを確認しました。「フィット」と「キャパシティ」の検討では、推進チームで TFI を実施することにしました（表の吹出し【TFI 1.14】1 点 up の部分）。TFI の結果から、現在の学校の体制と今後の SWPBS の導入に必要な内容を確認した上で、学校の優先事項や他の取組等との適合性（フィット）を検討しています。キャパシティの検討では、TFI の結果を基に SWPBS を実施するための教職員体制や使用可能な費用を検討しました。サポートの検討では、ポジティブ行動支援をサポートする専門家の組織として、日本ポジティブ行動支援ネットワーク（APBS-J）があり、そこで定期的に研修会が開催されていることや、APBS-J に

加えて複数の HP からさまざまな資料等を入手できることを確認しました（巻末の SWPBS のリソース参照）。以上の検討を踏まえ、最終的な SWPBS の導入を決定し、導入段階に向けて研修計画を立てることになりました（表の吹出し【TFI 1.7】1 点 up の部分）。

　このようにヘキサンゴン・ツールの実施校指標とプログラム指標を目安にしながら、議論された内容を踏まえて、推進チームとして SWPBS に取り組むかどうかの判断を行います。ヘキサゴン・ツールは、SWPBS だけでなく、学校としてすでに取り組んでいる研究や事業に対しても活用可能です。SWPBS 導入前に、すでに取り組んでいる研究や事業がある場合、ヘキサゴン・ツールを用いてその研究や事業の評価も行い、SWPBS と比較することで、学校にとってよりよい判断につなげることができます。

4）学校の課題に対応したデータの収集方法の決定

　探索段階では、第 1 層支援を効果的に実践するためにどんなデータを収集するのかを決定します。収集するデータは、"価値ある成果"に関するデータと"データに基づく意思決定"のためのデータの 2 種類があります（第 1 章第 5 節参照）。"価値ある成果"に関するデータは、毎年、年度末に収集し前年度と比較することによって、その年の SWPBS 全体の成果と、次年度に向けての課題を明らかにします。年度毎のデータに加えて、より頻回なデータ（"データに基づく意思決定"のためのデータ）を収集することによって、年度の途中で定期的に進捗確認（プログレス・モニタリング）を行いながら、第 1 層支援に関する意思決定をデータに基づいて実施します。

　モデルケースでは、6 月の会議で、推進チームは学校の課題として問題行動が頻発していることを特定しました。そこで推進チームは、"データに基づく意思決定"のためのデータとして、米国の ODR の手続きを基にした生徒指導記録を導入することを決めました（第 1 章第 5 節参照）。生徒指導記録は、"価値ある成果"に関するデータとしても活用することとしたのですが、推進チームは、問題行動を含むより包括的な児童生徒の適応・不適応を調べるために児童生徒に対するアンケート（SDQ）を年に 1 回定期的に実施することにしました。

② モデルケースの TFI 得点の変化と探索段階のポイント

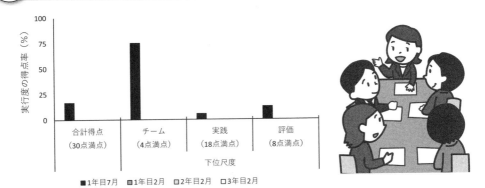

図 2-1-2　モデルケースの TFI 得点（1 年目 7 月時点）

TFI 合計得点：	0 点　→　5 点（5 点の上昇）
内訳：	TFI 1.1 ／ TFI 1.7 ／ TFI 1.14：　0 点　→　1 点
	TFI 1.2：　0 点　→　2 点

※ TFI の詳細は第 1 章第 4 節及び巻末の資料を参照

　モデルケースの実行度を評価すると、図 2-1-2 に示すような得点の変化が生じます。このときモデルケースの取組で押さえられているポイントは 4 つです。

（1）校内に SWPBS 第 1 層推進チームを結成しよう　【TFI 1.1】1点up

　モデルケースでは、SWPBS 実施を目指して前年度から校長と協議をし、4月には推進チームの結成に至っていました。SWPBS は、組織的な取組です。取組推進のためには、推進チームの結成が不可欠となります。

（2）推進チームで定期的に集まり、できたことを確認し、次に取り組むことについて決定しよう　【TFI 1.2】2点up

　モデルケースでは、4 月に年間の会議日程を計画しました。この計画に従い 5 月に推進チーム内で必要な作業を割り出し、担当者を確認していました。また、学校の課題特定のために、この作業で集めたデータを 6 月の会議で活用していました。定期的な会議と確認作業は、メンバーの役割と責任を明確にしながら進めることが大切です。そして、会議では根拠（データ）を基に検討することで、メンバー間の共通理解が深まります。

（3）TFI を定期的につけて、それに基づいた
　　改善計画を立てよう

【TFI 1.14】
1点up

　モデルケースでは、7 月に TFI を用いた評価を実施しています。探索段階の時点で TFI の評価を出すことで、推進チームや学校組織全体に今後必要なことが明らかになります。この時点では高い得点とはなりませんが、見通しをもって推進チームを運営するために、この時点から TFI を用いて評価を出すことが大切です。

（4）SWPBS の効果的な実践を行うために教職員の
　　研修計画を年間スケジュールに組み込み実施しよう

【TFI 1.7】
1点up

　モデルケースでは、7 月に夏休み以降の研修計画を決定しています。この計画は、1 学期中の推進チームでの検討を踏まえたものとなっています。SWPBS の必要性をデータに基づいて客観的に把握し、チームで共通理解することで、今後の見通しに関する検討は円滑に進むでしょう。

③ 小中学校の実践例（探索段階）

　探索段階でのポイントを踏まえて、小中学校での実践例をご紹介します。

（1）校内に SWPBS 第 1 層推進チームを結成しよう
1）推進チームの位置付け：小学校

　推進チームとは、文字通り、校内で SWPBS の取組を推し進めていくチームのことです。推進チームの結成は、既存の校務分掌に位置付ける場合と新設する場合が想定されます。既存の校務分掌に位置付ける場合、例えば、生徒指導部や研究部に推進チームを位置付けた実践校があります。生徒指導部は、児童の生活指導全般を業務としており、いじめや不登校などの問題行動の予防的対応を行うため、推進チームを位置付ける校務分掌として適しています。また、校内研究として SWPBS に取り組む場合には、研究部に推進チームを位置付けることで、教職員全体の理解や協力を得やすく、取組がスムーズに進んだケースもあります。推進チームを新設する場合は、SWPBS に関係する校務分掌や各学年から代表者

コアチーム
　取組の企画・運営を担います。具体的には、取組の計画・実施・評価・見直し内容・方法の検討、提案を行います。校長、教頭、教務主任、生徒指導主事、児童会活動担当、特別支援教育コーディネーター、応用行動分析を専門とする外部専門家が参加します。

＜コアチームメンバーごとの役割＞
校長	：チームの統括
教頭	：校長の補佐
教務主任	：コアチーム会議・ハートフルの会議日調整、取組と関連する指導時間の調整、出欠統計のとりまとめ
生徒指導主事	：行動マトリクスの整理、行動マトリクスに基づく手立ての提案
児童会活動担当	：取組の実施に関係する児童会活動の計画・運営
特別支援教育コーディネーター	：保護者との連携、外部専門家との連絡・調整、指導の記録のとりまとめ
外部専門家	：スクールワイド PBS 実施に必要な情報提供、記録の分析

図 2-1-3　推進チームのメンバーと役割を示した校内資料

を選出した結果、校長、教頭、教務主任、生徒指導主事、児童会活動担当、特別支援教育コーディネーターに外部専門家を加えて推進チームを結成した実践校もあります（図 2-1-3 参照）。

　推進チームを既存の校務分掌に位置付ける場合も新設する場合も、それぞれにメリットとデメリットがあります。例えば、推進チームを既存の校務分掌に位置付ける場合、会議日が年間計画にすでに設定されているため、年間計画の修正やメンバーの日程調整を必要としません。一方で、既存の校務分掌で取り組むべき業務に SWPBS の取組が新たに加わるため、業務内容の整理を図らなければメンバーの負担感は増すでしょう。推進チームを新設する場合は、SWPBS を推進する上で効果的な立場や専門性を有する教職員でメンバーを構成できますが、メンバーが他の校務分掌の業務と兼ねることになるため業務量の調整が別途必要になります。このようなメリットとデメリットを踏まえ、学校の現状や導入の経緯、管理職の考えに応じて、推進チームを結成する必要があります。

2）推進チームの位置付け：中学校

　これまでの国内の中学校における SWPBS では、生徒指導部会が SWPBS 推進の役割を担い、生徒指導主事が推進リーダーとなることが多いようです。他に、人権教育、特別支援教育などの部会・委員会が推進チームの役割を担うことも考えられますし、学年主任の会議に SWPBS 推進の役割を持たせた中学校もあります。図 2-1-4 は、生徒指導部が SWPBS 推進の役割を担っている中学校の校務分掌に関する資料の一部です。このように既存の部会・委員会を活用するのか、新たに SWPBS 推進のための部会・委員会を立ち上げるのかは学校の実態によりますが、いずれにしても SWPBS 推進の役割を担うチームが校内組織に明確に位置付いていることが大切です。

SWPBS 導入初年度から正式に推進チームを校内組織に位置付けられるのが理想ですが、これまでの実践校でも、初年度は生徒指導部会で問題行動予防のための具体策として PBS を推進し、初年度に一定の成果をデータ（問題行動データや生徒アンケート等）とともに示しながら、2年目から正式に生徒指導部会の役割に SWPBS 推進を明記した学校もあります。この学校では、毎月の生徒指導部会の冒頭 10 分間は管理職が参加して SWPBS 推進について話す

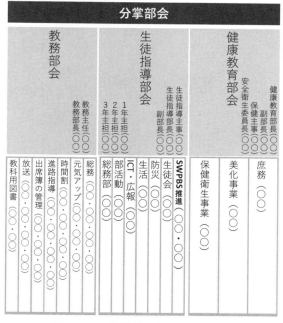

図 2-1-4　中学校の校務分掌資料

時間としました。このように、各学校の実態に合わせて、負担感なく、定期的に SWPBS 推進について話し合える体制を整えるようにしましょう。

3）推進チームのメンバー：小学校

　推進チームのメンバーとして、応用行動分析学や学校運営に関する専門を有した外部専門家が加わることは有効です。これまでの実践校では、応用行動分析学を専門とする大学教員が、推進チームの月一回の会議にオンラインで参加し、専門的な見地から指導・助言を行ったケースもあります。また、推進チームの結成当初は、メンバーの SWPBS に関する知識が不十分であることが想定されます。そのため、大学教員や指導主事といった外部専門家が、推進チームに対して研修を行い、SWPBS の基礎的な理解を促したり今後の取組の見通しを示したりした実践校もあります。

　推進チームを結成したら、推進リーダーを選定します。推進リーダーの役割や資質は、第1章第3節を参照してください。これまでの実践校では、推進チームのメンバーを踏まえ、小学校では生徒指導主事や特別支援教育コーディネーター、研究主任が推進リーダーを担っているケースが多いです。推進リーダーが役割を果たすためには、応用行動分析学に関する知識や会議のファシリテーション能力などが必要になりますが、これらは徐々に獲得していけば問題ありません。これまでの実践校の取組を踏まえると、推進リーダーにとって重要なことは、推進チームのメンバーや他の教職員と円滑に協働するために必要なコミュニケーション能

図 2-1-5　高いコミュニケーション能力とフットワークの軽さを有する推進リーダーのイメージ

力とフットワークの軽さを有していることです（図 2-1-5 を参照）。SWPBS は、教職員全体が取組の意義や内容を理解し、それぞれの立場や専門性に沿って協働することを必要とします。そのため、推進リーダーは、取組の全体像を把握した上で、教職員や外部専門家と密にコミュニケーションを取り、必要に応じて協力を要請しなければなりません。

　推進チームのメンバーの役割として、推進リーダー以外にも、データ収集・分析担当や記録担当などを決めておきましょう（第１章第３節参照）。SWPBS では、児童の問題行動の生起回数やアンケート結果などのデータに基づいて、取組の方向性を決定したり支援の結果を評価したりします（第２章第２節以降を参照）。これまでの実践校では、Excel の扱い方に長けた教職員がデータ収集・分析を担当することで、推進リーダーの負担軽減やグラフによるわかりやすいフィードバックの実施につながったケースもあります。記録担当の教職員は、推進チームの会議の議事録や、職員会議で出た SWPBS に関する意見の記録を作成することで、記録に基づく会議運営を可能とします。

（2）推進チームで定期的に集まり、できたことを確認し 　　　次に取り組むことについて決定をしよう

1）推進チームの会議の進め方：中学校

　図 2-1-6 は、SWPBS 推進チームの役割を生徒指導部が担っている中学校における、生徒指導部会議の実際の議事録です（一部改変）。話し合うべき議題を明確にし、誰が・いつまでに・何をするのか具体化するために、このような議事録を用いています。

　会議を進める際には、会議における各自の役割についても明確にするために、図 2-1-6 にあるようにファシリテーター、タイムキーパー、議事録係を決めてお

○月　生徒指導部　議事録

日付：○○年　○月○日　　次回会議予定：○○年　○月○日　○時～○時
出席者（敬称略）：(1 年) ○○、○○　(2 年) ○○、○○　(3 年) ○○、○○
ファシリテーター：○○　　タイムキーパー：○○　　記録係：２年教員→次回３年教員
会議時間：　16 時　15 分　～　17 時　00 分
会議場所：会議室

議題	議論内容	意思決定とタスク内容（To Do リスト）	担当者	期限
ポジティブ行動支援について	・取り組み内容の確認（別紙参照） ○月○日～○日 標的行動：あいさつ ・実施規模の検討 ・シールとカードによるフィードバック方法の検討 ・全体への提案方法について	・内容確認済み ・全学年で取り組む ・１枚のカードに３枚のシールを貼る、３枚貯まるとカードの色が変わるシステム ・次回職員会議で生徒指導部から提案	シール・カード準備：○○、○○	○月○日 ○月○日
教育相談について	・アンケート実施について	・各学年の生徒指導担当が印刷して、○月○日までに実施する。	○○、○○、○○	○月○日
避難訓練について	・実施要項の最終確認	・副担任の先生方の立ち番を各学年で確認して、○○に報告	○○、○○、○○	○月○日
各学年生徒の情報共有と指導方針について	・下記参照	・下記参照		
その他	・			
次回検討事項の確認	・			

生徒情報

１年

２年

３年

図 2-1-6　ある推進チームの会議録①

1 学期（Plan）

①教員の PBIS の理解を深め、指導の際の共通の価値観を共有する

・職員研修の実施 ㊙済

・職員室マトリクスの作成、教師間 GB チケットの実施 済

②全校生徒への説明＋生徒マトリクスの作成

・生徒マトリクスの作成、運営方法については各学年担当の裁量で実施 済

③生徒会担当との打ち合わせ

中の行動目標に合わせ、理想的な行動とそうでない行動を対比するようなビデオを制作する。
制作にあたり、キャスト・脚本等を打ち合わせする。

2 学期（Do＋Check）

①生徒マトリクスの再評価

・できているものに○をつけ、未達成の項目について評価・対策を練る

・必要であればマトリクスの内容を改善する

②職員室マトリクスの再評価

・研修実施。達成項目に○をつけ、未達成の項目について職員室キャンペーンを開催する

・必要であればマトリクスの内容を改善する

③大学教員による研修

・進捗の確認

④生徒間 GB チケットキャンペーンの開催

・クラスオリジナル GB チケットの作成を行い、期間を決めてキャンペーンを開催する

図 2-1-7　ある推進チームの会議録②

き、短時間で効率よく会議が進むようにしています。ファシリテーターは、会議全体の進行を担うとともに、話が脱線した時にもとの議題に戻るよう促す役割を持ちます。また、各議題について何分間で話し合うのかを、会議参加者に冒頭で確認する役割もあります。タイムキーパーは、各議題に要している時間を測り、「あと〇分です」とリマインドする役割を担います。これによって、一つの議題で時間を使い過ぎることがないようにしています。実際、この中学校のSWPBS推進会議では、"会議をしたけれど、結局何も決まらなかった"ということがなくなったそうです。

　図2-1-7は、別の中学校のSWPBS推進会議の資料です。毎回の会議で同じ資料を用い、完了したものには、"済"のマークをつけることで進捗状況を把握しています。また、SWPBS推進計画に修正が必要となった際には、その都度この資料を上書きしています。このように同じ資料を毎回提示しながら、SWPBSの進捗状況に合わせて資料を適宜上書きしていくことで、SWPBS推進計画が進んでいることの実感をチームメンバーが持ちやすくなる効果もあります。

2）学校の課題の特定：小学校

　推進チームの会議は、月に1回程度実施できるよう年間計画に会議日を設定しておきます。探索段階において、推進チームが優先して行うべき事項は、校内の課題の把握です。実践校では、校内の既存のデータ、例えば、これまでの児童の問題行動（暴力行為、いじめなど）の生起回数、不登校児童の数、全国学力・学習状況調査の結果、教職員が感じる生徒指導上の課題に関するアンケート結果などを活用し、校内の課題を特定するケースがあります。ここで特定された課題が、SWPBSによって解決すべき課題、つまり教職員全体でSWPBSに取り組む理由となります。また、この課題が解決されることで児童や教職員にどのようなメリットがあるか、解決するために推進チームや外部専門家のメンバー構成は十分か、導入に際して教職員の負担をどのように軽減するか、解決に必要な予算や地域の協力体制は十分かなどを検討しておくことで、教職員全体の賛同も得やすくなります。

3）学校の課題の特定：中学校

　図2-1-8は、SWPBS推進の議題として何を挙げるかについて検討する際、ヘキサゴン・ツールを参照した例です（一部改変）。ヘキサゴン・ツールに基づいて校内の状況を整理し、足りないと考えられる部分を埋めていけるようにSWPBS導入の土台づくりを進めていきました。具体的には、「ニーズ」について、学校の課題を「見える化」するために、子どもの強さと困難さアンケート（SDQ）

を実施して学校全体の課題を確認するとともに、各学級の結果を担任一人ひとりに丁寧にフィードバックすることで、SWPBS 導入の必要性を共有することにつなげました。「エビデンス」については、SWPBS の効果を国内外の先行研究から確認し、また同じ市内の SWPBS 実践校の取組やその成果からも学びました。「フィット」については、SWPBS は自校・地域の文化に合う取組であることを確認するとともに、既存の取組・校務分掌を活用することで、他の取組との整合性を確保しながら推進チームの設置や生徒会活動との連携を可能にしました。また、PTA や地域住民との会合においても情報共有し、理解を得られるようにしました。

　「ユーザビリティ」については、ポジティブ行動マトリクスや目標行動の年間指導計画を作成することにより、教職員が何をするかが明示できました。また、日本語版 TFI の定期的な実施により、実行度を評価するとともに、SWPBS 推進のために次に何をすればよいのかのタスクが明確になりました。「キャパシティ」の項目では、事務職員や PTA との連携により、必要な予算を確保することができました。「サポート」については、大学教員を外部専門家として招くことで研修実施や指導助言を得られる体制を整えました。

　以上のように、ヘキサゴン・ツールの各項目を参照することで、「探索段階」においてどのようなことを押さえながら進めていくべきなのか検討することができました。SWPBS に限らず、新しい実践を導入しようとする際、「その実践は本当に自校に必要なのか？効果があるのか？他校だけでなく自校にも合う取組なのか？」という点と、「現実的に実行可能な体制を整えることができ、予算も確

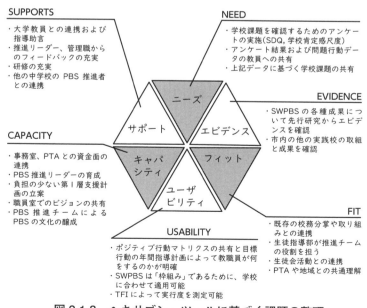

図 2-1-8　ヘキサゴン・ツールに基づく課題の整理

保できるのか？そもそも、教職員は新しい実践の導入に賛成しているのか？」という点を押さえておくことは、無駄な取組を増やさないためにも極めて重要です。ヘキサゴン・ツールは、これらの観点を忘れず検討するために役立つでしょう。

（3）SWPBS の効果的な実践を行うために教職員の研修計画を年間スケジュールに組み込み実施しよう

1）研修の計画：小学校

　学校で SWPBS に取り組む理由やそれを示すデータが明確になれば、教職員全体に SWPBS について説明する機会を設けましょう。これまでの実践校では、例えば、表 2-1-2 のような研修を教職員全体に実施しています。

　教職員全体に対する研修として、SWPBS 導入に関する研修以外にも、後述する「ポジティブ行動マトリクス」の作成や PBS の特徴である望ましい行動を伸ばすアプローチに関する研修を計画的に実施していく必要があります。

　また、研修を行う際、外部専門家の協力を得られるようであれば、積極的に活用することで、教職員の理解も促されるでしょう。外部専門家の協力が得られない場合にも、研修で活用できる資料があります。例えば、徳島県立総合教育センター特別支援・相談課のホームページ「特別支援まなびの広場」（https://manabinohiroba.tokushima-ec.ed.jp/）には、SWPBS に関する研修資料や研修動画が公開されています。また、日本ポジティブ行動支援ネットワークのホームページ（https://pbsjapan.com/）にも研修動画が公開されています。このような資料や動画を用いることは、推進チームの資料を作成する負担を軽減することにもつながります。

表 2-1-2　初回の研修内容

	説明者	内容
1	推進リーダー	本校の課題（頻繁な問題行動）
2	外部専門家	SWPBSの概要及び見込まれる成果（問題行動の減少）
3	管理職	学校経営方針とSWPBSの整合性
4	推進リーダー	今後の見通し

2）研修の計画：中学校

　図 2-1-9 は、SWPBS の研修計画を推進チームである生徒指導部の年間スケジュールに組み込んだ例です（SWPBS 研修は下線部）。どのタイミングで研修を行うかは学校によって異なりますが、本節の冒頭に示した SWPBS 導入のモデルスケジュールを参考にしつつ、教職員の負担や勤務校のこれまでの年間スケジュールを考慮して計画すると良いでしょう。

○○年度　生徒指導部　年間計画（案）

☆1学期

月	時期	計画	目的	担当
4月	初旬	・生徒指導研修会（PBS の基本）（5 日）	・PBS について理解を深める、校内指導体制の充実	主事・部長
		・学級写真の撮影（○日）	・個別の生徒データの作成	主事
		・部活動部長会議①（○日）	・部活動紹介に向けた確認	部活動担当
	中旬	・部活動紹介（○日）	・新入生の部活動入部率の向上	生徒会
	下旬	・家庭訪問（○日～○日）		部長・部活動担当
		・PBS ○○キャンペーン：標的行動○○編（○日～○日）	・年度はじめの生徒との関係づくりと社会性の向上	PBS 担当・生徒会
5月	初旬	・いじめについて考える日（○日）	・いじめ予防に向けた傍観者の働きかけを醸成（マトリクスと関連させて）	生徒会
	中旬	・PBS ○○キャンペーン：標的行動○○編（○日～○日）	・GW 明けの行動面の立て直し	PBS 担当・生徒会
	下旬	・部活動部長会議②：体育大会に向けて（○日）	・部活動行進、リレーなどの準備	部活動担当
6月	初旬			
	中旬	・PBS 学年別キャンペーン：標的行動○○編（○日～○日）	・各学年でこの時期までに課題の見られる行動の改善	PBS 担当・生徒会
	下旬	・教育相談（○日～○日）	・1 学期を振り返り成果と課題について個別に確認する	部長
		・避難訓練について（○日）	・火災発生時の避難経路の確認と迅速な行動の強化	防災担当
7月	初旬			
	中旬	・防犯教室（○日～○日で調整）		主事
		・ポジティブ行動マトリクスに基づいた生徒振り返り	マトリクスに基づいて 1 学期を生徒が振り返り、できている部分を自分自身で認める	PBS 担当・生徒会
	下旬	・PBS 研修会（1 学期の振り返り）（○日）	1 学期のデータをもとに成果と課題について振り返り、2 学期に向けた改善計画に繋げる	主事・部長

図 2-1-9　生徒指導部の年間スケジュールに組み込まれた SWPBS の研修計画

　また、学校全体の年間スケジュールの中に SWPBS に関する計画を位置付けることも必要です。これは、教務主任との連携が必要になるでしょう。これまでの実践校では教務主任と連携して、SWPBS 導入に向けた研修計画作成だけでなく、年度末には SWPBS に関する振り返りを行うこと（第 2 章 3 節参照）や、PTA・学校運営協議会等の保護者・地域連携の場において SWPBS について報告・意見交換すること（第 2 章 4 節参照）などを年間計画に記載しています。教職員に対して、SWPBS の導入スケジュールを示し、見通しがつくようにしましょう。

④ 推進リーダーの役割・ポイント

　探索段階は、推進チームの運営を確かなものにする段階です。モデルケースや実践例を踏まえ、推進リーダーの役割・ポイントを確認しておきましょう。

（1）推進チームメンバーとの意見交換

推進チームメンバーと
SWPBS のことを話そう

　探索段階では、推進チームメンバー間の共通理解を深めることが大切です。

SWPBSのことを初めて聞くメンバーもいるので、チーム会議内外でメンバーとの意見交換を図り、お互いの理解をすり合わせましょう。ここでの意見交換は、メンバーそれぞれが、所属する分掌、学年などで他の教職員との意見交換を図る際のモデルになります。推進リーダーは意見交換のモデルとなるよう粘り強く、丁寧に関わり、推進チームメンバーの賛同獲得を目指します。

　この意見交換は、メンバー同士の個人的な考えの深まりを期待して行うほか、学校内の各学年、各分掌の利害の調整につなげるという意図があります。そのため、第1章第3節でも触れた通り、推進チームメンバーには、学校内の利害関係者が選定されることが望ましいです。新たにチームを立ち上げる場合でも、既存の体制を活用する場合でも、意見交換の前提として、推進リーダーは選ばれているメンバーが各学年、各分掌の意向を述べる立場を有しているかの確認を怠らないようにしましょう。

　推進チーム立ち上げ当初は、推進チームのメンバーは教職員で占められるでしょう。しかし、SWPBSが実践され、取組が充実するとともに、児童生徒、保護者、地域住民の関与の高まりが期待されます。学校の教育活動に関与するすべての人がSWPBS実施に対する責任を明確にするためには、関与の高まりに応じて、それぞれの代表者と推進チームのメンバーとの意見交換の場を積極的に設けましょう。意見交換を頻繁にとる必要が確認されれば、それぞれの代表者は、必然的にSWPBSの推進チームのメンバーになるはずです。その時が来たら、推進リーダーは、推進メンバーと新しいメンバーを迎えるための議論ができるように、議題の整理、会議でのファシリテーションに取り組みましょう。

（2）推進チームの運営

チームの確認作業が明確になる議題を整理しよう

　チーム会議の議題は、学校の課題に即して設定されます。課題の把握には、客観的なデータの活用が有効です。これは、データに基づく客観的な現状の把握が、メンバーごとの多様な解釈を防ぎ、すべき取組を明確にするからです。

　探索段階で収集すべきデータを考えるとき、ヘキサゴン・ツール（National Implementation Research Network, 2020; 図2-1-1）の活用が効果的です。推進リーダーは、各観点をもとに、関連するデータの収集・分析の分担をチームに促します。分析結果が出れば、それに基づき議題を設定します。会議では、議題ごとに

SWPBS 実施の根拠をチームに示します。SWPBS 実施が合意に至れば、会議録を残し、決定事項を参照可能にします。こうしてチームは、データの確かさを議論し、「課題解決には SWPBS が必要」との共通理解へ近づいていくでしょう。

（3）組織づくりと TFI 評価

TFI のデータをまとめ、議論しよう

　探索段階でのチーム運営は、その後の体制構築の第一歩です。年度途中で体制構築の途上でも、データ収集・分析の担当者とともに TFI を活用して実行度評価を進め、適宜現状を評価しましょう。進捗がチームで共有されることは、メンバーの動機付けの維持にも役立ちます。

　試行段階、完全実施段階を経て、実践が軌道に乗れば、TFI データを見ながら、足並みを揃えて実践できているか、実践の成果は出ているかを検討します。このときも、データの収集・分析のすべてを推進リーダー一人が担う必要はありません。推進リーダーが担うべきは、誰がデータ収集の仕組みを作るか、誰がデータを分析するか、誰が分析結果をチームに提案するか、といった役割分担を議題にすることです。そうしてチームメンバーがそれぞれ役割を担うことでチームの活動が活性化することが期待できます。加えて、推進リーダーが各担当者の役割を円滑に進められるように気を配ったり、声をかけたりして、支えることで、チームは一層円滑に運営されます。

（4）年間の計画

研修内容、役割、日程を推進チームで確認しながら進めよう

　探索段階では、校内研修の計画の議論も推進チームが担います。これは、導入段階の時点で SWPBS の概要、実践で取り扱う手立て、データ収集の仕組み、といった内容を全教職員に周知し、賛同を得る必要があるからです。チームの会議で取り上げられる議題には、研修内容、役割、日程が挙げられます。これらの議題ごとに結論を得るためには、誰が、いつ、どこで、何を、なぜ、どのように行

うか、ということについて、推進リーダー自身が見通しを持つことが大切です。研修の方向付けのために校長から話をしてもらう必要はあるか、講師は生徒指導主事が良いか、日程調整は教務主任に任せるか、進行は推進リーダーが担うか、といったことに目星をつけることで、議題の整理につながります。同時に研修では、ヘキサゴン・ツールをもとに集めたデータを共有する場になります。データ収集・分析の担当者をチーム内で割り振っていれば、校内研修で共有すべき内容、方法の提案を任せることも考えられます。それぞれの役割の遂行は、チームのメンバーが担いますが、期待される役割が遂行されるまで、推進リーダーがその遂行状況を把握し、時に次の取組を促し、時にやり遂げたことを労う、といった関わりをもちます。

コラム6　SWPBS に取り組む先生の声

「新しいことを始めるのではなく、今あるものを整理することから…」

　勤務校で、SWPBS の取組を始めて 2 年になります。勤務校には、落ち着いて学習に取り組むことができず、学力に大きな課題のある児童が多く在籍していました。「こんなんできへん」「わからんし」とやる前から投げ出してしまう児童も多く、前向きに学習に取り組む態度を育てることが必要だと感じていました。また、学校独自の取組が多くあり、教職員の負担が大きく、「子ども達のために何が必要なのか」「どんな子どもになって欲しいのか」を整理して考える必要がありました。そこで、まずは、教職員間で「課題」と「目指す子どもの姿」を共有するための研修会を行いました。出てきた勤務校の課題を整理すると、SWPBS に解決の糸口になりそうなものが多くありました。教職員の共通理解のもと、SWPBS の取組を進めていくことを決定していきました。1 年目は、「新しい何かを始めるのではなく、今まで先生方がされてきた指導の中に、もうすでに SWPBS の取組はある」ということを丁寧に説明して理解してもらうようにしました。

　しかしながら、前向きに捉えてもらえる先生ばかりではありませんでした。そこで、2 年目は推進チームを設置し、複数の教職員が PBS に関する外部研修会に参加するなどチームで取組を進めていけるよう校内体制を整えました。私自身は、推進リーダーとして、自分の学級で率先して PBS の取組を進めていき、取組内容や子どもたちの変容などを他の先生方に共有していきました。大きく広がりを感じたのは、授業中の離席やトラブルが多発していたクラスが、PBS の取組で激変したことでした。そこから、SWPBS の取組に前向きにではなかった先生も理解を示してくれたように思います。学校全体では、ポジティブ行動マトリクスを作成し、既存の強調週間の取組と併せて取り組みやすいものから少しずつ進めていきました。そうすることで、教職員の負担感が少なく全体で進めていくことができ、多くの先生方が効果を実感することができました。次の取組を積極的に考えてくれる先生も現れ、子ども達のよいところを見つけて伸ばそうという大きな流れができたと感じます。地域の方からも「子ども達が挨拶をしっかりしてくれるようになった」と嬉しい言葉をいただき、学校だけでなく地域でも取組の効果を実感することができました。

大阪市立長橋小学校　安井 理恵

第 2 節

導 入 段 階

❶ モデルケース（導入段階）の紹介

　探索段階で SWPBS の導入を決定したら、次は導入段階です。導入段階では、第 1 層支援を全教職員で実践するための校内の体制作りを行います。体制作りとして行うのは、全教職員への SWPBS の周知、ポジティブ行動マトリクスの作成、第 1 層支援の内容の決定と準備、データの収集方法の確立です。具体的な流れは、表 2-2-1 のモデルケースをご覧ください。

表 2-2-1　モデルケース（導入 1 年目夏休み～ 3 学期；導入段階）

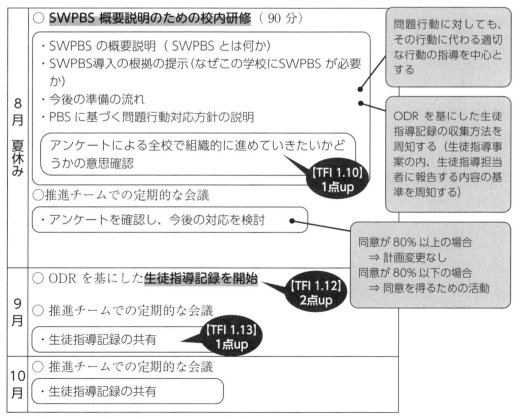

※ TFI の詳細は第 1 章第 4 節及び巻末の資料を参照

（1）SWPBS 概要説明のための校内研修（1 年目の 8 月）

　モデルケースでは、推進チームが全教職員への SWPBS の周知のために夏休み中に SWPBS の校内研修を実施しています。研修では、SWPBS の概要説明（ポジティブ行動マトリクス、ポジティブなフィードバック等）に加えて、1 学期の間に推進チームで検討した SWPBS 導入の根拠（学校の課題を示すデータと見込まれる成果、負担軽減のための配慮等）を示しながら、"なぜこの学校に SWPBS が必要なのか" ということを説明します。この説明の後、次年度の第 1 層支援に向けて今後の準備の流れについても全教職員に共有します。これに加えて、モデルケースでは生徒指導を PBS に基づいて進めること（PBS に基づく問題行動対応の方針）や、2 学期から行う ODR に基づく生徒指導記録についての説明も合わせて行っています。

　推進チームは全教職員に対する SWPBS の研修後に、アンケートを実施し、SWPBS の導入に対する各教職員の意思確認を行いました（表の吹出し【TFI 1.10】1 点 UP の部分）。SWPBS は、学校全体で進めていくものなので、多くの教職員（80% 以上）が SWPBS の導入に同意していない場合は、効果的な実施が難しくなります。そのため同意が 80% に達していない場合は、推進チームのメンバーが、同意していない教職員と個別に話し合いを行い、同意を得るように努めます。

（2）生徒指導記録の開始（1 年目の 9 月〜）

　2 学期が始まったら、研修で説明した生徒指導記録を全校で開始します（表の吹出し【TFI 1.12】2 点 up の部分）。生徒指導記録の手順は、生徒指導事案の内、基準を満たすものについて一定の書式（図 1-5-1）を用いて記録し、管理職または生徒指導担当者に報告するというものです。この記録の件数（データ）を毎月の推進チームの会議で確認しながら、導入を進めていきます（表の吹出し【TFI 1.13】1 点 up の部分）。会議では、生徒指導記録のデータをグラフ化したものを見ながら、学校全体の状況に加えて、支援ニーズの高い場面、学年、学級、生徒等を把握していきます（第 1 章第 5 節②（2）参照）。

表 2-2-1　続き

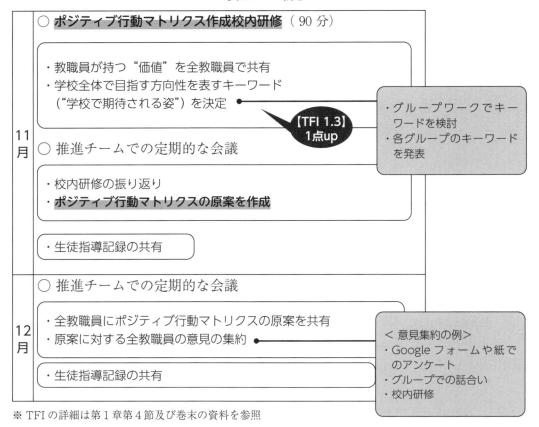

11月	○ **ポジティブ行動マトリクス作成校内研修**（90分） ・教職員が持つ "価値" を全教職員で共有 ・学校全体で目指す方向性を表すキーワード（"学校で期待される姿"）を決定 ● 【TFI 1.3】1点up ○ 推進チームでの定期的な会議 ・校内研修の振り返り ・**ポジティブ行動マトリクスの原案を作成** ・生徒指導記録の共有

グループワークでキーワードを検討
・各グループのキーワードを発表

12月	○ 推進チームでの定期的な会議 ・全教職員にポジティブ行動マトリクスの原案を共有 ・原案に対する全教職員の意見の集約 ● ・生徒指導記録の共有

< 意見集約の例 >
・Google フォームや紙でのアンケート
・グループでの話合い
・校内研修

※ TFI の詳細は第 1 章第 4 節及び巻末の資料を参照

（３）ポジティブ行動マトリクスの作成（１年目の 11 〜 12 月）
１）校内研修

　SWPBS 概要説明のための研修が終わったら、次にポジティブ行動マトリクスの作成を行います（以下、マトリクスとする；図 2-2-3 参照）。マトリクスは、第１層支援において子ども達に身に付けてほしい目標行動を示すものです。マトリクスの作成では、まず始めに "学校で期待される姿（expectations）" を考え、そこから各場面の目標行動を設定していきます。"学校で期待される姿" は、子ども達が学校生活（小学校６年間、中学校３年間等）を通して、目指す目標や価値をキーワードとして表したものです。この "学校で期待される姿" を全教職員が意見を出して決め、そこから第１層支援の対象とする目標行動を考えます。

　モデルケースでは、２学期の後半、各種行事等が一段落した時期に、マトリクス作成のための校内研修を行っています（表の吹出し【TFI 1.3】１点 up の部分）。この研修では、"学校で期待される姿" を全教職員で考えます。"学校で期待される姿" を考える際には、各教職員が大切にしている "価値" を共有することが重要です。それぞれの教職員が、現在の学校の課題も踏まえて、子ども達に学校生活を通してどんな風に育っていって欲しいのかということについて意見を共有します。この意見共有の中で２〜５の "学校で期待される姿" のキーワードを考えていきます。キーワードは、担任するこの１年間だけでなくその後の学校生活を見据えて、また、担任している学級、学年だけでなく他の学級、学年も含めたすべての子どもについて考えることが重要です。"学校で期待される姿" は、このように各教職員の教育に関する "価値" を共有しながら、学校全体（全教職員）で目指す方向を一つにするプロセスです。このプロセスは、教職員のチーム作りという意味でも重要なものであるため、丁寧に行う必要があります。

　マトリクス作成のための校内研修は、全教職員からの意見を反映させるために、グループワーク形式で進めます。少人数のグループを編成し、その中で意見を出し合って "学校で期待される姿" のキーワードを考えます。グループワークの後、グループで話し合った内容を発表し、全教職員で共有します。

２）ポジティブ行動マトリクスの原案作成

　校内研修で "学校で期待される姿" が決まったら、推進チームでマトリクスの原案を作成します。原案は、推進チームでマトリクスの縦軸である指導・支援場面を決めた後、各場面において "学校で期待される姿" を具体化する形で目標行動を考え作成します。モデルケースでは、11 月に推進チームで原案を作成し、12 月には全教職員に共有し、意見を求めています。ここでの意見を踏まえて、３学期の初めにマトリクスの最終版を作成します。

表 2-2-1　続き

冬休み	○ 推進チームでの定期的な会議 ・**第１層支援の検討** ● ・"価値ある成果"を示すデータ収集のためのアンケート（SDQ）の実施準備 ・生徒指導記録の共有

<検討される支援の例>
・チケット方式／キャンペーン方式
・目標行動の指導（モデル（動画）／ポスター）

1月	○ 児童生徒に対するアンケートの実施 ・SWPBS の"価値ある成果"を示すデータ（SDQ）の収集 ○ 推進チームでの定期的な会議 ・SWPBS の"価値ある成果"を示すデータ（SDQ）の共有 ・生徒指導記録の共有 ・次年度の予算案の作成・提出 ・学校経営計画の中に SWPBS 推進を位置付けるかどうかの検討 ・研修スケジュールの計画を担当者に依頼 ・問題行動対応の方針を明文化するための検討を生徒指導部に依頼 ・２月の校内研修の準備

※ TFI の詳細は第１章第４節及び巻末の資料を参照

（4）第1層支援の検討（1年目の冬休み〜1月）

　モデルケースでは、冬休みに入り、マトリクスの作成と同時に、推進チームで次年度実施する第1層支援について検討を始めています。第1層支援には、さまざまなバリエーションが考えられますが、その主なものとして、目標行動全般に対するポジティブなフィードバックを行うためのシステム（チケット等）を導入するチケット方式と、特定の目標行動に焦点を当てた取組を実施するキャンペーン方式があります。どちらか一方の方式だけでなく、2つの方式を組み合わせて実施することもできます。モデルケースで推進チームは、まずチケット方式を導入することとしました。また、目標行動を教えるために、目標行動のモデル（動画）を示すことと、目標行動に関するポスターを掲示することも合わせ実施することとなりました。

　推進チームで次年度の第1層支援の内容を決めたら、1月には、次年度に向けて校内の調整を行っていきます。校内の調整としては、次年度の予算案（マトリクス、チケット等の費用等）を作成・提出するといった事務的なことから、学校経営計画の中にSWPBSの推進を位置付けるかどうかについて管理職と検討するといった組織体制に関することまで多岐にわたります。組織体制に関することとして、研修担当者に次年度の第1層支援の取組を進めていくための研修スケジュールの計画を依頼します。これに加えて、次年度の取組として、生徒指導部にPBSに基づく問題行動対応の方針を明文化するための検討（生徒指導の方針の見直し）を依頼します。次年度の各種スケジュールをこの段階で計画しておくことは、次年度どのような人事異動があっても、SWPBSの導入を着実に進めていく上でとても重要です。

表2-2-1　続き

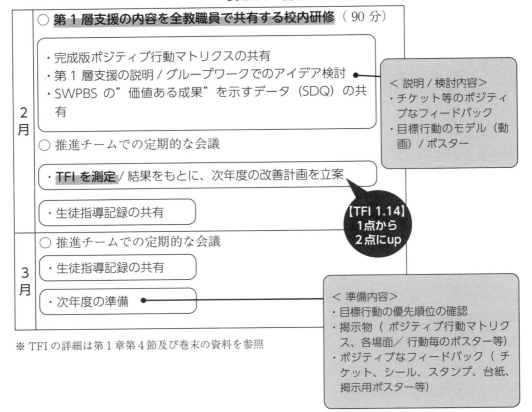

※ TFI の詳細は第1章第4節及び巻末の資料を参照

（5）第1層支援の内容を全教職員で共有する校内研修（1年目の2〜3月）

　モデルケースでは2月に、推進チームで作成した最終版のマトリクスと、次年度実施する第1層支援の取組について校内研修で全教職員に共有しています。研修では、推進チームから発信するだけでなく、チーム以外の教職員の意見を聞くことも重要です。例えば、推進チームから第1層支援の取組（マトリクス、チケット、モデル動画、掲示物等）を伝えた後、グループワーク等で取組の具体的なアイデアを考えることで、チーム以外の教職員の意見を聞くことができます。

　2月の校内研修では、学校の現状と課題を示すデータについても共有します。ここでは、2学期から開始した生徒指導記録のデータに加えて、年度末に測定した学校の課題に合わせた"価値ある成果"に関するデータ（児童生徒に対するアンケート（SDQ））の結果も示します。児童生徒に対するアンケートは、1月に実施し、校内研修までに生徒指導記録のデータと合わせて、推進チームで結果をまとめておきます。校内研修でデータを共有することで、より客観的な形で学校の現状と課題を全教職員で確認することができます。現状と課題を全教職員で確認することによって、SWPBS の必要性について改めて共有し、次年度につなげていきます。

　校内研修が終わったら、推進チームでTFIを実施します（表の吹出し【TFI 1.14】1点から2点に up の部分）。7月（第2章第1節①（2）参照）の TFI の得点と比較して得点の上昇を確認したら、まずは自分たちのがんばりに対してお互いにポジティブなフィードバックを行いましょう。次に、計画通りに進んだところと、そうでないところを確認します。今年度の計画の実施状況も踏まえて、TFI の満点になっていない（伸びしろのある）項目について、どのように得点を上昇させるのかを計画し（第1章第4節参照）、3月には次年度の準備を行います。

（6）導入段階の困難と対応

　モデルケースでは、教職員からSWPBSの導入について賛同が得られた場合の流れを示していますが、教職員から賛同が得られない場合も考えられます。そのような場合には、モデルケースで示したスケジュール以外にどのような方法で進めていくことができるのかということについて紹介します。紹介する方法は、賛同が得られない中でも、SWPBSの実行度（TFIの得点）を少しずつ高めていくものです。TFIの得点が、毎年少しずつ上がっていれば、ここで紹介する以外の方法でも問題ないので、以下の例を参考にしながら、学校の状況に合わせて無理のないペースと方法で導入を進めていきましょう。

1）導入段階でODRを基にした生徒指導記録を実施することが難しい

　モデルケースでは、データに基づく意思決定のために、導入段階からODRを基にした生徒指導記録を実施していますが、これが難しい場合は別の方法も可能です。導入段階で生徒指導記録の実施が難しい場合には、次の2つのケースが考えられます。1つ目は生徒指導事案がほとんどない場合で、2つ目は生徒指導事案が頻繁にあるが教職員から導入の理解が得られない場合です。1つ目は、SWPBSで解決を目指す課題のデータとして、生徒指導記録が適していないという場合です。不安や抑うつといった内在化の問題が課題となっている学校では、保健室利用状況を表すデータを活用するなど、解決を目指す課題に対応するデータを選択する必要があります。学校の課題と対応する"価値ある成果"を示すデータ（表1-5-2）を探してみましょう。これに対して、2つ目は、解決を目指す課題のデータとして生徒指導記録が適しているという場合なので、導入段階での全校実施にこだわる必要はありません。特定の学級、学年など範囲を絞って実施し、データを扱うよさを少しずつ他の教職員と共有するとよいでしょう。そうすることで、教職員のSWPBSへの理解が進んだ完全実施段階での導入を目指すことができます。

2）チケット方式を実施することが難しい

　モデルケースでは、児童生徒の適切な行動に対するフィードバックシステムとしてチケット方式を実施していますが、第1層支援の初期の段階では導入が難しいことがあります。研修等でチケット方式のメリットについて説明しても、児童生徒の適切な行動に対してチケットやシール等を渡すということに対して反対する教職員がいるかもしれません。他にも、チケット等を渡すことの教職員の負担を心配して反対の声が上がる場合も考えられます。このような場合には、それぞれの教職員から反対の理由を聞いた上で、チケット方式のメリットについて丁寧

に説明し、理解を得る必要があります。

　丁寧な説明をしてもチケット方式に反対の教職員が多い場合は、第 1 層支援を
チケット方式ではなく、キャンペーン方式から始めることもできます。ここでは、
個別の行動に対してチケット等を渡すことはせずに、別のポジティブなフィード
バックによってキャンペーンを実施します。別のフィードバックの方法としては、
言語称賛がありますが、これに加えてグラフフィードバックを実施することがで
きます。グラフフィードバックでは、キャンペーンの対象となる目標行動に関す
る記録を取り、その記録をグラフ化して児童生徒に共有します。キャンペーンの
中で、目標行動が改善し、そのことが児童生徒に対してグラフでフィードバック
されれば、このこと自体が児童生徒の目標行動に対するポジティブなフィード
バックとして機能する可能性があります。また、このようなグラフを基に言語称
賛を行うことでポジティブなフィードバックを実施することもできます。

　なお、キャンペーンによる行動の改善をグラフで示すためには、キャンペーン
前（ベースライン）から行動の記録を行う必要があります。キャンペーン前の記
録を行うことによって、データから児童生徒の実態を把握することができます。
これに加えて、キャンペーン前のデータを用いてキャンペーンの目標を設定すれ
ば、児童生徒の実態に合った無理のない目標となる可能性が高まります。

　児童生徒の目標行動に対するがんばりを見える化する方法は、グラフ以外にも
さまざまな方法があります。例えば、ロッカーを整える行動を対象にしたキャン
ペーンの場合は、キャンペーン前後のロッカーの写真を撮って見せるだけでも、
児童生徒のがんばりを言葉だけでなく、視覚的に示すことができます。他にも、
あったか言葉を対象にしたキャンペーンの場合は、自分が言ってもらってうれし
かった言葉やあったかい気持ちになった言葉を児童生徒が葉っぱに書いて、それ
をあったか言葉の木（掲示物）に貼っていくことで、児童生徒のあったか言葉を
見える化することができます。あったか言葉の木が、葉っぱでいっぱいになれ
ば、改善を示すグラフと同様に児童生徒のがんばりを見える化するポジティブな
フィードバックとなります（図 2-2-1）。あったか言葉だけでなく、友達のさまざ

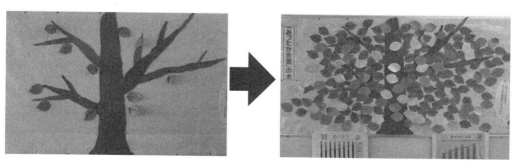

図 2-2-1　あったか言葉の木

まながんばり（適切な行動）を見つけて、チケットに書いてクラスの "がんばり BOX" に入れて、それを帰りの会等で先生が報告するようなこともポジティブなフィードバックです。このような取組を通して、児童生徒のがんばりを見える化してフィードバックすることの効果を多くの教職員が体験した後であれば、チケット方式の導入がよりスムーズになるかもしれません。

3）学校全体で取り組むことが難しい

　研修だけではSWPBSの導入に対する賛同が得られず学校全体で取り組むことが難しい場合には、学級での実施から始めることもできます。学級での実施によって第1層支援の効果が確認できたら、成功事例として校内に発信することで、少しずつ賛同する教職員を増やしていくことができるかもしれません。学級で第1層支援を実施する場合は、SWPBSの場合と同様に、その効果を確認するための行動のデータを収集しながら進めていきます。このデータは、学級での実践に役立つだけでなく、校内に発信する際にも活用できます。

　学級で第1層支援を実践する場合にも、SWPBSと同様に、適切な行動に対するポジティブなフィードバックを行います。SWPBSでチケット方式の実施を考えている場合には、学級の中でチケット方式を実施してみるという方法もあります。SWPBSでは、マトリクスを作成した後にチケットを導入することになりますが、学級で実施する場合はマトリクスを作成せずに実施することもできます。児童生徒の適切な行動を積極的に見つけて言語称賛を行うことに加えて、無理のない範囲でチケットを渡していきます。渡したチケットは、各自で貯めていっても良いですし、学級みんなで貯めていっても良いです。他にも渡した後で教職員が再び集めて、その日の終わりの会や次の日の朝の会で他の児童生徒に紹介するという方法もあります。他の児童生徒に紹介することは、チケットをもらった児童生徒に対する承認の機会となることに加えて、他の児童生徒に対して適切な行動を伝える機会にもなります。

② モデルケースの TFI 得点の変化と導入段階のポイント

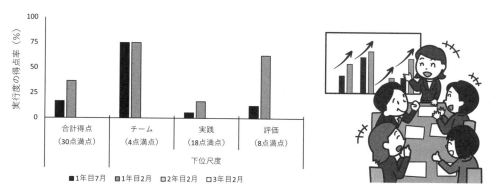

図 2-2-2　モデルケースの TFI 得点（1 年目 2 月時点）

グラフ縦軸：実行度の得点率（%）　0／25／50／75／100
横軸（下位尺度）：合計得点（30点満点）／チーム（4点満点）／実践（18点満点）／評価（8点満点）
凡例：■1年目7月　■1年目2月　□2年目2月　□3年目2月

TFI 合計得点：5 点　→　11 点（6 点の上昇）
　　　内訳：TFI 1.3 ／ TFI 1.10 ／ TFI 1.13：0 点　→　1 点
　　　　　　　　　　　　　　　 TFI 1.12：0 点　→　2 点
　　　　　　　　　　　　　　　 TFI 1.14：1 点　→　2 点

※ TFI の詳細は第 1 章第 4 節及び巻末の資料を参照

　モデルケースの実行度を評価すると、図 2-2-2 に示すような得点の変化が生じます。このときモデルケースの取組で押さえられているポイントは 4 つです。

（1）全教職員で SWPBS の実践に関わるデータを定期的に確認し、意見交換をしよう　【TFI 1.10】1点up

　教職員同士で意見交換の場を設けることは大変重要です。なぜなら、意見交換の場が、SWPBS の実践に対する教職員の賛同を広げるきっかけになるからです。モデルケースでは、8 月、11 月、2 月に合計 3 回の校内研修が実施されていました。全教職員は、アンケートへの回答やグループワークへの参加を通して SWPBS の導入段階に関与していました。SWPBS の賛同が広がったのは、実施に対する意見を表明し、それぞれの教職員が理解を深められるような意図的な運営があったからです。

　実践は、80％以上の教職員の賛同を得て行うことが推奨されます。推進チームは、多くの教職員から導入に関する賛同を得られるように、この機会を積極的に生かしましょう。

（2）学校全体で「ポジティブ行動マトリクス」を作成し、教職員・児童生徒全員で共有しよう

【TFI 1.3】
1点up

　マトリクスは、第1層支援において児童生徒に"学校で期待される姿"を行動レベルで具体化（目標行動）して示すものです。モデルケースでは、11月の校内研修実施後、12月に推進チームでの取りまとめが行われ、2月に完成版が全教職員に共有されました。マトリクスに示される"学校で期待される姿"と"目標行動"は、その後の実践につながるものであり、学校の課題解決に結びつく内容を取り上げる必要があります。マトリクスが現在の学校の課題と整合しているか、十分な確認が大切です。

　また、"学校で期待される姿"は、2〜5のキーワードでまとめます。これは、教職員が"学校で期待される姿"に照らして児童生徒を支援するからです。加えて、児童生徒も"学校で期待される姿"を確認しながら、適切な行動に取り組みます。キーワードの多いマトリクスは覚えづらいです。伝わりやすい表現を検討し、教職員も児童生徒も普段から目にするようにポスターとして掲示しましょう。

（3）データの活用

【TFI 1.12】
2点up

ポイント①：SWPBS の成果や進捗状況を確認できるデータを用意しよう
ポイント②：データをもとに SWPBS の成果や進捗状況を評価し、実践の見直しや指導改善に役立てよう

【TFI 1.13】
1点up

　SWPBS は、データ活用を重視します。これは、指標を設けて集めたデータを基にして議論を行うことで、根拠をもって推進チームとしての意思決定を行うことができるからです。モデルケースでは、9月以降で毎月生徒指導記録の収集、共有が円滑に進んでいました。学校の課題と整合するデータが何かを検討し、効率的に収集することが大切です。

　併せて、データを収集し共有するシステムは、推進チームに留まらず、全教職員と共有ができるものにしましょう。データに基づいた現状の把握には、根拠が伴います。こうした把握を全教職員ができることで、全教職員の共通理解が深まることが期待できます。

　データ収集は試行段階以降も継続することとなります。導入段階での実施は、データ収集方法等の改善に役立ちます。また、導入段階で収集したデータは、第1層支援の実施前のデータとなるため、実施後（試行段階以降）のデータと比較することで効果の検討に用いることができます。

（4）TFI を定期的につけて、それに基づいた改善計画を立てよう

【TFI 1.14】
1点から
2点にup

> 　SWPBS の実行度を評価することは、SWPBS 実施に必要な推進チームの取組を振り返ることにつながります。実行度評価には TFI を用います。モデルケースでは、2月に行われた今年度の振返り及び次年度の改善の際に、TFI が用いられています。年間1回以上は、こうした機会を設けて、SWPBS 実施にふさわしい学校組織が整っているかどうか、確認をしましょう。

③ 小中学校の実践例（導入段階）

　導入段階でのポイントを踏まえて、小中学校での実践例をご紹介します。

（1）全教職員で SWPBS の実践に関わるデータを定期的に確認し、意見交換をしよう

1）教職員同士の意見交換と賛同の広がり：小学校

　探索段階において、推進チームは、既存のデータ（児童の問題行動や学業成績など）を活用し、SWPBS によって解決すべき学校の課題を明らかにしています。推進チームは、研修を通して、教職員全体に学校の課題に関するデータを提示しながら、SWPBS 導入の必要性を説明します。研修は、第2章第1節の表 2-1-2(p.94)で示したような内容を扱います。この研修によって、教職員の SWPBS 導入に関する賛同を得ます。教職員の賛同状況の評価は、研修後、教職員全体に「SWPBS を導入することに賛同しますか」といった内容のアンケートを行った実践校があります。教職員全体が賛同しているか否かについては、80％以上の教職員が賛同していることが目安となります。80％以上の教職員が SWPBS 導入に賛同していれば、次に進みます。一方、教職員の賛同が思うように得られていなければ、学校が抱える課題や教職員の負担軽減措置の再検討、抵抗感を示す教職員への個別的な対応などが必要になります。

　また、教職員全体で SWPBS の取組に関わるデータを確認して意見交換を行う機会は、導入段階以降も定期的に設けます。SWPBS は、取組の成果や進捗状況に関するデータを日常的に収集します。このデータを基に、教職員全体で SWPBS の取組を評価したり、今後の方針を議論したりします。これまでの実践校では、2か月に1回、生徒指導に関する職員会議において、教職員全体に児童の問題行動の生起回数と実施している支援を説明し、今後の支援方針に関する意

見交換を行ったケースがあります。

2）抵抗への対処：中学校

　SWPBS の推進に批判的な教職員の中には、"子どもや教職員のことを考えて"、SWPBS に批判的である場合があります。例えば、これまでにあった意見としては、"問題行動がこのような甘い指導で収まらず、もっと大変な状況になるのではないか"、"厳しい社会に出た時に、すぐ諦める大人になってしまうのではないか"、"甘やかしなのではないか"、"PBS は大人が示す望ましい行動に子ども達をはめる指導方法なのではないか"、"教職員の負担が増えるのではないか"、などです。これらはすべて誤解に基づくものですが、こうした懸念を抱いてそれを率直に意見として述べることのできる教職員は、"子どもや教職員の利益を考えている"という点において、極めて PBS 的です。また、SWPBS 導入の背景にある問題行動・不登校・心理的な問題等の学校課題の認識においては、その教職員と一致していることが多いのではないでしょうか。

　これら課題認識や最終的な目標は互いに一致していることをまず伝えましょう。そして、批判的意見に対してすぐ反論しようとするのではなく、懸念していることを丁寧に聴き取りましょう。その上で、先行研究や事例に基づいて、懸念していることは生じる可能性が低いことを伝えたり、懸念しているデメリットが生じないように SWPBS を推進していくためのアイデアについて一緒に考えたりすると良いでしょう。特に SWPBS 推進によってデメリットが生じると懸念している場合、相手を説き伏せるのではなく「SWPBS を推進する上で懸念していることを解決するにはどうすればよいか一緒に考える」という文脈を作り出すことがポイントです。これはとても困難に感じるかもしれませんが、実際、これまで複数の中学校において、最も SWPBS に対して批判的であった教職員と時間をかけて話し合い、この教職員が納得した上で SWPBS 推進の中核を担い、SWPBS の導入が飛躍的に進んだ例がいくつもあります。

（2）学校全体で「ポジティブ行動マトリクス」を作成し、教職員・児童生徒全員で共有しよう

1）ポジティブ行動マトリクス：小学校

　学校には、学校教育目標や校訓、目指す児童像などがあります。しかし、これらは、抽象的な内容が多く、教職員一人ひとりが児童の同じ姿をイメージすることは困難です。そのため、教職員によって目標が異なり、自ずと支援にばらつきが生じます。このようなばらつきをなくすため、SWPBS では、「ポジティブ行動マトリクス」という具体的な目標行動を作成します。図 2-2-3 は、徳島県教育

	きまりを守ろう	自分も友だちも大切にしよう	すてきなことばをかけよう
授業中（教室）	・授業が始まるときにえんぴつ、赤えんぴつ、けしごむを机の上に用意しよう	・話をしている人の方へおへそを向けよう	・「です・ます」のような丁寧な言葉を使おう
休み時間（体育館）	・使った道具は元の場所にもどそう	・授業の準備や片付けを友だちと協力してやろう	・自分のチームが負けてもがんばろう」「ドンマイ」と声をかけよう
そうじ	・自分の分担場所を決められたマニュアルのとおりそうじしよう	・自分のそうじ分担が終わったら、まだ終わっていない人を手伝おう	・そうじの始めと終わりに同じ分担の人とあいさつをしよう
業間休み昼休み	・予鈴を聞いたらすぐに教室にもどろう	・友だちの名前をよぶときは「○○さん」とよぼう	・友だちに「ありがとう」「ごめんね」と言おう
ろうか	・くつ箱のくつやトイレのスリッパをそろえよう	・前から人が来てすれちがうときには「どうぞ」とゆずりあおう	・学年がちがっても朝や帰りのあいさつを大きな声で言おう

図 2-2-3　小学校での「ポジティブ行動マトリクス」の例

委員会・東みよし町教育委員会（2018）で紹介されている「ポジティブ行動マトリクス」を一部修正したものです。

　図中上部の欄にある「きまりを守ろう」、「自分も友だちも大切にしよう」、「すてきなことばをかけよう」のことを「学校で期待される姿」と呼びます。「学校で期待される姿」について、これまでの実践校では、グループワークを通して決定する手続きがとられてきました。具体的には、教職員を 4 〜 5 名のグループに分け、教職員一人ひとりが学校の課題を踏まえて児童に身に付けさせたい力を付箋に書き出し、その付箋をグループでカテゴリーに分けます（KJ 法）。例えば、「上手なコミュニケーション」や「あいさつのできる子」などの同じカテゴリーに属する付箋をまとめて、これらに「すてきなことばをかけよう」という共通のタイトルをつけます。全てのグループがタイトルをつける作業まで終了したら、それぞれの作業結果を発表し、教職員全体で共有します。最終的には、推進チームが、各グループの作業結果を基に、管理職を交えた議論を行い、3 つ程度の「学校で期待される姿」を決定します。他の実践校では、学校教育目標や目指す児童像について、学校の課題解決につながり、かつ児童にも教職員にもわかりやすい言葉に改めて「学校で期待される姿」としたケースもあります。

　図中左側の欄にある「授業中（教室）」、「休み時間（体育館）」、「そうじ」、「業

間休み・昼休み」、「ろうか」は、児童の支援場面を表しています。これまでの実践校では、推進チームが、教職員全体に学校の課題（例：問題行動など）が生起しやすい場面についてアンケートを行い、回答の多い上位３～５つ程度の場面を支援場面として決定するケースがありました。

　図の中央の欄の「授業が始まるときにえんぴつ、赤えんぴつ、けしごむを机の上に用意しよう」などが目標行動となります。目標行動は、「そうじをちゃんとしよう」といった抽象的な表現や「そうじ道具で遊ばない」といった否定形を用いず、「自分の分担場所を決められたマニュアルのとおりそうじしよう」のように児童や教職員がイメージできるよう具体的でかつ肯定形で記します。目標行動の検討は、「きまりを守ろう」（学校で期待される姿）の「ろうか」（支援場面）を例とした場合、「『ろうか』で『きまりを守っている』児童の行動とはどのようなものか？」のように考えます。これまでの実践校では、教職員を「学校で期待される姿」毎にグループに分け、各支援場面で求められる目標行動を検討するケースが多くありました。その際、「学校で期待される姿」と同様、教職員一人ひとりが目標行動を付箋に書き出し、その付箋をグループでカテゴリー化して具体的で肯定形の目標行動を決定します。最後は、推進チームが、各グループの作業結果を基に、文言の整理を行って「ポジティブ行動マトリクス」を仮決定します。実践校の中には、「きまりを守ろう」は学習部、「すてきなことばをかけよう」は生徒指導部のように、「学校で期待される姿」に関連した校務分掌毎に、教職員をグループ分けするケースもありました。

　上記のように、「ポジティブ行動マトリクス」は、教職員一人ひとりの考えや価値観を反映させることができるよう時間をかけて作成します。この丁寧な作成作業が、SWPBS導入に関する教職員全体の賛同を高めることにつながります。

　また、仮決定した「ポジティブ行動マトリクス」に児童の意見を反映させることも、児童の主体性向上や権利擁護の観点から重要です。児童の意見を集約する方法として、例えば、「ポジティブ行動マトリクス」を一定期間掲示して児童が修正してほしい点をアンケートで収集したり、児童会の児童が「ポジティブ行動マトリクス」のわかりにくい目標行動や規準の高すぎる目標行動を議論したりする方法があります。これらの意見を踏まえ、「ポジティブ行動マトリクス」を完成させます。

　完成した「ポジティブ行動マトリクス」は、職員会議で教職員全体に共有するだけでなく、全校集会などで児童全体に共有します。また、教職員と児童が「ポジティブ行動マトリクス」を日常的に確認できるよう、教室や体育館、廊下などの支援場面に掲示します。さらに、年度が変われば、教職員や児童の入れ替わりがあるため、１～２年毎に「ポジティブ行動マトリクス」を更新していくことも必要です。

2）ポジティブ行動マトリクス：中学校

中学校におけるマトリクスの例が図 2-2-4 です（一部改変）。この中学校では「自主性、思いやり、自分を磨く」が“学校で期待される姿”になっています。これらの“学校で期待される姿”を場面ごとに具体化した行動の例をマトリクスでは示していますが、目標行動の数は絞るようにしています。また、アメリカでは教室、廊下など“場所ごと”に目標行動を具体化しますが、日本では授業、休み時間、掃除、給食など、“場面”を中心にマトリクスを整理するとよいでしょう。日本では、教室を授業、休み時間、給食、掃除に使うなど、一つの場所を複数の目的で使用することが多いからです。場面中心にマトリクスを整理しつつ、必要に応じて“場所”（例えば、廊下など）を含めるとよいでしょう。

	自主性	思いやり	自分を磨く
朝の登校	自分から進んで元気よく挨拶をする	横に広がらないようまとまって白線の内側を歩く	外履のかかとをそろえて置く
授業中	間違ってもいいから積極的に手を挙げる	発表する人が安心して発表できるように、発言に反応する	姿勢を正し、話し手の目を見て授業を受ける
休み時間	1分前着席をする	1分前着席を呼びかける	次の授業の準備をしてから机を離れる
部活動	早く準備をする 自分から物を運ぶ	周りを見て行動する	目標を持ち、達成できるよう頑張る
自主性	自分からすすんで行おうと思うこと		
思いやり	自分以外の誰かのために、自分ができること		
自分を磨く	自分をもっと魅力的にするために、努力できること		

図 2-2-4 「自主性、思いやり、自分を磨く」マトリクス

また、図 2-2-4 のマトリクスを作成した中学校では、図 2-2-5 のように教員用の“職員室マトリクス”

職員室マトリクス

2020-2021

	自主性	思いやり	自分を磨く
授業	大きな声で表情豊かに話す。	支援が必要な生徒の指導の視点を持つ。	効果的な話し方の勉強をする。
教材研究	迷ったときに他の先生にアドバイスをもらいに行く。	全ての生徒が輝ける時間をつくることを意識する。	ユーモアを1個以上取り入れる。
休み時間	廊下で生徒と関わる。	自分から生徒に声をかける。	生徒との会話の内容を充実させる。

図 2-2-5 職員室のマトリクス

も作成しています。“学校で期待される姿”は、教員に対して期待される姿でもあります。この中学校では、生徒に「自主性、思いやり、自分を磨く」ことを期待するからには、教員がそのモデルを示す必要があるとして、毎年 1 時間かけて全教員で意見を出し合い、職員室マトリクスを作成しています。生徒と共通の“学校で期待される姿”に基づいて、「どのような教員集団でありたいか、そのためには具体的にどのように行動すればよいか」について話し合うことは、チーム力の向上にも役立つでしょう。

図 2-2-6 は別の中学校のマトリクスです。マスの中の目標は一言で表し、具体的な目標行動をその下に書く形を採用しています。目標を覚えやすくして、生徒が実際に行動しやすくするための工夫です。また、“学年”の欄を空けていますが、

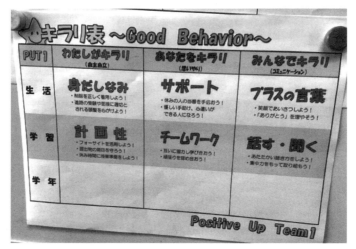

図 2-2-6　学年の欄を設けた行動マトリクス

これは学年ごとに必要だと考えられる目標行動を記載する欄です。中学校では学年団で動くことが多いため、このような工夫も有効でしょう。他にも、学校全体で基本となるマトリクスを作成した上で、具体的な目標行動のレベルにおいて各学年に合わせた文言にするのもよいでしょう。

図 2-2-7 はまた別の中学校におけるポジティブ行動マトリクスの例です。この中学校では、生徒のレジリエンス向上を目指した教育プログラムなど、SWPBS 導入前から心理･行動面に焦点を当てた教育活動を行っていました。そこで、「レジリエンス」を始めとして、SWPBS 導入前から目標とされてきたことも、ポジティブ行動マトリクスに含めています。SWPBS は「枠組み」ですので、他にも社会性と情動の学習（SEL）や認知行動療法に基づくプログラムなどで目標とされていることをポジティブ行動マトリクスに含めることが可能です。これによっ

ポジティブ行動マトリクス 2023

第１版

友情満開プロジェクト

～　心に花を咲かせよう　～

	あいさつ満開	やる気満開	つながり満開
授業	元気ハツラツ ・授業はあいさつからみんなでつくろう ・イスを進し、正しい姿勢で発声しよう	チャイム前着席 ・最高のスタートを切ろう （２分前入室・授業準備・着席）	自分も大事 みんなも大事 ・自分も相手も大切にできる関わりを心がけよう（アサーション） ・「ここわからない」や「ここわかる？」と自然と助け合える雰囲気をつくろう
休み時間	あいさつの早押し ・自分から進んであいさつしよう ・安心してあいさつできる雰囲気をつくろう	１日１ほめ ・友達や自分のいいところを見つけよう ・ものごとを色んな角度で見れるようになろう （リフレーミング）	「困った」が言える ・友達や大人、好きなこと困難な時に自分を助けたり支えになるものがある （レジリエンス）
マナー・責任	です。ます。マスター ・言葉の意味を理解して使おう ・美しい言葉を進んで使おう ・自分の言葉に責任を持とう 「ありがとうございます」「失礼します」	給食職人 ・マスク、エプロン、三角巾の準備 ・ランチョンマットの準備 ・黙食の徹底	いつも仲間思い ・相手の気持ちを想像しよう ・オンラインでの投稿、発言 ・使う責任、消えない一言

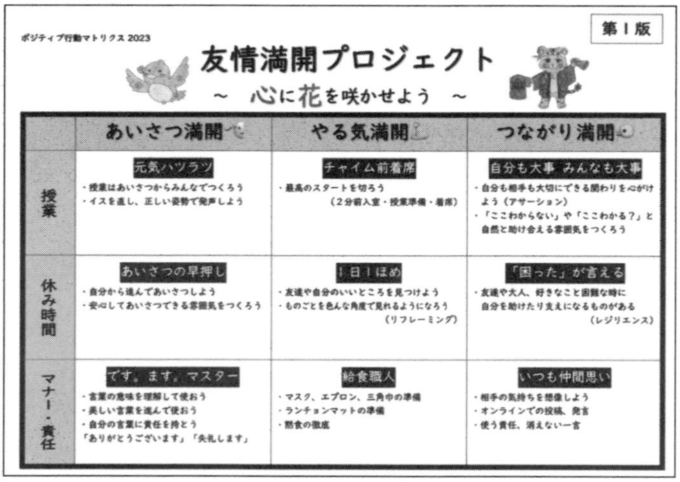

図 2-2-7　既存の教育活動を統合したポジティブ行動マトリクスの例

て、SWPBS という枠組みのもとで、生徒の心理・行動面に対する取組を整理して実施していくことが可能になります。

【中学校におけるポジティブ行動マトリクスの作成手順の例】

　ポジティブ行動マトリクスを作成する際には、全教員（できれば職員も）の子ども達に対する願い・想いを語り合い、共有し、まとめていくことが大切です。以下では、これまで日本の中学校（一部、小学校でも）において成功してきたポジティブ行動マトリクスの作成手順について解説します。なお、学校教育目標など、既存の目標とポジティブ行動マトリクスの整合性を確保する必要があるかについて、事前に検討しておくとよいでしょう。

　研修として行う場合、標準的には 90 分間が必要です（最短で 60 分間）。準備物は、各グループに模造紙 1 枚、75mm 四方の付箋、サインペン等です。また、外部専門家もしくは推進リーダーが全体のファシリテーター役を務めるとよいでしょう。

＜ステップ 1：ポジティブ行動マトリクス作成の必要性を説明する＞

　SWPBS を実行していく際、まずは子ども達に期待する姿・行動について全教職員で共有することが必要であり、このためにポジティブ行動マトリクスを作成することを説明しましょう。言い換えれば、「共通目標」について考える時間であることを強調します。この際、図 2-2-8 を用いて、行動の ABC における、中央の「行動（B）」について共有することを確認しましょう。

　また、「子ども達に期待する姿・行動」は教職員によって本来少しずつ違い、その意見の多様性があること自体はとても自然かつ健全であることを伝えます。しかし、この多様な意見を共有せずにいると、各教職員の方向性がバラバラにな

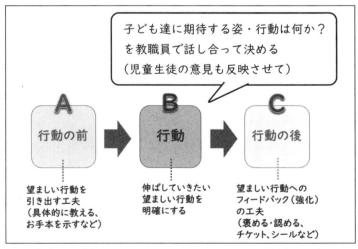

図 2-2-8　ポジティブ行動マトリクスと行動の ABC の関係を示すスライド

りやすいことを説明しましょう。その上で、子ども達を一貫した方向性で指導・支援していくためにも、各教職員が考える「子ども達に期待する姿・行動」の共通している部分はどこか見出していくことが大切であることを強調します。

　この際、「チーム学校」や「学校組織」というキーワードがあることを述べ、その上で「チームや組織とは何か、その定義は何でしょうか？」と教職員に投げかけてみるのもよい方法です。20 秒ほど隣同士で話し合ってもらった後で、チームや組織とは「共通の目的や目標を達成するために協働する（各自が役割を果たす）集団」であり、そもそも全員が納得している「共通の目的・目標」があることが、チーム・組織として機能するための大前提であることに言及しましょう。

＜ステップ２：長期的な目標について考える＞

　ステップ１でポジティブ行動マトリクス作成の必要性について説明したら、その作成にすぐ入るのではなく、まずは子ども達に将来どうなって欲しいのかという「長期的な目標・目的」を全教職員で考えます。図 2-2-9 を用いて、左端の「現在の子ども達の実態」は、誰よりも教職員がよく知っており、その中には「望ましい姿・行動」もあれば、「（教職員も子ども自身も）困った姿・行動」もあることを確認します。

　次に、図 2-2-9 の右端の「子ども達の将来の姿」を示しながら、現在の子ども達もいずれは卒業して大人になっていくこと、大人になってからの時間のほうが人生においては長いこと、またこの書籍が出版されるのは 2023 年ですが、例えば現在の小学 1 年生は 2016 〜 2017 年生まれであり、平均寿命まで生きれば 22 世紀を生きることなどに言及しましょう。その上で、小学校は 6 年間、中学校・高等学校は 3 年間という人生全体から見れば短い時間

図 2-2-9　目標間の関連性を示すスライド

かもしれませんが、大人になった時の姿に大きな影響を及ぼす可能性の高い貴重な時間であることを伝えましょう。以上について語った上で、まずは「子ども達に将来的にどうなって欲しいか（長期的な目標・目的）」について意見共有し、その後「現在の子ども達の姿」と「子ども達の将来の姿（長期的な目標・目的）」をつなぐものとして、「学校で期待される姿（中期的な目標）」を考えることを伝えます。

「子ども達に将来的にどうなって
欲しいか（長期的な目標・目的）」
について意見共有する際には、図
2-2-10のようなスライドを用いま
す。スライドにあるように、「将来
的に、子ども達がどのような姿に
なると「教職員をやってきてよかっ
たなぁ…」や「本当に彼らのため
になる教育ができたなぁ…」と感
じるかについて、考えて欲しいこ
とを伝えます。この際、そもそも

まずは長期的な目標について、共有してみましょう

将来的に、子ども達が どのような姿になると

「教員をやってきてよかったなぁ…」
「本当の意味で、彼らのためになる教育ができた
なぁ…」

などと思えますか？
改めて考えてみましょう

※肯定的な表現になるように考えてみましょう

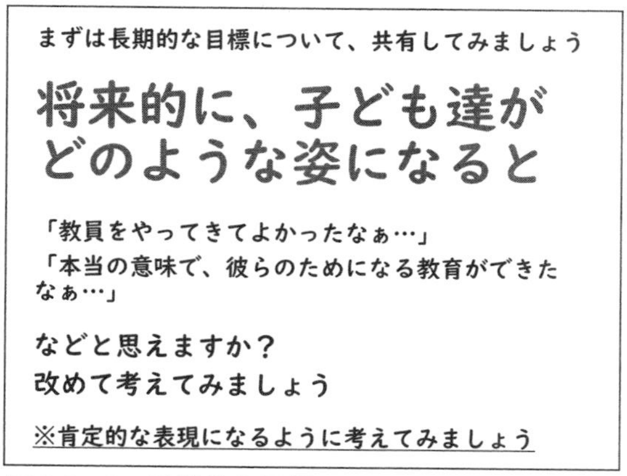

図 2-2-10　長期的な目標について考える際に用い
たスライド

各教職員がこの職業を選んだのはなぜか、安定して同等の給料が得られる職業で
あれば他にもあったはずであり、わざわざ（決して楽ではないはずの）この職業
を選び、そしてまだ続けているのはなぜか、思い返すように伝えるのもよいで
しょう。また、「人に迷惑をかけない」などのような消極的で否定的な表現でなく、
肯定的な表現で考えることが大切であることを確認しましょう。

　この意見共有をする際には、タイマーで時間を測りながら以下の流れで行うと、
全員が意見を出すことができます。また、話し手以外は聞き手に徹すること、ど
のような意見も否定せずお互いに尊重することを事前に確認しておきましょう。

①　各個人で、図 2-2-10 に示されたテーマ（将来的に子ども達に期待する姿）
　　について３〜５分間考え、付箋に書き出す（付箋は何枚書いてもよいが、一
　　枚に１つのキーワード）。

②　４〜６名グループになり（担当学年は混ぜたほうがよい）、付箋を見せな
　　がら各自の意見を一人１分程度で述べ、全員が話し終えたら共通点について
　　話し合う（計 10 分程度、この時には模造紙はまだ使用しない）。

③　各グループ内で出てきた意見を全体共有する（各グループ１〜２分で）。

　同じ学校の子どもの実態を踏まえての意見共有ですので、各グループから出て
くる意見には、共通したキーワードが見られるはずです。「多少言葉は違っても、
皆、子ども達に最終的に期待する姿は同じ」であることを確認してから、次のス
テップ３に進みましょう。

<ステップ3：学校で期待される姿・行動について考える>

　「現在の子ども達の姿」と、ステップ２で共有した「子ども達に将来的にどう
なって欲しいか（長期的な目標・目的）」を踏まえた上で、「学校で期待される姿・
行動（中期的な目標）」について検討します。この際には、ステップ２から一気

に現在に立ち返り、学校・教室内の子ども達の実態をイメージした上で、「学校・教室内で具体的にどのような行動ができると、ステップ２で共有した将来の姿につながるか」について考えます。これはつまり、ポジティブ行動マトリクスの目標行動の案を考える作業です。

　ステップ３では、図2-2-11のように、グループごとにポジティブ行動マトリクスの素案を完成させるのが目標です。このために、ステップ２と同様、まずは個人で「学校・教室内で具体的にどのような行動ができるとよいか」について３〜５分間考え、付箋に書きます（１枚の付箋に一つの行動）。この作業の際には、目で見てわかる、なるべく具体的かつ肯定的に表現された行動を考えるように伝えましょう。

　その後、グループ内で各自の意見を一人１〜２分程度で順番に共有します。共有する際には、付箋を模造紙に貼りながら話します。２人目の発表者からは、前の発表者と内容が似ている付箋は近くに貼ったり・重ねたりしながら、付箋をカテゴリに分けていきます。全員が話し終えた後、カテゴリの数が２〜５つ（できれば３つ以内）になるように集約していきます。集約できたら、そのカテゴリが示す「価値」「大切にして欲しいこと」、すなわち「学校で期待される姿」は何かを検討します。この「学校で期待される姿」は、子ども達と共有するキーワードであることを踏まえて検討しましょう。

　このグループでの話し合いには、15分は時間を取るようにしましょう。すべてのグループで図2-2-11のような案が完成したら、各グループの案を簡潔に発表してもらいます。各グループの案の共通点を確認した上で、ポジティブ行動マトリクス作成研修を終えます。なお、研修終了時には、管理職が研修中の教職員の積極的な姿を称賛した上で、ステップ４で示す今後の見通しを伝えるとよいでしょう。

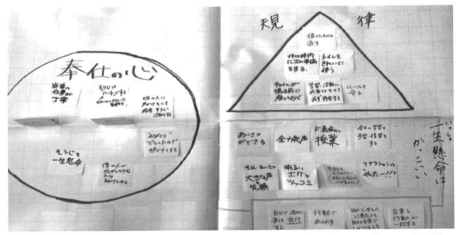

図2-2-11　ポジティブ行動マトリクス作成研修の成果物（一つのグループの例）

＜ステップ４：ポジティブ行動マトリクスの原案を作成する＞

　ステップ３までの研修で完成した各グループのマトリクス案を統合し、一つの原案にまとめます。この作業は、SWPBS推進チームが中心となって行うことになりますが、作業日時を上記の研修実施前に決めておくと見通しが立ってよいでしょう。また、この作業日時を推進チーム以外の教職員にも共有し、参加したい教職員は歓迎することを伝えて、オープンにするのもよいでしょう。

　実際の統合作業では、各グループの案を確認し、最も多く出てきている目標行動（同じ内容の付箋）は優先的に原案に含めましょう。また、目標行動の数が多くなり過ぎないよう、なるべく数を絞るようにしましょう。

　原案における「学校で期待される姿」については、各グループの案を踏まえて、SWPBS推進チームが新たに決めてもよいですし、特定のグループの案を採用しても良いかもしれません（特に研修の最後の全体共有の際に、他のグループからの反応が良かったものを選ぶとよいでしょう）。この際、最もSWPBSに抵抗を示している（示していた）教職員の案を敢えて採用するのも一つの方法です。校訓や学校教育目標と関連させるのも良いでしょう。また、付箋に書かれた目標行動の内容を見ながら、場面の軸をどうするかについて検討しましょう。

　最終案ができたら、子ども達ともこれを共有し（例えば、児童会・生徒会メンバーなど）、意見を反映してポジティブ行動マトリクスの原案を完成させます。なお、子ども達に意見を聞く際には、敢えて行動面に課題の見られる子どもの意見も取り入れることで、多様な子どもにとって目指しやすい目標にすることができます。原案が完成したら、職員会議等で諮り、最終版として確定させるようにしましょう。

　なお、ポジティブ行動マトリクスは学校全体の共通目標ではありますが、特に教室・授業場面については、各学年の実態に合わせて目標行動を多少アレンジしても構いません。例えば、小学校低学年であれば「相手のほうにおへそを向けて話を聞こう」という目標行動が、中・高学年では「相手のほうを見て、うなずきながら話を聞こう」になるかもしれません。このように学校全体で共通の方向性を保ちながら、各学年の子どもにとって適切な目標設定になるよう調整するのもよい方法です。

（3）データの活用

> **ポイント①：SWPBSの成果や進捗状況を確認できるデータを用意しよう**
> **ポイント②：データをもとにSWPBSの成果や進捗状況を評価し、実践の見直しや指導改善に役立てよう**

1）データの収集：小学校

```
╔════════════════════════════════════════════════════════════╗
                    問題行動記録シート
  日　付 ＿＿＿＿月＿＿＿日（　　）　　記録者（＿＿＿＿＿＿＿＿＿＿＿）
                                      児童名（　　　年　　　組　　　）
```

場所	時間	問題行動 ※重複する場合は全てにチェック
☐教室	☐始業前	☐暴言
☐廊下	☐１時限	☐いやがらせ
☐トイレ	☐２時限	☐暴力
☐体育館	☐３時限	☐器物損壊
☐運動場	☐４時限	☐私語
☐校外	☐給食	☐授業妨害
☐教科教室（　　　）	☐昼休み・掃除	☐離席・徘徊
☐その他（　　　）	☐５時限	☐指導への不従事
	☐６時限	☐その他（　　　　　　　）
	☐放課後	備考
	☐休み時間	
	☐その他（　　　）	

（庭山（2020）を参考に作成）

図 2-2-12　問題行動記録シート

　SWPBS は、取組の成果や進捗状況に関するデータを日常的に収集します。推進チームは、このデータに基づいて「現在行っている第１層支援がうまくいっているか」、「手厚い支援を必要とする場面や時間、児童がいないか」などを分析して今後の取組に関する意思決定を行います。

　これまでの実践校では、モデルケースと同様に ODR を基にした生徒指導記録に関するデータを用いています。例えば、図 2-2-12 に示した問題行動記録シート（以下、記録シート）を用いて、児童の問題行動に関するデータを収集した実践校があります。この記録シートは、教職員の負担感を軽減できるよう、チェック形式にしています。この実践校において、推進チームが事前に教職員全体に記録シートを配布し、各教職員が児童の問題行動を発見した際に記録を行います。その後、教職員は、職員室の箱に記録シートを投函します。推進チームは、２週間に１回、この記録シートを集計し、推進チームの会議や職員会議などで活用しています。

　一方、児童の問題行動の生起回数がさほど多くない学校に関しては、問題行動のデータが SWPBS の取組の成果や進捗状況の評価として機能しない場合があります。児童の問題行動以外のデータとして、SDQ（第１章第５節参照）を用いるケースもあります。例えば、年度初めの５月、年度途中の９月、年度末の２月に全ての児童を対象に SDQ を実施することで、SWPBS の成果や進捗状況を評価できます。また、困難さに関する得点が著しく高い児童、つまり、手厚い支援を必要とする児童を特定することも可能です。

　また、新たにデータを収集する以外に、学校が従前から収集してきた欠席・遅

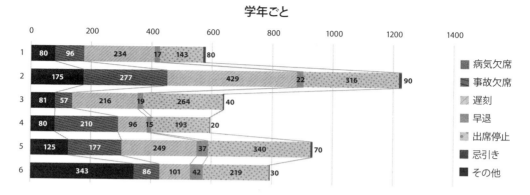

図 2-2-13　欠席、遅刻、早退等のデータ

刻回数や不登校児童の数、保健室の来室回数、学業成績、備品の修繕費用などを
データとして活用することも可能です。図 2-2-13 は、ある小学校で収集された欠
席、遅刻、早退等のデータです。日々、校務支援システム上に保存されたデータ
を累積し、事故欠、病欠、遅刻、早退などの総数、学年別の傾向が把握されてい
ます。この結果は、推進チームで取り上げられ、学校の課題と関連付けながらデー
タの解釈が話し合われました。このように、活用可能なデータは様々であること
から、学校の現状や解決したい課題によって決定することが重要です。

2）データの収集：中学校

役割分担

（データ処理）

係		内容	担当
1年生	問題行動データ	月一回の保護者連絡が必要な問題行動の入力	○○
2年生	問題行動データ	月一回の保護者連絡が必要な問題行動の入力	○○
3年生	問題行動データ	月一回の保護者連絡が必要な問題行動の入力	○○
保健室	来室者数	○○を参照し、月一回の入力	○○

図 2-2-14　問題行動データの役割分担

　図 2-2-14 は、ODR を基にした生徒指導記録のデータを収集・分析するアプリ（第
1章第5節参照）に、誰が、どの学年のデータを入力するのか記載した中学校の
生徒指導部の資料の一部です。保護者連絡をした問題行動に絞って、アプリに各
学年の生徒指導部担当教員が入力しています。この他に、生徒指導主事が情報を
集約して入力している学校もあります。

　この中学校では、問題行動の起きやすい場所・場面・時間帯等を分析した結果、
長期休み明けの4、9、1月に問題行動が起きやすいことがわかりました。この
ような分析に基づいて、各学期はじめにマトリクス上の目標行動について確認す
る機会を改めて設けたり、教育相談の期間を長めにとったりするなどの対応をし

ています。その効果についても、前年度のデータと比較しながら検証しています。

　また別の中学校では、問題行動が起きやすいのは月曜午後の授業中であることがわかりました。月曜日の問題行動発生率は、最も問題行動発生率の低い水曜日の約3倍でした。土日を家庭で過ごした後、授業を6時間受けるのを生徒がしんどく感じているのではと考えて、金曜午後に設定されていた学級活動の時間を月曜午後に設定し、生徒達がアクティブに活動できる時間としました。この中学校ではSWPBS導入とともに問題行動が著しく減少したので、この時間割変更だけの効果とは限りませんが、月曜午後の問題行動にも減少が見られました。

④ 推進リーダーの役割・ポイント（導入段階）

　導入段階は、推進チームで検討した内容を教職員と共有し、賛同を広げる段階です。同時に、試行段階での着実な実践につなげる大事な準備期間でもあります。推進リーダーは、教職員一人ひとりと意見を交わし、賛同の広がりを把握します。そして、賛同の得られる計画立案やシステム構築を進めます。モデルケースや実践例を踏まえ、推進リーダーの役割・ポイントを確認しておきましょう。

（1）全教職員が関与する活動の用意

SWPBS 実施に対する全教職員の意見交換を後押ししよう

ポジティブ行動マトリクスづくりを支えよう

全教職員で行動変容を促す方法を確認しよう

　導入段階では、校内研修が行われます。SWPBS の概要、実施が必要な理由が全教職員に伝えられ、ポジティブ行動マトリクスづくりが進みます。マトリクス作成後には、マトリクスに示された行動の指導・支援方法を検討します。校内研修は、試行段階、完全実施段階の円滑実施に向けて、導入段階での共通理解を確かにするというねらいに沿って行われます。

　このときの共通理解とは、「全教職員の80％以上がSWPBS実施に賛同する（Fox & Hemmeter, 2009）」と定義できます。80％以上の教職員が SWPBS 実施に「yes」と回答するためには、SWPBS 実施に向けてより多くの教職員の関与を生み出す工夫が必要です。SWPBS の概要説明では、SWPBS 実施の根拠資料を示すことが、全教職員の議論のきっかけづくりになります。マトリクスづくりでは、全教職員に児童生徒の「期待される行動」のアイデアを出してもらうのもよいです。行動

変容を促す方法の確認では、推進チームの提案を全教職員で議論する場を設けて、指導・支援の具体的方法の理解を深めます。全教職員の80％以上の賛同を目指すのですから、紙面に示して伝達する以外に、全員が関与できる様々な活動を用意することが大切です。

（2）抵抗に対処する

　一方、校内研修後に「教育的信念に合わない」「手間がかかる」「難しい」などと考え、導入に抵抗感を示す先生がいることも確かです。抵抗感を示す先生は、推進チームの議論とは異なる視点に立って意見や疑問を投げかけてくれる存在です。推進リーダーは、探索段階の議論を踏まえつつ、そうした意見や疑問に答えられるよう準備しておく必要があります。ただし、実際のやりとりでは、用意した答えを伝えるだけが、推進リーダーの役割ではありません。抵抗感を示す先生の意見は大切に受け止めますが、時に直接受け答えせず、SWPBS実施に賛同している先生方に答えてもらうこともあります。そうして、真に教職員間の議論をかみ合わせ、全教職員で疑問の答えを探す過程こそが、全教職員の賛同獲得にとって重要となります。

　意見は、時に激しく衝突する場合があるでしょう。そんなとき、推進リーダーはそのような議論を無理に止めることはありません。お互いの立場に寄り添い、意見に耳を傾け、要点を丁寧にまとめ、他の教職員と共有することが大切です。推進リーダーの仲立ちは、感情的な衝突を防ぎ、議論を継続しようとする先生方の力になります。他の教職員にも、自由な意見交換が認められていることを認識するきっかけを提供することになるでしょう。

　賛同の広がりは、研修後のアンケートで把握できます。アンケートは、実施後すぐに集計、確認し、フィードバックすることが大切です。賛同の広がりに課題があれば、取組は性急に進めず、次の議論の場を設けます。賛同の広がりが確認できれば、アンケート結果を全教職員と共有し、学校としてのSWPBS実施の機運を高めていきます。

（3）データの活用促進

データの集計、分析を進めよう

データの見方、考え方を伝えよう

　導入段階では、進捗を評価するデータの取り扱い方も検討します。進捗の評価は、月1回の推進チームで確認します。分析は、主に「第1層支援はうまくいっているか」「第2層支援の対象児童生徒は誰か」といった視点で行われます（詳細は、第1章第5節参照）。データの集計・分析は、役割を担う教職員の作業となるので、データ集計・分析の進捗を共有し、必要に応じてデータのまとめを支援するのが推進リーダーの役目となります。加えて、推進チームの会議で議論すべき内容をデータから把握し、議題として整理することも必要です。会議では、メンバーが進捗を評価できるように、データの傾向を要約したり、前月との比較を示したりするなど、データの見方、考え方を伝えることになります。

コラム 7　SWPBS に取り組む先生の声

「動き出しは緩やかに」

　「動き出しは緩やかに」。SWPBS の「土台づくり」を目指す最初の 1 年間で最も大切にした言葉です。私が、SWPBS の推進リーダーとして TFI の項目を参考にしながら重点的に取り組んだ 2 つのことについてお話しします。

①既存の PBS 的な要素の「見える化」と「丁寧な合意形成」

　勤務校では、SWPBS を前向きに実装できる風土を育む必要があると考えました。SWPBS が先生方にとって負担を感じさせるものでは十分な効果には繋がりません。勤務校に既にあった子どもの望ましい行動を引き出すための掲示物や取組、生徒へのポジティブな関わりなど、PBS 的な要素を学校の強みとして先生方と共有するために、教職員向けの情報誌などを活用して、これらを「見える化」することから始めました。そうすることで、「既に PBS 的な取組がたくさんある」ことを踏まえつつ、学校の課題をデータで示し、この課題解決のためには SWPBS が効果的だと考えられることを先行研究も用いて丁寧に説明しました。その結果、課題解決に向けた最善の取組として SWPBS を導入することについて、合意形成することができました。

②「ポジティブ行動マトリクス」の作成と「校内 PBS 推進チーム」の設置

　次に取り組んだのは、ポジティブ行動マトリクスの作成と校内 PBS 推進チームの発足でした。ポジティブ行動マトリクス作成の研修会では、SWPBS の外部コーチである大学教員のファシリテートのもと、子ども達に期待する未来の姿を話し合うことから始めました。それぞれの教育観を尊重しながらも互いに意見を出し合い、勤務校の進むべき方向性を一緒に作る過程が SWPBS を導入する上での明日への活力になったことは間違いありません。SWPBS の導入において重要な機会であったと感じています。「校内 PBS 推進チーム」の設置は、先生方の負担につながらないように既存の校務分掌の一つが PBS 推進の役割を担うなどの工夫を行いました。これらの工夫をしながら SWPBS の導入に取り組んだ結果、2 年目には、ポジティブ行動マトリクスの中から一部の目標行動に焦点を当て、この目標行動を引き出し、教職員が生徒を称賛する機会を増やすことを狙った第 1 層支援が実行できました。

　その結果、校内の 1 日当たりの問題行動発生率の減少と、子ども達のメンタルヘルス面への効果を確認することができました。先生方と生徒が笑顔で関わる場面を校舎内で見かけることが多くなり、それを見て心温まる自分もいました。SWPBS の実践で少しずつ幸せを感じる瞬間が増えています。

大阪市立十三中学校　鳥飼 正葵

129

第3節

試行段階

1 モデルケース（試行段階）の紹介

　いよいよ教職員全体でSWPBSの第1層支援に取り組みます。試行段階では、PBSの特徴である望ましい行動を伸ばすアプローチについて、実践を通して教職員全体が理解を深めていきます。ここでの実践として教職員は、児童生徒に対して、導入段階で作成した「ポジティブ行動マトリクス」の目標行動を教え、目標行動の生起に対してポジティブなフィードバック（言語称賛、チケットの配布等）を行います。具体的な流れは、表2-3-1のモデルケースをご覧ください。

表2-3-1　モデルケース（導入2年目；試行段階）

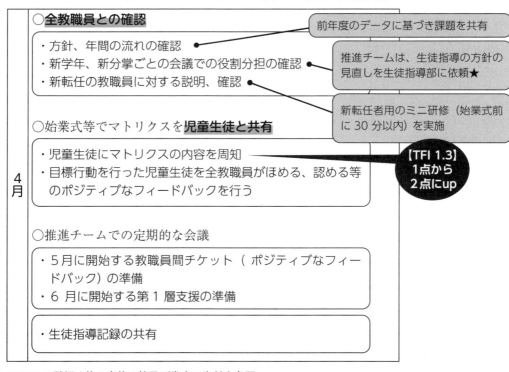

※ TFIの詳細は第1章第4節及び巻末の資料を参照
★は表2-4-1と関連する動き（詳細は、第2章第4節を参照）

（1）全教職員との確認・児童生徒と共有（2年目の4月）

　モデルケースの導入 2 年目は、いよいよ第 1 層支援を実施します。第 1 層支援の実施のために、4 月には、職員会議で方針、1 年間の流れを確認しています。また、新学年、新分掌ごとの会議では、役割分担の確認を行っています。これに加えて、2 年目から着任した教職員に対して、第 1 層支援の実施に関する基礎的な内容を含むミニ研修（30 分以内）を始業式前に実施しています。その後、始業式等で全児童生徒に対してマトリクスを伝え（表の吹出し【TFI1.3】1 点から 2 点に UP の部分）、マトリクスに示した目標行動を行った児童生徒に対して全教職員でほめる、認める等のポジティブなフィードバックを行っています。

表 2-3-1　続き

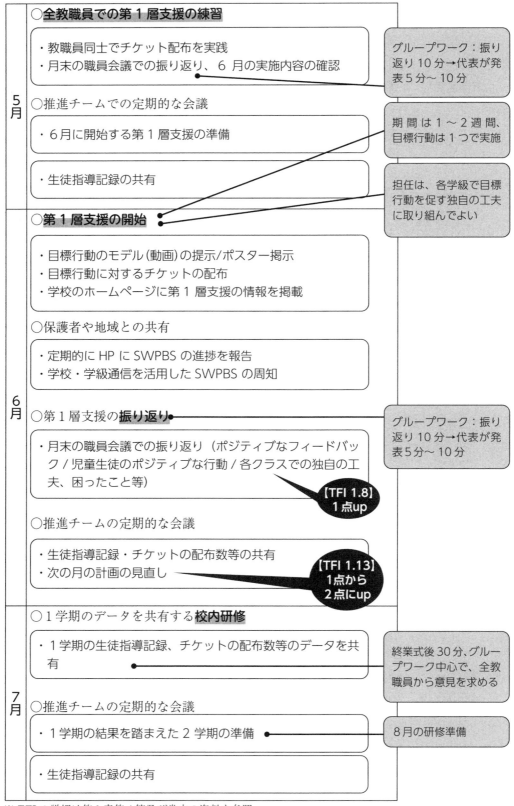

5月

○**全教職員での第1層支援の練習**

・教職員同士でチケット配布を実践
・月末の職員会議での振り返り、6月の実施内容の確認

> グループワーク：振り返り10分→代表が発表5分～10分

○推進チームでの定期的な会議

・6月に開始する第1層支援の準備

> 期間は1～2週間、目標行動は1つで実施

・生徒指導記録の共有

> 担任は、各学級で目標行動を促す独自の工夫に取り組んでよい

6月

○**第1層支援の開始**

・目標行動のモデル（動画）の提示/ポスター掲示
・目標行動に対するチケットの配布
・学校のホームページに第1層支援の情報を掲載

○保護者や地域との共有

・定期的にHPにSWPBSの進捗を報告
・学校・学級通信を活用したSWPBSの周知

○第1層支援の**振り返り**

・月末の職員会議での振り返り（ポジティブなフィードバック/児童生徒のポジティブな行動/各クラスでの独自の工夫、困ったこと等）

> グループワーク：振り返り10分→代表が発表5分～10分

【TFI 1.8】1点up

○推進チームの定期的な会議

・生徒指導記録・チケットの配布数等の共有
・次の月の計画の見直し

【TFI 1.13】1点から2点にup

7月

○1学期のデータを共有する**校内研修**

・1学期の生徒指導記録、チケットの配布数等のデータを共有

> 終業式後30分、グループワーク中心で、全教職員から意見を求める

○推進チームの定期的な会議

・1学期の結果を踏まえた2学期の準備

> 8月の研修準備

・生徒指導記録の共有

※ TFIの詳細は第1章第4節及び巻末の資料を参照

（2）第 1 層支援の練習（2 年目の 5 〜 7 月）

1）全教職員での第 1 層支援の練習（5 月）

　第 1 層支援としてポジティブなフィードバックのためのチケット制を導入する前に、練習として教職員間でチケットを渡す取組を行います。モデルケースでは、6 月のチケット制導入に向けて、5 月に教職員間のチケット制を導入しています。5 月の取組では、教職員がお互いの適切な行動、望ましい行動をチケットに書いて、渡します。実際にチケットを渡したり、渡されたりする中で、教職員はチケットの効果的な使い方についての多くの気づきを得ることが予想されます。月末の職員会議で 15 分〜 20 分程度の時間を設け、教職員間で実施したチケット制を振り返る中で、それぞれの気づきを共有し、取組の中で得られた知見を 6 月の児童生徒に対するチケット制に生かします。ここでは、取組の振り返りに加えて、6 月の取組について改めて説明します。この中で出てきた教職員からの質問や疑問等に対して、推進チームのメンバーが対応することで、各教職員に対するサポートを行います。

2）第 1 層支援の開始（6 月）

　6 月に入るといよいよ第 1 層支援の実施です。1 学期は練習期間なので、マトリクスの全ての目標行動ではなく、1 つの目標行動を取り上げて、2 学期から実施する第 1 層支援と同様の取組を行います。モデルケースでは、2 学期からの第 1 層支援として、目標行動のモデル（動画）の提示、目標行動のポスターの掲示、目標行動に対するチケットの配布の 3 つの取組を行います。3 つの取組の内、目標行動に対するチケットの配布については、実施状況を把握するために各教職員の配布数を定期的に報告してもらいます。

3）第 1 層支援の振り返り（6 〜 7 月）

　6 月の第 1 層支援の取組は、1 〜 2 週間の短期間で実施し、月末の職員会議等で振り返りを行います。ここでは、第 1 層支援を行う中で発見した児童生徒のポジティブな行動や、その行動に対して行ったポジティブなフィードバックについて共有します。これに加えて、取組の期間中に行った各教職員や各クラスでの独自の工夫があればその共有を行ったり（表の吹出し【TFI 1.8】1 点 up の部分）、取組の中で生じた疑問や悩み等を聞いたりします。さらに 7 月には、1 学期の生徒指導記録、ポジティブなフィードバックのデータの共有を図り、1 学期の取組に関する全教職員の意見を求めています。このような振り返りの機会を設けることで、第 1 層支援の効果的な実施に向けて、教職員同士が相互に情報を共有し、サポートできるチーム作りを行っていきます。振り返りの中で出た疑問や悩み等に対しては、適宜推進チームのメンバーがサポートを提供することも重要です。

表 2-3-1　続き

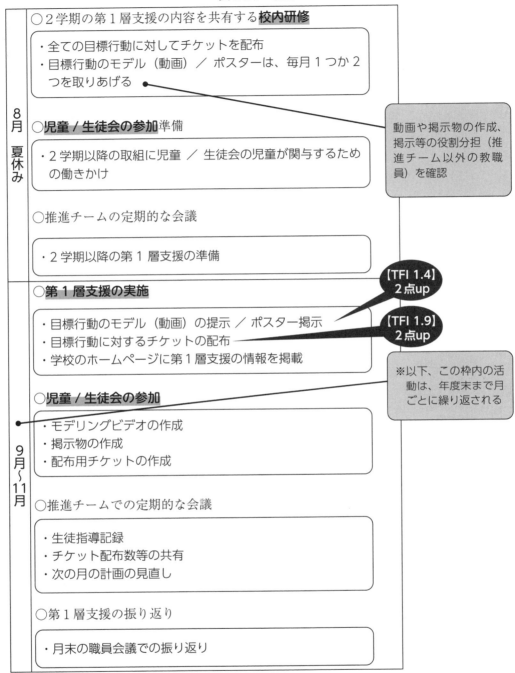

○2学期の第1層支援の内容を共有する**校内研修**

・全ての目標行動に対してチケットを配布
・目標行動のモデル（動画）／ ポスターは、毎月1つか2つを取りあげる

8月　夏休み

動画や掲示物の作成、掲示等の役割分担（推進チーム以外の教職員）を確認

○**児童／生徒会の参加**準備

・2学期以降の取組に児童／ 生徒会の児童が関与するための働きかけ

○推進チームの定期的な会議

・2学期以降の第1層支援の準備

【TFI 1.4】2点up

○**第1層支援の実施**

・目標行動のモデル（動画）の提示／ポスター掲示
・目標行動に対するチケットの配布
・学校のホームページに第1層支援の情報を掲載

【TFI 1.9】2点up

○**児童／生徒会の参加**

・モデリングビデオの作成
・掲示物の作成
・配布用チケットの作成

※以下、この枠内の活動は、年度末まで月ごとに繰り返される

9月～11月

○推進チームでの定期的な会議

・生徒指導記録
・チケット配布数等の共有
・次の月の計画の見直し

○第1層支援の振り返り

・月末の職員会議での振り返り

※ TFI の詳細は第1章第4節及び巻末の資料を参照

（3）第 1 層支援の拡大（2 年目の 8 〜 11 月）
1）2 学期の第 1 層支援の内容を共有する校内研修（8 月）

　2 学期の第 1 層支援の本格的な実施に向けて、推進チームのメンバーを中心に、夏休みに全教職員で校内研修を行います。2 学期の取組は、マトリクスのすべての目標行動を対象とします。全ての目標行動を対象としてチケットの配布を行うことになるのですが、言語称賛についてはマトリクスの発表後から全ての目標行動を対象としているため、チケットも言語称賛と同じように運用するということを全教職員に共有します。言語称賛については、通常の教育活動の中で、マトリクスで示された目標行動以外にも、望ましい行動に対して実施されているので、チケットについても同様に、目標行動以外の行動に対しても実施することとします。チケットは全ての目標行動を対象としますが、目標行動のモデル（動画）とポスターについては、毎月 1 つか、2 つの目標行動を取り上げる形で、少しずつ増やしていきます（表の吹き出し【TFI 1.14】及び【TFI 1.9】2 点 UP の部分）。毎月の目標行動に関する取組の準備（動画、ポスター等）は、推進チーム以外のメンバーで役割分担し、全教職員で準備を進めます。

2）児童 / 生徒会の参加（8 月〜）

　2 学期からの第 1 層支援は、マトリクスのすべての目標行動を対象とすることに加えて、児童生徒の積極的な参加を目指します。夏休み中に児童会や生徒会等と連携して、第 1 層支援の準備や実施を児童生徒と一緒に行います。可能であれば、児童会や生徒会の児童生徒が主体となって進めるのを全教職員でサポートする体制が望ましいですが、児童生徒が主体的に行う部分は少しずつ増やしていくということでも問題ありません。どのように進めるかは、児童生徒の実態に合わせて調整することが重要です。

3）第一層支援の実施（9 月〜）

　9 月から、本格的に第 1 層支援を開始します。第 1 層支援は、年度末まで継続し、その中で、毎月取り上げる目標行動を増やしていきます。これに加えて、1 学期と同様、チケットの配布数の報告と月末の振り返りを行います。これによって、教職員間の情報共有や相互支援を促進し、適宜、必要な教職員に対して推進チームのメンバーがサポートを行います。

表 2-3-1　続き

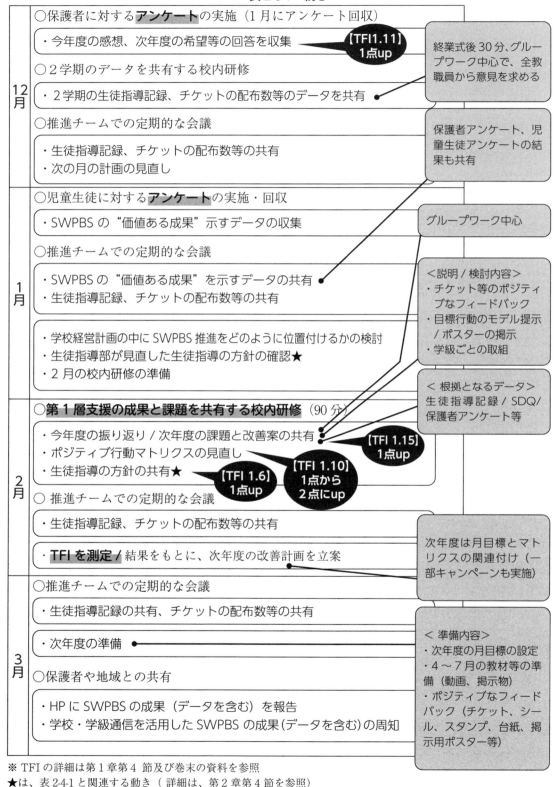

※ TFI の詳細は第 1 章第 4 節及び巻末の資料を参照
★は、表 2-4-1 と関連する動き（詳細は、第 2 章第 4 節を参照）

（4）試行段階のまとめ（2 年目の 12 〜 3 月）

1）アンケート（12 〜 1 月）

　2 学期末から 3 学期初めには、第 1 層支援の成果と課題を明らかにするために 12 月には保護者対象のアンケート、1 月には児童生徒対象のアンケートを行います。保護者対象のアンケートは、今年度の SWPBS の取組への感想や、次年度の取組への希望等について回答を求めます（表の吹き出し【TFI 1.11】1 点 UP の部分）。児童生徒対象のアンケートは、1 年目に実施したものと同様のものを実施し、1 年目と 2 年目のデータの比較を行います。これらのデータを推進チームでまとめて今年度の成果と次年度に向けての課題を明らかにし、それらを 2 月の校内研修で全教職員に共有します。

2）第 1 層支援の成果と課題を共有する校内研修（2 月）

　2 月の校内研修では、今年度実施した第 1 層支援の成果と次年度に向けての課題を各種のデータとともに全教職員で確認します（表の吹出し【TIF 1.15】1 点 up の部分）。成果や課題を確認したら、グループワークを中心に全教職員から意見を求めます。ここでは、次年度に向けて、取組内容の見直しやマトリクスの見直し（目標行動を中心に）等を行います（表の吹出し【TFI 1.10】1 点から 2 点に up の部分）。

　2 月の校内研修では、導入 3 年目に新たに取り組む内容についても共有します。モデルケースの 3 年目では、2 年目の取組をさらに発展させるためにチケット方式に加えて、キャンペーン方式を合わせて実施します。これに加えて、3 年目は問題行動への対応を一貫したものとするための体制整備も行います。問題行動に関する体制整備のために、2 月の校内研修では生徒指導部会が作成した生徒指導の方針の文書を全教職員に共有します（表の吹出し【TFI 1.6】1 点 up の部分）。

3）TFI を測定（2 月）

　校内研修が終わったら、1 年目と同様、推進チームで TFI を実施します。前年度の TFI の得点と比較して得点の上昇を確認し、各自の頑張りを認め合ったら、前年度に立てた計画の進捗状況を確認した上で、次年度取り組む TFI の項目を選定します。選定した項目について、どのように得点を上昇させるのかを検討する中で次年度の計画を立てます。ここまでのところで、モデルケースでは、TFI の得点が 22 点となり、実行度の基準を達成しています。そのため、次年度は、いよいよ完全実施段階となります。

② モデルケースの TFI 得点の変化と試行段階のポイント

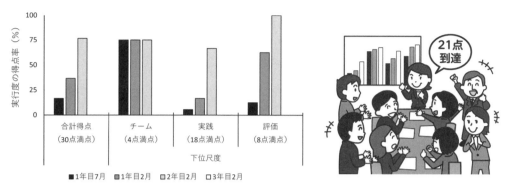

図 2-3-1　モデルケースの TFI 得点（2 年目 2 月時点）

TFI 合計得点：　11 点　→　22 点（11 点の上昇）
　　内訳：　　TFI 1.6 ／ TFI 1.8　／ TFI 1.11 ／ TFI 1.15：　0 点　→　1 点
　　　　　　　TFI 1.4 ／ TFI 1.9：　0 点　→　2 点
　　　　　　　TFI 1.3 ／ TFI 1.10 ／ TFI 1.13：　1 点　→　2 点

※ TFI の詳細は第 1 章第 4 節及び巻末の資料を参照

　モデルケースの実行度を評価すると、図 2-3-1 に示すような得点の変化が生じます。このときモデルケースの取組で押さえられているポイントは 3 つです。

（1）「ポジティブ行動マトリクス」に示された目標行動を具体的に児童生徒に教えよう

【TFI 1.4】
2点up

　児童生徒が目標行動を知り、取り組むためには、学ぶ機会を設けることが重要です。モデルケースでは、目標行動のモデルの提示やポスターの掲示が行われていました。こうした取組に加えて、キャンペーンの導入時には、集会等で校長や児童生徒の代表が目標行動について伝えることもあります。マトリクスは、単なるお題目ではありません。示された目標行動を児童生徒が見て、自ら行動するためのヒントです。児童生徒がマトリクスを生かせるように、目標行動をとろうとする意識が高まるような環境づくりを進めましょう。

（２）児童生徒の「学校で期待される姿」に沿った望ましい行動を称賛・承認する共通手段を学校全体で持とう

【TFI 1.9】
2点up

第１層支援が始まったら、推進チームのメンバーは、率先して取組を実践し、他の教職員にモデルを示します。特に、チケットの配布や言語称賛等のポジティブなフィードバックは、全教職員に実施が求められるため、推進チームは積極的に実施し、モデルを示します。

また、推進チームのメンバーは、児童生徒に対してだけでなく、教職員に対してもポジティブなフィードバックを行います。教職員の第１層支援の実践（ポジティブなフィードバック等）に対して、良かった点を伝えるだけでなく、実践したこと自体に対する感謝を伝えることもポジティブなフィードバックとなります。第１層支援の実践は多くの教職員にとって初めての経験です。推進チームのメンバーが、モデルを示すことに加えて、教職員の取組に対して積極的にポジティブなフィードバックを行うことが重要です。

（３）各学級においても SWPBS の実践を取り入れよう

【TFI 1.8】
1点up

SWPBS の実践は画一的なものではありません。各学級の指導場面にも PBS の要素を取り入れ、独自の工夫に取り組むことは、大いに推奨されるものです。モデルケースでも、はじめて第１層支援が取り組まれた直後（６月）から、各学級でも目標行動を促す独自の工夫が認められました。

各学級の独自の工夫を広げるためには、各学級での取組の共有が必要です。モデルケースでは、月末の職員会議、終業式後に機会を設け、繰り返し取組の振り返りが行われています。振り返りがポジティブな雰囲気の中で行われるように、独自に工夫したことを共有してくれる教職員には、労い、賞賛を惜しみなく送りましょう。そして、各自の取組が学校全体の取組とどの点で整合しているかを点検し、今後に生かせる議論を行いましょう。

❸ 小中学校の実践例（試行段階）

試行段階でのポイントを踏まえて、小中学校での実践例をご紹介します。

（１）「ポジティブ行動マトリクス」に示された目標行動を具体的に児童生徒に教えよう

１）望ましい行動の指導：小学校

PBS では、児童の望ましい行動が未獲得または流暢性が低い場合、望ましい行動の獲得を促して流暢性を高める支援を行います。SWPBS では、「ポジティ

ブ行動マトリクス」に示された目標行動について、未獲得や流暢性の低い児童がいることを前提に、児童全体に教える機会を設けます。

　例えば、これまでの実践校では、「ポジティブ行動マトリクス」の目標行動を学校の月目標と一致させたケースがあります、そうすることで、毎月の初めの朝の会において、教職員が担任する学級の児童に対し、その月の目標行動を説明してモデルの提示を行っています。他には、推進チームの教職員が、Web 会議サービスの Zoom を用いて、児童全体に目標行動を教えたケースもあります。この実践校では、新型コロナウイルス感染症の拡大から児童全体を体育館に集めることができず、職員室と各学級のテレビを Zoom で同時につないで全校集会などの学校行事を実施していました。このような経験を生かし、推進チームは、Zoom を用いて、各学級の児童に「授業中に教職員を見て話を聞く」という目標行動を一斉に教えました。この際、推進チームは、隣り合う児童がペアになるよう指示し、児童に「相手の話に対して下を向いて聞く場合」と「相手の話に対して相手を見て聞く場合」をそれぞれ体験させることで、目標行動の重要性を説明しました。

2）望ましい行動の指導：中学校

　図 2-3-2 は、ある中学校においてマトリクス上の目標行動を生徒に具体的に教える、"お手本ビデオ"を作成するための撮影計画の一部です。この中学校では、生徒会等と連携して、生徒達と一緒にマトリクス上の目標行動の具体例を考え、ビデオを撮影しています。動画作成の際には、動画が長くならないように、目標行動の例を端的に示すことを意識して作成しています。この動画を全校集会等で流したり、各学年において視聴したりします。各学年で視聴する時、その場で実際に体を動かして"練習"しやすい行動の場合には、「一度、実際に練習をしてみようか」と教員から声をかけ、実際にお手本ビデオ通りに練習する機会を設けています。この時、生徒が望ましい行動をリハーサルできたことについて、教員が称賛するようにしています。

撮影計画（案）

マトリクス上の目標行動		撮影時間帯	撮影場所	撮影時間	撮影対象	担当	撮影者	進捗状況
動画タイトル	行動のポイント							
あいさつの早押し編	・相手の目を見て笑顔で爽やかに ・相手に届く声で	朝、休み時間	正門、休み時間	15 秒以内	全校生徒	○○	○○	済
授業のあいさつ編	・正しい気をつけ、礼 ・しっかりと発声	授業開始時	教室	10 秒以内	2年2組	○○	○○	済
時計を見れる○○中生 チャイム着席編	・時計を見て入室 ・授業準備ができている ・チャイム前に着席	休み時間〜教室内	廊下〜教室内	60 秒以内 ※チャイムが鳴るまでに	南館2階1年2組	○○	○○	
助け合い編（教えて、いいよ）	・授業で分からない時に聞く ・聞かれたら一緒に考える	放課後	教室	15 秒以内	生徒会	○○	○○	
「困った」が言える！編	・先生に話を聞いてもらう	放課後	教室	30 秒以内	1年委員長会	○○	○○	

図 2-3-2　お手本ビデオの撮影計画

　他の中学校では、学年ごとにその学年において最も課題と考えられる行動をマトリクスから選んでビデオ作成をしています。ビデオを作成するには、課題となっている目標行動の具体例を生徒達が考え、撮影する際には実際に「リハーサル」する必要があります。これによって、課題となっている目標行動を自然に練習する機会にしています。また、ビデオ作成後には、目標行動の具体例を自分達で考えてモデルを示せたことについて、教員が称賛するようにしています。さらに、小中連携の取組の一つとして、中学生が作成したお手本ビデオを校区小学校の6年生が視聴し、中学校生活において期待される姿・行動について事前に学ぶ機会としています。

　このような目標行動の指導について、もし既に校内で毎月の生活目標が立てられているのであれば、それらの目標をマトリクス上の目標行動に置き換えていき、生活目標を示す機会を目標行動を教える機会にしていきましょう。このようにすると、目標行動を定期的に教えることにつながり、指導スケジュールが明確になります。第2章1節の図2-1-9（p.95）のように、既存の校務分掌の年間スケジュールの中に、目標行動を教える機会がいつになるのか明記するのもよいでしょう。

（2）児童生徒の「学校で期待される姿」に沿った望ましい行動を称賛・承認する共通手段を学校全体で持とう

1）称賛・承認の手段：小学校

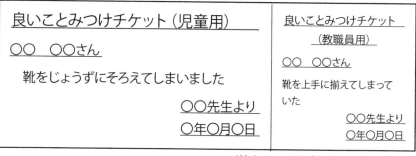

（松山・三田地（2020）を参考に作成）

図 2-3-3　Good Behavior Ticket

　SWPBSでは、全ての教職員が、児童の「ポジティブ行動マトリクス」に示された目標行動の生起に対して、児童が「やって良かった」、「またやりたい」と感じるような称賛や承認を行います。これまでの実践校では、児童の目標行動の生起を称賛・承認する取組として、「日常的な取組」と「キャンペーン」の2種類があります。

　「日常的な取組」とは、児童の目標行動の生起に対して、全ての教職員が日常

的に称賛・承認することです。また、児童の目標行動が生起しやすくなるように教職員全体で教示や促しを行ったり、掲示物を作成・掲示したりします。言語による称賛は、「えらいね！」と単に伝えるよりも「脱いだ靴を揃えてえらいね！」と具体的に伝えるほうが効果的であり、教職員の具体的な称賛の増加は児童の授業参加行動を向上させます（庭山・松見, 2016）。また、言語による称賛・承認

ステップ　1：　目標行動を決める
○　授業中に教職員を見て話を聞く

ステップ　2：　児童に伝える「目標行動を行う理由」を考える
○　話している相手を見ることは、よりよい人間関係を築くために効果的なスキルだから ○　教職員を見て話を聞くことで、授業の内容を理解しやすくなるから

ステップ　3：　目標行動の具体例を考える

良い例	悪い例
○　教職員が話している時、教職員を見て話を聞く	○　教職員が話している時、手遊びをしたり、友達のほうを見て話をしたりする

ステップ　4：　教職員全体で目標行動を増やすための具体的な支援を計画する

目標行動のきっかけ（児童が何をすべきかわかりやすい状況）	目標行動（児童ができるようになるための確認・練習）	目標行動の結果（児童が行ったことにメリットを感じやすい結果）
○　児童の注目を引く 例：「先生が今から話します」と声をかける、手をパンパンと叩いて合図する、黒板をコンコンと叩く、ハンドベルをならすなど →教職員全体に「日頃どのような方法で児童の注目を引いていますか？」とアンケートを行う。アンケートの結果を教職員全体に伝え、各自で用いやすい方法を採用する。	○　Zoomを用いてソーシャルスキルトレーニングを行う →相手を見て話を聞くことの重要性について体験を通して説明する 【方法】 ①二人ペアを作る ②「相手の話に対して下を向いて聞く場合」を交互に体験させる ③「相手の話に対して相手を向いて聞く場合」を交互に体験させる	○　教職員が目標行動を確認した際には「すぐに」、「具体的に」、称賛・承認する

ステップ　5：　教職員全体で児童の目標行動の変容を評価するための記録方法を計画する
○　教職員が所定の記録用紙を用いて評価する

ステップ　6：　児童全体や教職員全体に支援結果をフィードバックする方法を計画する
○　教職員の記録結果を基に、キャンペーン前後の児童の目標行動の推移をグラフ化したものについて、児童、教職員、保護者に以下の方法で伝える →児童：掲示物と校内放送 →教職員：職員会議 →保護者：校長便り

（行動支援計画表のフォーマットは大久保ら（2020）を参考に作成）

図 2-3-4　キャンペーンで用いた行動支援計画表

と一緒に、チケットやシールを渡したりスタンプを押したりする場合もあります。これまでの実践校では、教職員に図2-3-3のようなチケットを事前に配布しておき、児童の目標行動の生起が確認された際、教職員が目標行動などを記入したチケット（児童用）を称賛・承認とともに児童に渡しています。チケット（児童用）は、児童が自身の連絡帳に貼り付け、保護者と共有されます。チケット（教職員用）は、教職員が職員室の箱に投函します。推進チームは、定期的にチケット（教職員用）を集計することで、教職員が児童の目標行動の生起を日常的に称賛・承認しているかを把握できます。これは第１章第４節で説明された「実行度」、つまり支援が計画に沿って忠実に実行されているかの評価につながります。

　「キャンペーン」とは、目標行動の中で特に増やしたい目標行動に対して、より集中的な支援（称賛・承認を含む）を行うことです。例えば、「授業中に教職員を見て話を聞く」という目標行動を増やすために、教職員全体で図2-3-4に示した行動支援計画表に基づく支援を行った実践校があります。行動指導計画表は、ポジティブ行動支援の基本である行動のABC（ABC分析）に基づくものです。行動支援計画表に沿って、計画を立てることで、具体的な行動（B）を考える、適切な行動の前（A）の工夫を考える、適切な行動に対するポジティブなフィードバック（C）を考える、行動の記録方法を考える等のポジティブ行動支援の基本となる枠組みに沿って支援を考えることとなります。キャンペーンは、短期間で集中的に実施されることが多く、この実践校は①児童の日頃の様子を評価する事前評価期間（１週間）、②支援を行うキャンペーン期間（２週間）というスケジュール

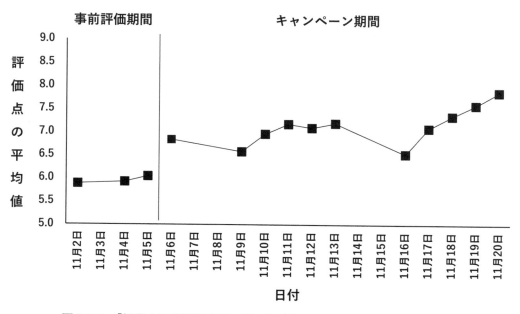

図 2-3-5　「授業中に教職員を見て話を聞く」行動に関する評価点の平均値

で実施しました。

　その結果、図 2-3-5 に示した通り、「授業中に教職員を見て話を聞く」行動に関する教職員全体の評価点の平均値が、キャンペーン期間で増加したことが確認されました。この評価点とは、教職員が、授業後に担任する学級の児童の「授業中に教職員を見て話を聞く」という目標行動に関して、10 段階で評価したものです。

　これまでの実践校では、児童の目標行動の生起を称賛・承認するため、「日常的な取組」を基本的な支援とし、「キャンペーン」を必要に応じて実施することで支援に厚みをもたせています。他の例として、徳島県立総合教育センター特別支援・相談課のホームページ「特別支援まなびの広場」（https://manabinohiroba.tokushima-ec.ed.jp/）には、「朝や帰りのあいさつを大きな声で言おう」、「友だちと話をする時は『あったか言葉』を使おう」、「授業が終わったら次の授業の準備をしよう」といった目標行動に関する行動支援計画表が示されているので、取組の参考になります。

2）称賛・承認の手段：中学校

　これまで中学校でよく見られるのは、チケットを用いたフィードバックシステムです。図 2-3-6 は、ある中学校で用いているチケットの例です。マトリクスの"学校で期待される姿"の 3 観点に対応し、3 つのうちどれに値する行動ができたかチェックを入れられるようになっています。このチケットの裏に、生徒名、行った望ましい行動、チケットを書いた教職員名を記入できる欄が設けてあります。渡したチケットについては、生徒が自宅に持ち帰る、教室や廊下の壁に掲示する、など様々なパターンがあります。また、チケットを渡すのが特定の生徒だけにならないよう、チケットを渡した生徒を名簿でチェックしていく工夫も見られます。

図 2-3-6　称賛・承認に用いるチケットの例

図 2-3-7　チケットを貯めて交換できる缶バッジの例

生徒間チケットの取組を実施している中学校もあり、２週間の期間限定で各生徒に数枚のチケットを渡し、生徒間で互いの望ましい行動について書き合う活動を行っています。

　これらのチケットが特定の枚数貯まると、オリジナル缶バッジがもらえる取組を行っている中学校もあります（図 2-3-7）。缶バッジは学校で自作しており、もらった缶バッジは通学バックにつけてもよいことになっています。なお、学校によっては、チケットを集めてバッジのような「物」と交換できるようにすることに、教職員が抵抗を示すこともあるでしょう。チケットだけでも子どもの行動が強化され、望ましい行動が増えていくのであればそれで問題ありませんし、そもそも後述するようにチケットという「形」にこだわる必要はまったくありません。重要なのは、子どもの望ましい行動を増やすことにつながるという「機能」です。

　生徒に対するチケットの取組を実施する前に、まずは２週間ほど、教職員間でチケットの取組を実施して、教職員にその良さを体験する機会を設けた中学校もあります。これは、表立って反対はせずとも、チケットの取組に抵抗感のある教職員を巻き込んでいく上で、効果的な方法だといえるでしょう。取り組み始める際には、「まずは教職員間でやってみよう」と提案し、実際に教職員間で互いの素敵な行動や、手伝ってもらったことへの感謝の言葉を書いて渡す取組を実施し

図 2-3-8　教職員間のチケットを職員室に掲示した例

図 2-3-9　生徒から募集したマスコットキャラクター

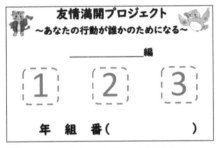

図 2-3-10　もらったシールを貼るカード

ました。管理職と推進リーダーは、全教職員に書くようにしました。大人でも、このようなチケットをもらうと（多少恥ずかしくても）嬉しく、職員室の雰囲気がとても良くなったそうです。もらったチケットは、職員室の壁に貼るようにしています（図2-3-8）。

　また別の中学校では、学校のマスコットキャラクターを全校生徒から募集し、選ばれたマスコットキャラクター（図2-3-9）を描いたオリジナルシールを作成して、望ましい行動へのフィードバックに活用しています。このシールを貼るカード（図2-3-10）を作成し、シールを3枚集めるとカードを交換でき、交換するたびにカードの色が変わっていくシステムです。カードの色は、ホワイトからブラックまでの10段階として、生徒が飽きない工夫をしています。カードは生徒手帳に挟むようにしています。シール3枚でカードを交換できるのは、カード交換すること自体が生徒の目標となること、この目標設定のハードルを低くするためです。なお、1枚もシールをもらえない生徒が出ないよう、全校集会で目標行動の説明・お手本を示した際には、各学級でも目標行動（例えば、挨拶）を一斉に練習する機会をすぐに設け、この目標行動の練習後に担任教員からシールを配るようにしています。また、配慮を要する生徒については、目標行動に対して取り組

10stステージ…ブラック (黒)
9stステージ…ゴールド (金)
8stステージ…シルバー (銀)
7stステージ…ブラウン (茶)
6stステージ…パープル (紫)
5stステージ…グリーン (緑)
4stステージ…ブ ル ー (青)
3stステージ…オレンジ (橙)
2stステージ…イエロー (黄)
1stステージ…ホワイト (白)

図 2-3-11　シールを貼るカードの色の変化とブラックカード達成時のキーホルダー

もうとしている様子が見られたら、それも前向きに称賛するよう、教職員で共通理解を図っています。生徒に対しても、目標行動に取り組もうとする姿勢も評価することを事前に説明しています。

　全 10 色のカードをすべて集めると、校長室で表彰されるとともに、SWPBS推進チームのメンバーが自作した学校マスコットキャラクターのキーホルダーが授与されるようになっています（図 2-3-11）。キーホルダーの材料はプラ板を使用し、デザインを印刷したものをオーブントースターで焼き上げ、やすりで形を整えるなどして作成しています。

　この中学校では、図 2-3-12 のようにマトリクスを活用した振り返りシートも導入しています。学期末にこのシートを生徒に 1 枚ずつ配布し、各生徒が自分なりにできた目標行動のマスコットキャラクターに色を塗り、振り返りコメントを記入しています。なお、この振り返りは、既に実施していた学期末の振り返りの代わりに実施しています。生徒への注意事項として、「全部できなかった…ではなく、自分なりにできたところを見つけ、一人一つは塗るようにしよう」と声かけをして取り組んでいます。マトリクスに基づいた振り返りを行うことで、目標行動に着目して振り返ることができ、より具体的な振り返りコメントを書く生徒が増えたそうです。今後、簡素化と生徒の一層の達成感につなげるために、色塗りではなくシールを貼る形式への変更を検討しています。

　これまで紹介してきた実践例が示すように、子どもの望ましい行動に対するフィードバック方法には、様々なバリエーションがあります。第 1 章第 2 節で述べたように、行動の後（C）に伴うことでその行動を増やすような「好ましいもの・出来事」のことを "強化子" と言い、これまで紹介してきたチケット、缶バッジ、シール等はこの強化子に当たります。

　強化子として重要なのはチケットや缶バッジという "形" ではなく、子どもの望ましい行動を増やすことにつながるという "機能" です。言い換えれば、子どもの達成感につながり、「また頑張ろう！」と思えるようなフィードバック方法で

図 2-3-12　マトリクスを活用した振り返りシート

あれば、何でも良いのです。よって、これまで紹介してきたチケットや缶バッジという形にこだわる必要は一切ありません。教室の掲示物を工夫して、子どもが望ましい行動ができた時に花が咲いたり、木の枝に実がなったり、夜空に星が増えたりするのでもよいかもしれませんし、チケット・シール・ビー玉などが一定数貯まったら子どもの好きな活動をする時間を設けるのでもよいかもしれません。

　チケット等は敢えて使用せず、教職員が生徒の望ましい行動を積極的に言葉で褒める・認める（言語称賛）回数を増やすことだけに注力し、一定期間、教職員がカウンターを使用して自らの一日の言語称賛回数を数えて記録した学校もあります。図 2-3-12 で紹介したように、生徒が自身の行動について振り返り、自分のことを認めるような活動を行うのもよいでしょう。「勤務校の子ども達の達成感につながり、教職員にとってもやりやすいフィードバック方法は何か？」について柔軟な発想で考え、必要に応じて子ども達とも相談して、楽しみながら計画するようにしましょう。

（3）各学級においても SWPBS の実践を取り入れよう
1）各学級での取組：小学校

　TFI 1.4 と 1.9 で示した通り、SWPBS では、全ての教職員が、児童の「ポジティブ行動マトリクス」に示された目標行動に関して、獲得を促し流暢性を高める練習機会の設定、生起しやすくなるような教示や掲示物、生起に対する称賛や承認を行います。推進チームは、教職員間でこれらの支援が共通理解されて実践されるように、職員会議や日頃の声かけを行っていきます。

　一方、学級によっては、「ポジティブ行動マトリクス」に示された目標行動以外に、児童の実態に応じた目標行動を設定して支援することが必要な場合があります。このような場合、SWPBSでは、学校単位での支援に加え、学級単位での支援を行います。なお、学級単位での支援対象となる目標行動は、児童の実態に応じるだけでなく、「学校で期待される姿」（第2章第2節参照）のどの姿と結びついているのか明確にすることで、学校単位での支援との整合性を図ることができます。

　例えば、これまでの実践校では、体育の授業において児童が準備体操を無気力に行っているという実態から、「準備体操のポイントに沿って取り組む」ことを目標行動にし、学級単位での支援を行ったケースがあります。この目標行動を設定する際には、「学校で期待される姿」の1つである「本気で取り組む」との結びつきも検討しています。支援として、学級担任は、初回の授業において、準備体操の時間を日頃よりも長めに取り、体操一つ一つのポイントを児童に教えています。また、ポイントに沿って体操できているか否かを児童がイメージしやすいように、すべてのポイントに沿った体操を100点、ある程度ポイントに沿った体操を80点、ポイントに沿っていない体操を10点のように得点化し、それぞれの得点のモデルを示した後で、80〜100点の体操を「本気の体操」として目指すよう児童に伝えています。この得点は、「いいね。君の体操は100点だね。」のように、児童の体操に対する称賛や承認を行う際にも活用しています。このように、学校単位での支援に加えて学級単位での支援を行うことで、多様な児童に応じた支援がさらに可能になります。

❹ 推進リーダーの役割・ポイント（試行段階）

　試行段階は、計画を実践に移す段階です。推進リーダーは、取組を通して全教職員、全児童生徒にとっての成功体験に結び付くように、計画の進捗を支えます。モデルケースや実践例を踏まえ、推進リーダーの役割・ポイントを確認しておきましょう。

（1）実践の方向付け

> 実践が計画通りに進むようにサポートをしよう

> 実践の浸透を図ろう

　試行段階では、いよいよSWPBSが実践されます。実践では、特定の時間をとっ

て、学校で期待される姿を児童生徒に教えます。はじめは、指導の担当者が行動マトリクスを児童生徒に周知し、適切な行動をとるように励まします。そして、適切な行動ができたときにどのように称賛・承認するか、適切な行動が伴わないときにどのように対応するかを伝えます。その後、全教職員は、伝えられた方法をもとに、日常の指導・支援に当たります。しかし、こうした過程で全教職員の関与が生み出せていないと、実践が計画通りに進むことはありません。推進リーダーは、こうした事態を避け、計画通りに指導・支援が進められるように推進チーム、全教職員を方向づけます。

（2）「誰が」「何を」「どのように」教えるかの確認

　適切な行動を教えるときには、「誰が」「何を」「どのように」教えるかという確認が重要です。推進リーダーが、特定の時間に学校で期待される姿を児童生徒に教える場合、応用行動分析学の知見を盛り込み、効果が見込める指導を計画します。推進リーダー以外が指導を担う場合には、推進リーダーはその計画立案の助言を行ったり、効果が見込める指導となっていることを承認したり、立案作業を労ったりします。計画がまとまれば、はじめは推進チームで、その後は職員会議や校内研修で共有を図り、全教職員がすべきことを明確にします。この過程では、推進リーダーが全教職員の共通理解を後押しします。

（3）「いつ」「どこで」教えるかの確認

　指導の計画では、時間割の確保も重要になります。このとき、時間割の調整自体は、担当分掌の仕事です。推進リーダーは、計画立案に当たって「いつ」「どこで」指導を行うかを構想し、必要に応じて担当分掌との連絡調整を行います。なお、時間割を調整する前提として、教育課程の内容や取扱いに対する理解は必須です。それは、多くの学校では、特別活動（朝会や集会、児童会や生徒会の活動など）や総合的な学習（探究）の時間がSWPBSの指導に充てられるからです。指導のために特定の時間を割く場合、学校の教育課程と取組が整合しているかどうかを丁寧に確認します。

（4）データ収集・分析のサポート

　実践のサポートと同じく大切なのが、進捗を評価するデータの収集・分析です。データは、試行段階の振り返りに活用されます。第1層支援の成果や課題を検討材料として活用できるように、推進リーダーはデータ収集への協力を全教職員に呼びかけます。呼びかけは、職員の朝礼や終礼、職員会議などのちょっとした時間で十分です。このとき、入力のお願いをことばにするだけでなく、「昨日の集計」「先週の集計」といった形でデータそのものをフィードバックしても良いでしょう。これは、データがどのように活用されるかのイメージを伝える工夫になります。試行段階が終わった後に必要となるのは、データの共有と、データに基づく実践の成果や課題の議論です。データ収集に課題があった場合には、どのようなデータが必要だったのか、どのように集めたらよかったのか、といった議論も行います。そうして、学校にとって必要なデータを効率よく集める方法を見つけます。

（5）実践の浸透

　試行段階は、初めてSWPBSを実践する段階です。中には戸惑う先生もいるでしょう。推進リーダーは、実践は適切か、戸惑う先生がいないか、といったことを把握し、対応しながら、実践の浸透を図ります。

　把握のためには、校内の巡回を繰り返します。そうして、それぞれの教職員に伝えたいのは、実践に対するポジティブなフィードバックです。実践している先生がいれば、努力を労ったり、実践を全体に紹介したりして、その先生の指導・支援を強化します。戸惑う先生がいれば、難しい点を聴き取ります。そうして、先生の指導・支援行動のきっかけづくりを行います。

　きっかけづくりは、最初が肝心です。特に、可能であれば、はじめから計画に埋め込んでおきます。校内の各所に行動マトリクスを貼る、場所ごとには称賛・承認される条件を掲示する、称賛・承認のタイミングでトークン（ハンコ、シール、カードなど）を渡すルールにする、といったことは、先生の指導・支援のきっかけになるでしょう。指導の計画、実施を分掌部に割り当てておいたり、児童会や生徒会の活動の一部に位置付けたりすることも、教職員や児童生徒の自発的な活動のきっかけとなるはずです。

コラム 8　SWPBS に取り組む先生の声

「まずは、自分の行動を変えてみる！」

　2018年８月、同僚とともに研修に参加し、SWPBS について知りました。これまでの私は、学級の児童に『聞く力』をつけてほしいと、「しっかり聞きなさい」「先生の話の途中でしゃべらないよ」と聞いていない児童に注意をしていました。研修後は、「こちらにおへそを向けて聞けているね」「目を見て話が聞けているね」と『聞く力』に向かう望ましい行動ができていることを認め褒めていくようにしました。意識し始めて１か月。「先生、なんか最近おこれへんようになったなあ」と、きっとこれまで一番注意を受けていたであろう児童が言ったのです。

　PBS に手ごたえを感じた私は、研修で学んだ SWPBS の基礎的な理解と基盤となる理論を、全教職員で共有することを目的とした全体研修を実施しました。職員室では、いくつかの学級で PBS を実践してみているという話題が聞こえてくるようになりました。

　10月には、大学教員を招聘して、ポジティブ行動マトリクスを作成しました。全教職員で自校の課題をふまえた児童の「望ましい行動」は何かを具体的に出し合い、その結果をポジティブ行動マトリクスにまとめました。全学年に共通した児童の具体的な「望ましい行動」に対して、全教職員が「褒める・認める」ことをしていこうと共通理解できました。

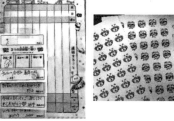

　児童の「望ましい行動」を見つけた時には、「○○ができたね」等、児童のどの行動がよいのかを具体的に褒める言葉がけをしていきました。SWPBS 導入の経過とともに、望ましい行動が増えていることを可視化できるものを作成し、言葉がけとともに渡すようになりました。ポジティブ行動マトリクスに合わせた、付箋やシールです。児童は、学校中のいろいろな先生から認めてもらえることに、とても喜び、次の「望ましい行動」につながっています。

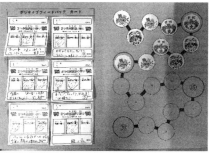

元大阪市立喜連西小学校　藤岡 愛子

第 4 節

完全実施段階

① モデルケース（完全実施段階）の紹介

　完全実施段階では、SWPBS の第 1 層支援の取組についてさらなる充実を図っていきます。ここでは、問題行動への組織的な対応を可能とする指針やフローチャートを作成します。また、推進チーム以外の教職員の活躍の機会を設け、その中で教職員のスキル向上を促すために、月目標と対応したキャンペーン方式を導入します。さらに、SWPBS の取組やその成果について、児童や保護者、地域住民と共有したり意見を交換したりします。具体的な流れは、表 2-4-1 のモデルケースをご覧ください。

表 2-4-1　モデルケース（導入 3 年目；完全実施段階）

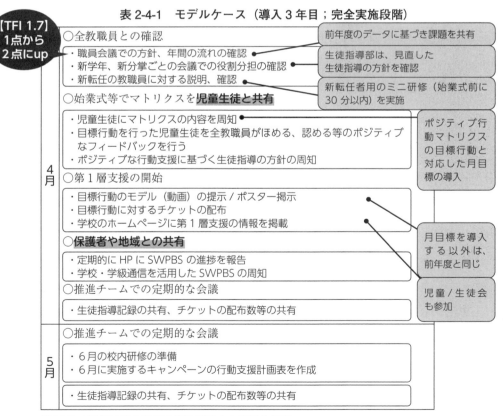

※ TFI の詳細は第 1 章第 4 節及び巻末の資料を参照

（1）月目標と対応したキャンペーン方式の導入に向けた準備（3年目4〜5月）

　モデルケースでは、導入3年目にマトリクスの目標行動と対応した毎月の目標（月目標）を設定し、その目標と対応したキャンペーンを実施します。4月は、この月目標と対応したキャンペーン方式の導入に向けて、児童生徒に対して、マトリクスの内容を伝えることに加えて、月目標についても周知しています。月目標は、その月に特にがんばってほしい行動であること、その行動はマトリクスの中から選ばれること等を児童生徒に伝えています。

　5月は、推進チームが他の教職員のモデルとして実施するキャンペーンの準備を行っています。月目標と対応したキャンペーンは、2学期からは推進チーム以外の教職員がいくつかのグループに分かれて担当することになるのですが、まずは推進チームがモデルとして1学期（6月）にキャンペーンを実施します。キャンペーンを担当するグループは、校務分掌ごと（教務、生徒指導、進路、環境整備、保健など）や児童 / 生徒会の担当委員会ごと、学年ごと等、学校の状況に合わせて編成します。各グループが、それぞれの担当の月目標に対応したキャンペーンを計画するのですが、その際には行動支援計画表（図 2-3-4 参照）を使用します。チームで行動支援計画表を作成し、この計画表を使って全教職員にキャンペーンの内容を共有し、全教職員で計画を実施します。モデルケースでは、行動支援計画表の作成と活用のモデルを示すために、5月のキャンペーンの準備の際に、推進チームが行動支援計画表を作成しています。

（2）ポジティブ行動支援に基づく生徒指導の方針の周知（3年目の4月）
1）児童生徒と共有

　問題行動への対応については、問題行動への対応を全教職員で一貫させるためのフローチャート（詳細は、「本節2．モデルケースの TFI 得点の変化と完全実施段階」のポイント参照、具体例は図 2-4-1 及び 2-4-2 参照）の作成と、子ども達と保護者に対する生徒指導の方針の共有を行います。生徒指導の方針は、2年目に生徒指導部会によって検討され（第2章第3節の表 2-3-1 の★参照）、ポジティブな行動支援に基づいて生徒指導を実施することが文章化されています。3年目の4月に、これを教職員と確認した後、児童生徒と共有します。

2）保護者や地域との共有

　4月より第1層支援を開始したら、そのことを学校のホームページに掲載します。モデルケースでは、試行段階である2年目6月から保護者や地域との共有に努めてきた取組です（表 2-3-1 参照）。この後も、定期的にホームページに SWPBS の進捗を報告し、保護者や地域の方々に学校で取り組んでいる SWPBS について共有していきます。保護者については、ホームページに加えて、学校・学級通信等を活用して SWPBS の内容を伝えていくこともできます。

表 2-4-1　続き

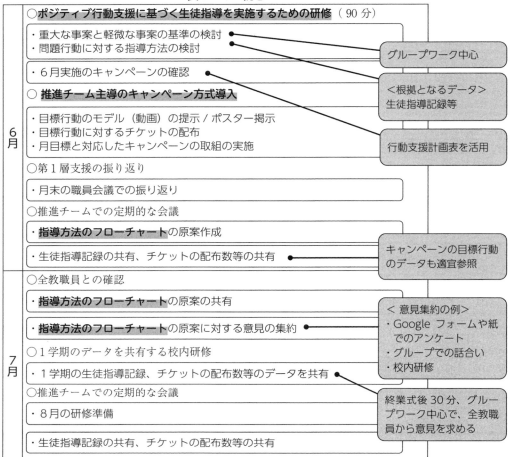

月	内容	補足
6月	**○ポジティブ行動支援に基づく生徒指導を実施するための研修**（90分）	
	・重大な事案と軽微な事案の基準の検討 ・問題行動に対する指導方法の検討	グループワーク中心
	・6月実施のキャンペーンの確認	<根拠となるデータ> 生徒指導記録等
	○ 推進チーム主導のキャンペーン方式導入	
	・目標行動のモデル（動画）の提示／ポスター掲示 ・目標行動に対するチケットの配布 ・月目標と対応したキャンペーンの取組の実施	行動支援計画表を活用
	○第1層支援の振り返り	
	・月末の職員会議での振り返り	
	○推進チームでの定期的な会議	
	・**指導方法のフローチャート**の原案作成	
	・生徒指導記録の共有、チケットの配布数等の共有	キャンペーンの目標行動のデータも適宜参照
7月	○全教職員との確認	
	・**指導方法のフローチャート**の原案の共有	
	・**指導方法のフローチャート**の原案に対する意見の集約	< 意見集約の例 > ・Google フォームや紙でのアンケート ・グループでの話合い ・校内研修
	○1学期のデータを共有する校内研修	
	・1学期の生徒指導記録、チケットの配布数等のデータを共有	終業式後30分、グループワーク中心で、全教職員から意見を求める
	○推進チームでの定期的な会議	
	・8月の研修準備	
	・生徒指導記録の共有、チケットの配布数等の共有	

※ TFI の詳細は第1章第4節及び巻末の資料を参照

（3）指導方法のフローチャート（3年目の6月〜）

　6月の校内研修では、全教職員から問題行動の定義、すなわち、重大な事案と軽微な事案を分ける基準とその指導方法に関するアイデアを求めます。研修で出たアイデアを基に推進チームは、指導方法のフローチャートの原案を作成します。1学期終了までには全教職員と共有し、原案に対する意見を伝える機会を設けます。8月には推進チームが、ここで出た意見を基に問題行動に対するフローチャートの最終版を作成します。フローチャートに沿って、2学期から全教職員で問題行動に対する一貫した指導を行うために、推進チームは9月に校内研修を行います（表の吹出し【TFI 1.5】1点 UP の部分）。フローチャートに沿って問題行動に対する一貫した指導が始まったら、手紙等でこのことを保護者に共有します（表の吹出し【TFI 1.5】1点から2点に UP の部分）。

（4）キャンペーン方式の導入（3年目の6月〜）

1）推進チーム主導のキャンペーンの実施

　モデルケースでは、6月に推進チーム主導のキャンペーンが実施されています。これは、推進チーム以外の教職員に対して、キャンペーンの進め方のモデルを示すためのものです。キャンペーンでは、担当グループ（推進チーム以外の教職員）が行動支援計画表を作成し、これを使って他の教職員にキャンペーンの内容を伝え、担当グループを中心に全教職員でキャンペーンを実行します。この行動支援計画の作成及び活用のモデルを示すために、推進チームは、行動支援計画表を作成した上で、キャンペーンを実施しています。

表 2-4-1　続き

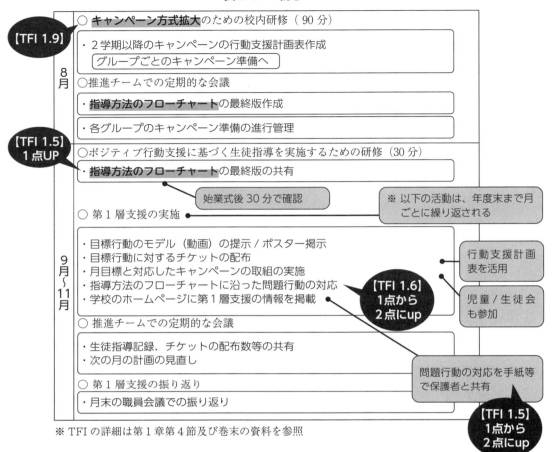

※ TFI の詳細は第１章第４節及び巻末の資料を参照

3）キャンペーン方式拡大

　モデルケースでは、夏休み（8月）に2学期以降のキャンペーンを推進チーム以外の教職員が担当するための研修を行っています。ここでは、各グループが、担当する月目標（目標行動）と対応したキャンペーンのための行動支援計画表を作成します。行動支援計画表の作成は、6月に実施したキャンペーンの行動支援計画表を参考にしながら、担当グループの教員が主体的に行います。担当グループの教員からの要請に応じて、推進チームのメンバーは、行動支援計画表の作成をサポートします。研修で作成した行動支援計画表を基に担当グループは、キャンペーンの準備を進めていきます。

　9月からは各月の担当グループが中心となって、作成した行動支援計画表に沿ってキャンペーンを実施しています。担当グループが中心となって全教職員でキャンペーンを実施し、月末の職員会議ではその振り返りを行います。モデルケースでは、月末の職員会議での振り返りも担当グループが中心となって実施しています。キャンペーンを担当するという経験を通して、各教員は、推進チームから与えられた計画に沿って取り組みを実践するだけでなく、目の前の子どもに合わせて、ポジティブ行動支援に基づく取り組みを主体的に計画し、実践するスキルを徐々に習得していくこととなります。

表 2-4-1　続き

<table>
<tr><td rowspan="5">12
月</td><td>○保護者に対するアンケートの実施（1月にアンケート回収）</td><td rowspan="3">終業式後30分、グループワーク中心で、全教職員から意見を求める</td></tr>
<tr><td>・今年度の感想、次年度の希望等の回答を収集　【TFI 1.11】</td></tr>
<tr><td>○2学期のデータを共有する校内研修</td></tr>
<tr><td>・2学期の生徒指導記録、チケットの配布数等のデータを共有</td><td></td></tr>
<tr><td>○推進チームでの定期的な会議

・生徒指導記録、チケットの配布数等の共有
・次の月の計画の見直し</td><td></td></tr>
<tr><td rowspan="5">1
月</td><td>○児童生徒の意見の収集　【TFI 1.11】</td><td rowspan="3"></td></tr>
<tr><td>・マトリクスの目標行動に関する振り返り活動から聴取</td></tr>
<tr><td>○児童生徒に対するアンケートの実施・回収
・SWPBS の"価値ある成果"示すデータの収集</td></tr>
<tr><td>○推進チームでの定期的な会議

・SWPBS の"価値ある成果"を示すデータの共有
・生徒指導記録、チケットの配布数等の共有</td><td>保護者アンケート、児童生徒アンケートの結果も共有</td></tr>
<tr><td>・SWPBS 推進を位置付けた学校経営計画の見直し
・マトリクス見直し
・2月の校内研修の準備</td><td></td></tr>
<tr><td rowspan="4">2
月</td><td>○第1層支援の成果と課題を共有する校内研修（50分）　【TFI 1.15】
1点から
2点にup</td><td></td></tr>
<tr><td>・今年度の振返り／次年度の課題と改善案の共有
・ポジティブ行動マトリクスの見直し</td><td rowspan="3">＜根拠となるデータ＞
生徒指導記録／SDQ／保護者アンケート等</td></tr>
<tr><td>○ 推進チームでの定期的な会議

・修正版マトリクスの作成</td></tr>
<tr><td>・TFI を測定／結果をもとに、次年度の改善計画を立案

・生徒指導記録、チケットの配布数等の共有</td></tr>
<tr><td rowspan="4">3
月</td><td>○推進チームでの定期的な会議</td><td></td></tr>
<tr><td>・生徒指導記録の共有、チケットの配布数等の共有</td><td></td></tr>
<tr><td>・次年度の準備</td><td></td></tr>
<tr><td>○保護者や地域との共有

・HP に SWPBS の成果（データを含む）を報告
・学校・学級通信を活用した SWPBS の成果（データを含む）の周知</td><td></td></tr>
</table>

※ TFI の詳細は第1章第4節及び巻末の資料を参照

（5）完全実施段階のまとめ（3年目の12〜3月）

1）アンケート（12月〜1月）

　3年目も2年目と同様、12月には保護者対象のアンケートを行います。1月は、児童生徒にマトリクスの目標行動に関する振り返りと、次年度に向けた見直しに関する意見を求めます。振り返りでは、児童生徒自身に1年間を通してマトリクスの目標行動がどの程度できたかを評価させ、次年度に向けた課題を設定させます。振り返りを行う中で、マトリクスの目標行動として新たに加えた方が良いものや、外した方が良いもの等の意見について聞き取りを行います。

2）第1層支援の成果と課題を共有する校内研修（2月）

　各種のデータから、3年目のSWPBSの取組の成果と次年度に向けた課題を推進チームでまとめ、2月の校内研修で全教職員に共有します。成果や課題を確認したら、グループワークを中心に全教職員から意見を求めます。次年度に向けて、取組内容の見直しやマトリクスの見直し（目標行動を中心に）も行います。児童生徒に尋ねた意見もマトリクスの見直しに生かします。

3）TFIを測定（2月）

　校内研修が終わったら、これまでと同様、推進チームでTFIを実施し、前年度のTFIの得点と比較して得点の上昇を確認します。モデルケースでは、この時点でTFIの得点が27点となっています。完全実施段階で十分な実行度となったら、次年度以降は、いかにこの体制を継続しながら、学校の課題を解決するためのより良い実践にしていくかが課題となります。

② モデルケースの TFI 得点の変化と完全実施段階のポイント

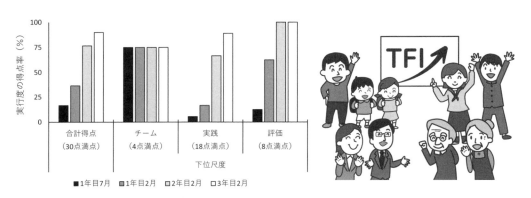

図 2-4-1　モデルケースの TFI 得点（3年目2月時点）

TFI 合計得点：	22 点	→	27 点（5点の上昇）
内訳：	TFI 1.6 ／ TFI 1.7 ／ TFI 1.15：	1 点 →	2 点
	TFI 1.5：	0 点 →	2 点

　モデルケースの実行度を評価すると、図 2-4-1 に示すような得点の変化が生じます。このときモデルケースの取組で押さえられているポイントは5つです。

（1）問題行動への対応

ポイント①：問題行動には一貫して対応する指針をもとう　【TFI1.5】2点UP

ポイント②：問題行動の指導では代わりとなる望ましい行動を伸ばすアプローチを中心に位置付けよう　【TFI1.6】1点から2点にup

　問題行動には、その行動に代わる望ましい行動を伸ばすアプローチが大切です。このアプローチは、注意や叱責に終始する指導に替わるものです。具体的には、問題行動のある児童生徒に対し、学校で期待される姿を改めて伝え、期待される姿に沿うよう行動を促し、できたときには称賛・承認する、という対応を教職員が一貫して行うことになります。モデルケースでは、こうした対応を学校全体で一貫して取り組むために、2年目から長い期間をかけて話し合いを行っています。児童生徒に対する指導で注意や叱責が伴う状況が続けば、第1層支援は構築に向かいません。それとは逆に、望ましい行動を伸ばすアプローチを共通理解にし、実行度を保った実践が継続されれば、児童生徒は望ましい行動への従事が増え、問題行動は相対的に減少することになります（第1章第2節参照）。

（2）児童生徒、保護者、地域住民とも SWPBS の実践と成果を共有し、意見交換をしよう

【TFI1.11】

　児童生徒、保護者、地域住民は、SWPBS 実践のメリットを享受する立場にあります。実践に対する意見表明の機会を提供し、立場ごとにメリットが公正に享受されるようにしましょう。こうした機会が設けられれば、意見表明が活発に行われ、第 1 層支援への関与が立場ごとに一層強まることが期待できます。そのため、モデルケースでは、保護者に対して 2 年目、3 年目のそれぞれでアンケートを実施しています。児童生徒にも、3 年目にマトリクスの行動目標に関する振り返りを行い、マトリクスに関する意見収集を行っています。教職員の力だけでなく、児童生徒、保護者、地域住民の力を結集し、より充実した第 1 層支援を構築することが期待されます。

（3）児童生徒の「学校で期待される姿」に沿った望ましい行動を称賛・承認する共通手段を学校全体で持とう

【TFI1.9】

　望ましい行動を示した際にそれを称賛・承認する共通手段を浸透させるためには、推進チーム以外の教職員が主体的に第 1 層支援を実践してもらう必要があります。モデルケースでは、3 年目（表 2-4-1 参照）にキャンペーン方式が実施されるようになり、キャンペーンの計画、実施を推進チーム以外の教職員がグループに分かれて担う形に展開します。当初には推進チームによるモデルの提示や各種のサポートが提供されますが、そうした進め方は、教職員の一層の参画を引き出します。

（4）年度末には1年間の実践を振り返り、その成果を報告（アピール）しよう

[TFI1.15]
1点から
2点にUP

　成果は、第1層支援に関わるすべての人々と共有されるべきです。これは、学校が取組の説明責任を果たすべきという考えによります。加えて、指導を受ける児童生徒、学校教育を支える保護者や地域住民の立場に立てば、それぞれの立場で関わった結果、どのように学校での支援が充実したかを知るきっかけにもなります。

　モデルケースでは、2年目、3年目のそれぞれで3月に成果（データを含む）をホームページに掲載したり、学校・学級通信を活用して周知したりしています。こうした発信にもつながるものとして、2月に第1層支援の内容を共有する校内研修や、TFIを用いたその年の第1層支援の実行度評価が行われています。従来の学校教育活動では、こうした年度末の一連の取組が、学校評価として扱われてきました。SWPBSに取り組む学校では、第1層支援の評価を学校評価と合わせて実施することで、校務の統合を図り、一層効率的な学校運営につなげることが可能です。

③ 小中学校の実践例（完全実施段階）

　完全実施段階でのポイントを踏まえて、小中学校での実践例をご紹介します。

（1）問題行動への対応

ポイント①：問題行動には一貫して対応する指針をもとう
ポイント②：問題行動の指導では代わりとなる望ましい行動を伸ばすアプローチを中心に位置付けよう

1）問題行動に対応するための共通理解：小学校

　SWPBSの第1層支援では、児童の「ポジティブ行動マトリクス」に示された目標行動の生起回数を増やす取組を教職員全体で行います。それにもかかわらず、児童の中には目標行動を生起させず、代わりに問題行動を生起させてしまう児童がいます。第1章第1節「1.学校教育が直面している課題」で述べた通り、児童の問題行動への対応は、教職員に強いストレス反応をもたらします（安藤ら，2013）。また、教職員が個人で児童の問題行動に対応するには限界があります。これらのことから、推進チームは、児童の問題行動への対応について、一貫した

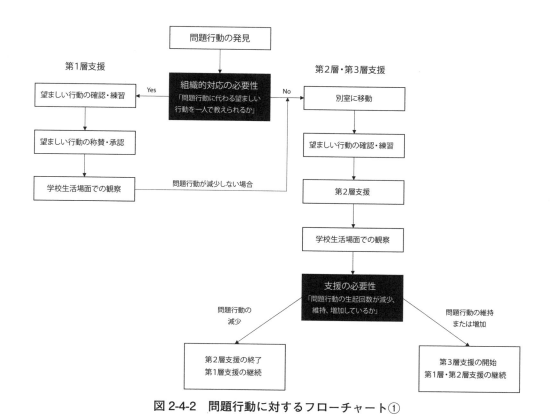

図 2-4-2　問題行動に対するフローチャート①

組織的対応を可能とする指針やフローチャートを定め、教職員全体に周知してお
く必要があります。

　図 2-4-2 に示した問題行動に対するフローチャートは、これまでの実践校の取
組を参考に作成しています。教職員は、児童の問題行動を発見した際、組織的対
応の必要性、つまり「問題行動に代わる望ましい行動を一人で教えられるか」を
検討します。例えば、授業中の私語や課題への非従事などの軽微な事案であれ
ば、それらに代わる望ましい行動を教職員一人で教えることは可能です（Yes ルー
ト）。この場合、第 1 層支援として、教職員は、当該児童に対して、「ポジティブ
行動マトリクス」の目標行動を軸に、問題行動を生起させた場面に求められる望
ましい行動の確認、必要があれば練習まで行います。その後、教職員は、学校生
活場面において、当該児童が確認・練習した望ましい行動を生起させた場合、称
賛・承認します。教職員は、このような称賛・承認を継続的に行いながら、学校
生活場面において当該児童の観察を続けます。

　一方、発見した問題行動が、級友や教職員に怪我をさせてしまうほどの暴力行
為や数名の児童による悪質ないじめなどの重大な事案は、管理職を含む教職員数
名で対応せざるを得ません（No ルート）。また、教職員が一人で望ましい行動の
確認・練習や継続的な称賛・承認を行っているにもかかわらず、当該児童の問題

行動が減少しない場合にも組織的な対応が必要になります。これらの場合、まずは当該児童が暴れても怪我することなく過ごせる別室に速やかに移動します。別室では、第1層支援と同様、問題行動に代わる望ましい行動の確認・練習と学校生活場面における望ましい行動の継続的な称賛・承認を行います。しかし、同様の問題行動が続く場合は、チェックイン・チェックアウトやソーシャルスキルトレーニングなどのより手厚い支援（第2層支援）を開始します（第3章第1節を参照）。フローチャートに示した通り、学校生活場面での観察の結果、当該児童の問題行動の生起回数に減少が確認されれば、第2層支援を終了します（第1層支援は継続）。第2層支援を実施しているにもかかわらず、当該児童の問題行動の生起回数に維持または増加が確認されれば、第1層支援と第2層支援に加え、第3層支援を開始します。

　なお、第1章第1節「2．組織的対応」で述べた通り、生徒指導では、重層的支援構造の必要性が指摘されています。特に、第2層支援や第3層支援に該当する課題早期発見対応や困難課題対応的生徒指導では、教職員や関係者でチームを編成し、組織的に対応することを求めています。これらのことから、SWPBSと生徒指導の重層的支援構造の親和性の高さが改めて感じられます。

2）問題行動に対応するための共通理解：中学校

　中学校では、既に問題行動対応のための教職員向けマニュアル・手引き・申し合わせが存在していることがあります。それらの指針に基づいた問題行動対応は、校内で一貫して行われているでしょうか？また、仮に一貫して行われているとしても、問題行動への対応が注意する・謝罪を促す・罰則を適用するだけでは、第1章第2節で述べたように問題行動の減少には長期的につながらず、逆に重篤化してしまうケースがあります。これまで述べてきたように、問題行動の代わりに本来して欲しい「代わりの望ましい行動」を教え、伸ばしていくことが極めて重要です。そこで、問題行動に対しても全教職員が一貫してPBS的に対応できるよう、問題行動対応について1枚のシートにまとめるのが良いでしょう。図2-4-3はアメリカのSWPBS実践校における問題行動対応フローチャートをもとに、日本の中学校で作成・運用されているものです。担任・学年の教職員だけで対応してよい問題行動か、生徒指導主事・生徒指導部長・管理職も関わる必要のある問題行動か、という整理の仕方になっています。

　このフローチャートを研修として作成する際には、校内で見られる問題行動について、各教職員にそれぞれ付箋等に書き出してもらいましょう。その後、これらの付箋を黒板やホワイトボードに、担任・学年だけで対応して良い問題行動か、生徒指導主事・管理職も関わる必要のある問題行動か、に分けて貼ってもらうよ

中学校
問題行動対応フローチャート

問題行動が生じた時

・教職員と連携？
・主事、部長と連携？
・管理職と連携？

教職員のみ
で対応する場合

何をすべき（何が適切な行動）か、再度指示する

▼ 問題行動が続く場合

対応その1:
学校全体の行動目標に沿う適切な行動が何かを再度教える
-教職員対応の問題として記録

▼ 問題行動が続く場合

対応その2:
再指導と振り返り
何が期待される適切な行動なのか個別に一緒に振り返り、考える
-教職員対応の問題として記録

▼ 問題行動が続く場合

対応その3:
行動の振り返りを行い、保護者連絡
（電話/連絡シート）
-事案報告フォルダに記録

▼ 問題行動が続く場合

対応その4:
管理職対応の問題として報告し、教職員対応の問題行動が複数回生じたことをODRシートに記入

*教職員対応の問題行動の回数は、毎週頭には0から数え始める。

*問題行動を修正するために具体的な行動をとる（適切な行動を練習する、一時的に活動参加を止める、席替えなど）。

部長・主事・管理職
と連携が必要な場合

対応その1:
大きな問題行動が生じたことを職員室に連絡し、生徒を迎えに来てもらうか、職員室に送る。
-対応を記録

▼

対応その2:
学年等で聞き取りを行い、部長・主事・管理職を交え指導方針を確認する。指導の際には、適切な行動の確認も行う。

▼

対応その3:
別室指導などの対応が必要である場合は管理職の判断のもとが申し合わせ事項に基づいて、管理職が決定する。

▼

対応その4:
学年等が保護者連絡（電話/連絡シート）をし、管理職等と共有を行う。

▼

学年生指中心に事案報告のフォルダに記録を残す

▼

問題行動が続き、上記の指導をしても行動が改善しない場合は、他の専門機関と連携しながら継続してケース検討を行う。

教職員のみで対応する問題行動	部長・主事・管理職と連携が必要な問題行動
不適切な言葉 -悪口	*暴言 -人権に関わる暴言
暴力行為（喧嘩など） -他の生徒との取っ組み合い -押す、押し付ける、蹴る	*学校の敷地外に許可なく出る - 授業離脱・エスケープ・浮遊
反抗的態度 -授業中の課題に取り組まない -指示に従わない	*脅迫・威嚇・いじめ -他者への攻撃を目的とした言葉の暴力など
観察可能な行動 -廊下を走る -行儀の悪い行動 -食べ物を投げる	*個人の所有物もしくは学校備品の損壊
妨害行為 -授業中の私語 -他の児童の邪魔をする	*凶器・危険物 -ナイフ、銃弾、ライター、マッチ、タバコ、フレーバーなど
他者の所有物への不適切な接触 -他の生徒の机やカバンの中を盗み見る	*有害物質の摂取 - タバコ、フレーバー、オーバードース、シンナー、薬物乱用など
服装規定違反 -望ましくない着こなしの指導	*ハラスメント
盗み -軽微な盗み＝価値がほとんどない／ない物品	*窃盗 -重要物の窃盗＝価値の高い物品
情報端末等トラブル -ネット上のトラブル	*ネット上での重大事案 -ネットいじめ・性的画像の拡散

注意事項:
教職員は、生徒の問題行動を予防するために、予防的な指導を行うようにしてください。
また、指導の目的が「叱ること」ではなく「代わりの望ましい行動を学習する」ということを念頭においてください。

図 2-4-3　問題行動に対するフローチャート②

うにします。もし、どちらにも共通して貼られている問題行動があれば、それは指導方針のズレがあるということになりますので、どちらに分類したら良いか教職員で相談しましょう。この研修で出てきた意見をもとに、問題行動対応のフローチャートを作成するようにします。

　繰り返しになりますが、このフローチャートにおける問題行動への対応は、"代わりの望ましい行動を教える・一緒に考える"ことを基本としましょう。問題行

動が重篤化するようであれば、より厳しい罰を与えるというよりも、より手厚い支援が受けられるようにすることが大切です。問題行動を繰り返し起こす生徒は、"困った生徒"ではなく、問題行動を起こさざるをえない環境にあって"困っている生徒"なのです。

3）問題行動が生じた後の修復するアプローチ：中学校

　図 2-4-4 は、問題行動が生じてしまった際の対応において、ただ注意・叱責するのではなく、"代わりの望ましい行動"を伸ばしていく指導を行うための聴き取りシートです。問題行動が生じてしまった時、まずは事実確認から始まり、なぜそのような行動をしてしまったのか理由を尋ねます。これは、多くの中学校で

聴き取りシート

【シート記入日】　　　　年　　　月　　　　日
【児童生徒の学年・組】　　　年　　　組
【児童生徒名】（　　　　　　　　　　　　　　　）

【事実確認】
日時：　　　年　　　月　　　日　曜日　　　時　　分頃
場所：（　　　　　　　　　　　　　　　）

してしまったことの内容（行動の確認）：

なぜしてしまったのか（理由の確認）：

【本当は、どうすればよかったか（同じ場面における適切な行動）】

【今後、どのように行動を改善するか（上記の適切な行動をおこなうための工夫)】

【その他】

図 2-4-4　問題行動対応の際の聴き取りシート

既にされている問題行動対応と同じでしょう。

　PBS における問題行動対応では、ここからが重要です。問題行動を起こしてしまった時、本来は「どう行動すべきだったか」代わりの望ましい行動を一緒に考えるようにします。この時、問題行動を起こしてしまった理由を踏まえた上で、代わりの望ましい行動を考えるようにしましょう。例えば、"○○が嫌だった"という理由であれば、その嫌な気持ちを表現するためのより適切な行動は何だったか一緒に考えるようにしましょう。また、その"嫌なこと"を適切に避けるような工夫ができないか、一緒に考えることも必要かもしれません。代わりの望ましい行動を具体的に考えることができたら、その行動を実際に行うために何か工夫ができないかを一緒に考え、図 2-4-4 のシートの「今後、どのように行動を改善するか」の欄に書き込むようにします。

　また、ソーシャルスキルトレーニングのように、問題行動が生じた場面を想定して、一緒に考えた代わりの望ましい行動を演じて練習してみるのも有効です。言葉で「○○します」というだけでは、実際の場面でうまく行動できる確率はどうしても低くなります。実際に"練習"してみることで、100％ではありませんが、実際の場面でも望ましい行動を行える確率が高まります。また、この問題行動対応の中で、生徒本人が少しでも言えたこと、書けたことがあれば、積極的に認めていくようにしましょう。

（2）児童生徒、保護者、地域住民とも SWPBS の実践と成果を共有し、意見交換をしよう

1）児童、保護者、地域住民との成果の共有、意見交換：小学校

　SWPBS の第 1 層支援の取組を進めていくと、継続的に収集している学校の課題に関するデータ（児童の問題行動の生起回数、SDQ、欠席・遅刻回数、学業成績など）に変容が見られます。SWPBS では、この成果とそれをもたらした取組について、児童や保護者、地域住民と共有します。これまでの実践校では、児童に対して、①わかりやすくグラフ化したものをポスターにして掲示、②全校集会や校内放送での報告などで共有するケースがあります。保護者や地域住民に対しては、①学校通信や校長通信による報告、②保護者懇談会での報告などで共有しています。図 2-4-5 は、実践校で配布された校長通信の一部です。

　また、SWPBS では、上記の共有だけでなく、関係者との意見交換を通して、取組の質を高めていきます。これまでの実践校では、児童が児童会やその他の委員会で話し合いを行い、取組に関する意見やアイデアを集約したケースがあります。例えば、委員会活動と関連するポジティブ行動マトリクスの目標行動について児童が主体となってキャンペーンを企画・実施した実践校では、年度末に各委

員会で児童が振り返りを行い、推進チームがその内容を集約しています。保護者や地域住民に関しては、保護者懇談会や学校評議会において取組や成果に関する意見交換を行う実践校があります。

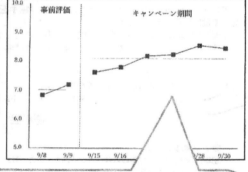

学校全体で取り組むポジティブな行動支援　School-Wide Positive Behavior Support
スクールワイド ポジティブ ビヘーバー サポート

　6月の木だより（NO.4）でこのことについて紹介しました。
　以下、再掲します。※再掲斜体部
　子どもが問題行動を示すとき、適切に支援を行い、社会性を育むことは、学校教育において子どもに学業を教えることと同様に重要です。問題行動を解決するためには、「問題行動を罰する」のではなく、「望ましい行動を育てる」という発想が必要です。「罰を使うのではなく、望ましい行動を育てる」という点で「肯定的（Positive）」であり、「問題が起こる前から取り組む」という点で「積極的（Positive）」です。この2つの意味のポジティブな行動支援を、学校規模ですべての児童を対象にして実施するのが「スクールワイドPBS」（学校全体で取り組むポジティブな行動支援）と言います。
　この「スクールワイドPBS」は、科学的根拠に基づいた行動支援の方略としてアメリカで開発されました。全米の学校で取り組まれるだけでなく、カナダやノルウェー、オーストラリアなどにも広がり、成果が報告されています。本校では、平成30年度の9月より一部にこの考え方を取り入れて実践していますが、今年度はこの取組を改めて行うことにしました。このことも含めて、県教委が行う「重点支援校」にも指定されております。

↓　↓　↓　↓　↓　行動目標（行動マトリクス）の設定と実践

　さて、その後ですが、このことを研究されている宮崎大学の半田健先生のサポートをいただきながら、夏休みの全職員研修（行動マトリクス作成）を経て、2学期に研究実践を行っています。以下、紹介します。
　まず、行動マトリクスについて、校内放送で、研究主任の　　教諭が分かりやすく説明をしました。行動マトリクスとは、　　小3つの「めざす児童像」を基にして「授業」「休み時間」「そうじ」の時間にめざす、「13のめあて」のことです。具体的に児童に働きかける取組を「キャンペーン」と称し、9月は「そうじだいすき」を守るキャンペーンを展開しました。まず、子どもたちの掃除の状態を見取る（評価）をした後、その後は掃除の様子を観察し、とにかく認め、ほめる言葉かけをしていくのです。ポイントは見取った子どもの行為について「すぐに」「具体的に」認め、ほめることです。9月の第1週から4週まで行った結果が次のとおりです。（※右グラフ）
　評価の仕方についても半田先生に細やかに具体的にご指導いただき行っています。私たち学校の職員ではこのような評価の視点をどう設定するのか、どのように見取っていくのか等その方法に弱いところですが、大学の研究者にサポートしていただくことで、強みを増していると感じています。

（本校研究部分析）
○　事前評価の平均が7点と高かったにもかかわらず、キャンペーン期間中の評価が8.6点と伸びている。
○　新しい縦割り清掃が始まり、児童の意欲が高かった事前評価の期間から3週間たったあとも、清掃に対する児童の意欲を継続して保つことができている。
○　児童のよさを認める声かけを続けることで、キャンペーン期間中も評価が伸びている。

図2-4-5　実践校で配布された校長通信の一部

2）生徒との意見交換：中学校

　SWPBSに関する生徒との意見交換は、生徒会を中心に行う方法がこれまでの中学校のSWPBS実践校ではよく見られます。生徒の意見をSWPBSの取組に反映させるには、主に"ポジティブ行動マトリクスの作成"と"目標行動の行動支援計画表作成"（図2-3-4,p.142）について、生徒の意見を尋ねると良いでしょう。

　ポジティブ行動マトリクスの作成については、教職員でマトリクスの原案を作成した後、生徒の意見もぜひ取り入れましょう。例えば、生徒会メンバーに意見を聞いたりするのもよいですし、敢えて行動面に課題のある生徒の意見を取り入れるのもよいでしょう。多様な意見を反映することができます。マトリクスは毎年見直したほうがよいので、この見直しの際にも生徒の意見を反映させるようにします。

　目標行動の行動支援計画作成については、どのような工夫があると目標行動がしやすくなるか、どのようなフィードバックがあると達成感があってその行動を続けようと思えるか、生徒に尋ねてみましょう。"なぜその行動はしにくいのか"について生徒の実感を聞いてみた上で、できていない人を責めるのではなく、"より多くの人がしやすくするための工夫"を一緒に考えることが大切です。また、目標行動へのフィードバックについては、どのようにするとみんなで「やった！」「できた！」となりやすいか、できていない生徒を責めるのでなく"どうしたら達成を喜ぶことができるか"を一緒に考えるようにします。こうした活動は、生徒会や委員会活動と連携させると、教職員の負担をあまり増やさずに行うことができます。

3）保護者・地域との連携：中学校

　SWPBS を実践している複数の中学校において、新1年生の保護者説明会の際に SWPBS について説明し、また学校通信を通じて SWPBS の取組を発信しています。その際、SWPBS の取組について保護者が意見を提供できるようにしておきましょう。Google フォームなどで意見提供フォームを作成し、リンクを QR コードで学校通信に掲載することもできるかもしれません。

　また、PTA との会合や学校運営協議会の際に、学校の現状と SWPBS の取組についてデータをもとに報告し、意見を聴取している中学校もあります。これを行うために、学校経営計画（自治体によって呼び名は異なりますが、学校運営・経営に関する計画）に SWPBS を位置付けています。実際の会議では、1日当たりの問題行動発生数と遅刻生徒数、不登校生徒の割合、教育診断アンケート結果を共有し、その上で SWPBS の実践内容やマトリクスについて学校側から説明しています。説明後に、各参加者からの意見を聴取し、SWPBS の取組の改善に反映させるようにしています。

　また、保護者が家庭内で子どもに対する PBS を実践できるように、PTA を通じて保護者対象の PBS 研修・講演会を企画した学校もあります。保護者から子ども達へのポジティブ・フィードバックの機会として、学校行事の際に、フィードバックのためのチケットを置き、行事内容についてポジティブなコメントを書

図2-4-6　保護者・地域の人が記した学校行事へのポジティブなコメント

いて貼っていただくよう依頼した中学校もあります（図2-4-6）。保護者・地域を巻き込んで、子ども達の望ましい行動を伸ばす取組を行っていくことで、子ども達はより一層成長していくでしょう。

（3）年度末には1年間の実践を振り返り、その成果を報告（アピール）しよう

1）成果の報告：小学校

　年度末には、学校の課題に関するデータや、推進チームが評価した実行度のデータ（日本語版TFIなど；第1章第4節を参照）などを活用し、1年間の取組をまとめて関係者（教職員、保護者、地域住民、教育委員会など）に報告します。成果を報告する機会は、保護者懇談会や学校評議会、ホームページへの掲載などがあります。また、成果として、これまでの実践校では、上記のデータ以外に、教職員全体にアンケートをとることで、取組に対する受け入れや感じている成果・課題などを把握するケースもあります。また、保護者に対しても、アンケートなどを通して、受け入れや家庭での児童の変化を把握することで、今後の参考になる情報を得ることができます。

　SWPBSでは、図2-4-7に示したデータに基づく意思決定のサイクルを月、学期、年度といった単位でそれぞれ回していくことで、効果的で持続可能な取組を実施していきます。

2）教職員との成果の共有：中学校

　ある中学校では、以下のような流れで、全教職員でSWPBSの実践に関わるデータを年度末に確認し、短時間で効率的に意見交換をしています。

【成果を祝う】まずは成果の出ているところ、うまくいったところを見つけ、それを「お祝い」します。子ども達のために頑張って来た教職員の努力の成果

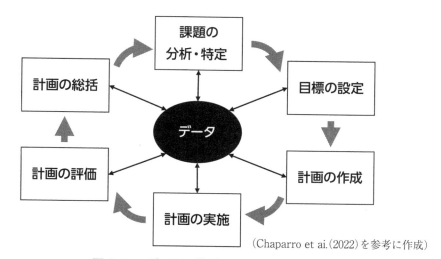

（Chaparro et ai.(2022)を参考に作成）

図 2-4-7　データに基づく意思決定のサイクル

であることを推進リーダーが伝え、管理職からも労いの言葉をかけるように
しましょう。

【課題を見つける】成果をお祝いした上で、次年度に向けての課題も指摘します。
　この際、課題は「伸び代」であることを強調するようにしましょう。

【振り返りを行う】データを確認した上で、以下の点について振り返りを行います。
　➤　SWPBS の取組の良かった点や改善点はあるか？
　➤　子ども達にどのような変化が見られたか？（特に好ましい変化）
　➤　「もっとこうすると良くなるのではないか？」というアイデア

以上の内容について、全員が意見を出せるように以下の流れで話し合います。
　➤　上記の内容について、各教職員が自分の意見を 3〜5 分間メモする
　➤　学年ごとに 10 分程度意見交流する（全員が話せるよう学年主任がファ
　　　シリテーターを務める）
　➤　学年ごとに出てきた意見を各学年 2 分以内で発表する

　以上のような振り返りで出てきた意見に基づいて、次年度の実践内容の改善を
行います。

3）成果の報告：中学校

　学校経営計画に SWPBS とその成果指標を位置付け、年度末の学校評価の際に、
1 年間の SWPBS の実践と成果の概要を報告した中学校があります。例えば、問
題行動や遅刻欠席のデータは具体的な数字が出しにくいかもしれませんが、各種
アンケートデータには公開できるもの、既に公開しているものもあるでしょう。
図 2-4-8 は SWPBS を実践している中学校の学校案内の一部です。学校案内の一
番はじめの "学校からのメッセージ" に PBS を推進していること、またその成

果としてのアンケート結果（経年比較）を一部ですが記載しています。

　また、前述のように、学校運営協議会において、学校側からSWPBSの取組とその成果・課題について報告している中学校もあります。この時、その内容について議事録を残しておくと、SWPBSの取組とその成果・課題が文書として残ることになります。こうした既存の評価活動を活用すると、負担を軽減しつつ取組のアピールとさらなる改善につなげることができるでしょう。地区内の研究発表など、既存の発表・報告の中にSWPBSの実践内容を含めるのもよいでしょう。

◆学校からのメッセージ

『一人も見捨てないきめ細かな指導で　すべての子どもの生き抜く力をはぐくむ
　　　　　子ども一人ひとりをないがしろにせず　すべての子に向き合う』

を学校教育目標に掲げ、大阪教育大学と連携をしてPBIS（ポジティブな行動介入と支援）の実践により生徒の望ましい行動に着目して自己有用感を高めることをねらいとした教育を行っています。
　その成果の一つとして、生徒アンケートの「ルールや規則を守って学校生活を送っている」の項目では、H24（80％）H25（83％）H26（83％）　H27（92％）　H28（91％）とH29（94％）と課題であった生活規範の確立について上昇傾向にあります。今後は加えて学力向上に力を入れて、子どもたちの進路選択の増幅と自己実現の達成に向けて取り組んでいきます。

図2-4-8　ある中学校の学校案内

---

④ 推進リーダーの役割・ポイント

　完全実施段階は、試行段階の実践をスケールアップする段階です。スケールアップは、実践、システム、データの3つの要素（第1章第2節）の充実をねらいます。漏れなく進めるために、推進リーダーは推進チームや学校組織の取組から優先課題を特定し、課題の解決を目指します。持続可能な取組を目指して積極的な働きかけを行います。モデルケースや実践例を踏まえ、推進リーダーの役割・ポイントを確認しておきましょう。

（1）分掌、学年、学級レベルの方向付け

各学級の様子を見に行こう

　実践面での推進リーダーの目標は、ポジティブな対応の充実です。そのために、推進リーダーはできる限り各学級の様子を見に行きます。推進リーダーが学級担任も担っているなど、各学級の様子を確認することが難しい場合には、校長や教頭が教室を巡回する中で得られた情報を推進リーダーと共有しても良いでしょ

う。この時の観察の視点は、全教職員で共
有された手立てが一貫して行われるか、だ
けではありません。各分掌、各学年、各学
級、各教科でオリジナルの実践を見つけ、
つぶさに拾い上げることが重要です。オリ
ジナルの実践は、教職員のそれぞれがポジ
ティブな指導・支援の在り方を自発的に検
討し、各自の実践に落とし込んだ結果です。
こうした細かな工夫に対して、理論的根拠

とともにポジティブなフィードバックを行うことが大切です。推進リーダーとし
て、教職員の工夫が学校の取組と整合するように後押ししましょう。

（2）修復するアプローチの浸透

> 問題行動への一貫した対応を議論しよう

　実践面のスケールアップは、適切な行動への指導・支援に留まりません。児
童生徒に問題行動が生じたときにも、一貫した対応を求めます。このとき、
SWPBS を実施する学校で採用されるのが、「修復するアプローチ」です。これは、
問題行動の直後に注意や叱責を与える、という罰的なアプローチに代わるもので
す。具体的には、修正すべき行動を指摘し、適切な行動を促し、できたときに称
賛・承認する、というものです。
　学校全体にポジティブな指導・支援を広げるのが第1層支援です。推進リーダー
は、修復するアプローチの効果や必要性の議論を全教職員に促し、問題行動があっ
た場合にも対応を一貫させるよう方向付けます。加えて、修復するアプローチが
共通理解に至れば、その内容を学校の内部規定に明記するように促します。こう
した推進リーダーの働きかけは、SWPBS の持続可能性を一層高めるでしょう。

（3）PBS 的対応をシステム化する後押し

> 改めて、全教職員で行動変容を促す方法を確認しよう

　推進リーダーのフィードバックは、教職員一人ひとりに留めず、組織にも行います。特に、各分掌、各学年、各学級、各教科の実践上の工夫を偶発的なもので終わらせないためには、新たな取組を各分掌の年間計画、各学年や各学級の経営案、各教科の指導計画、といったものに位置付けることが大切です。ただし、計画等の立案自体は、組織ごとの仕事です。推進リーダーは、実践上の工夫を継続・発展させることで期待できる効果、意義など、議論の材料を各組織に提供し、議論を促すことになります。理想は、計画等の年度末の見直し、新年度当初での提案、という流れです。推進リーダーは、全教職員で行動変容を促す方法がボトムアップで進むように、組織への働きかけを積極的に行いましょう。

（4）成果の共有・発信

> 成果報告（アピール）をまとめよう

> 児童生徒、保護者、地域住民とのつながりをつくろう

　SWPBS のスケールアップは、教育活動の成果に直結します。成果が実行度データや成果データとして客観的に示されていれば、その進捗も容易に把握できるでしょう。この点で、各種データを活用し、成果報告（アピール）をまとめましょう。推進リーダーは、データ活用のスケールアップを念頭に、学校教育を理解し、協力し、参加するすべての関係者とのデータ共有を促進しましょう。

　データ共有自体は学校組織として進めます。ですから、児童生徒との共有は児童会・生徒会担当者と、保護者や地域住民との共有は渉外担当者と、それぞれ協働することが大切です。推進リーダーは、取組の進捗に応じて各担当者とデータ共有の方法を協議し、学校組織としての発信を支援しましょう。

　データは、学校評価の材料としても活用可能です。SWPBS が学校規模で価値ある成果を生み出すのであれば、学校教育目標、学校経営方針、グランドデザインなどとも高い整合性があるでしょう。また、SWPBS 実施で得られたデータを評価に活用することは、校務の効率化にもつながります。推進リーダーは、データの活用可能性に関する管理職との議論を通して、管理職のリーダーシップ発揮を下支えできるとよいでしょう。

コラム 9　SWPBS に取り組む先生の声

「まずは教師でやってみる！学校のみんなで取り組むポジティブ行動支援」

　本校では生活アンケートの「自分には良いところがあると思う。」という項目で否定的な回答を選ぶ生徒が全体の 40% 程度おり、なんとか生徒の自己肯定感を高めたいという思いから令和元年度より PBS の実践を始めました。1 年目は GB（Good Behavior）チケットをとにかくたくさん配り表彰すること、学年の行動目標を設定しマトリクスを作成することに取り組みました。しかし、我々がこれらのことを「何のために」行うかを理解していなかったため、いわゆる PDCA サイクルの "D" のみが強調され、多忙感が増えてしまう結果となりました。2 年目はこの反省を踏まえ、教職員全体が PBS を理解することを目的に 3 つの工夫を行いました。1 つ目は「PBS 運営チームの結成」です。管理職や生徒指導主事からのトップダウンではなく、各学年の若手教職員をチームに加え、彼らから学年ごとのニーズを出してもらいながら、年間計画の作成や職員研修を行いました。実践において教職員から「何をしているかよくわからない」と思われることは大きな損失です。とにかくわかりやすく実践の概要を伝えることを心がけました。2 つ目は「生徒がやることを教師もやる」です。これが本校で PBS が成功した最大の理由だと考えられます。PBS の理解のためには教職員自身が PBS を行うことがもっとも効率的ではないかと考えました。具体的には 4 月の研修で本校の職員としての望ましい行動を学校の場面に照らし合わせて考え、「職員室マトリクス」を作成しました。また「教師間 GB チケット」を作成し、職員室内での良い行動に対して教師間でチケットを渡し合うことにしました。大人でも褒められると照れくさくて嬉しいものです。これをきっかけに教職員の PBS への理解が深まり、GB チケットを積極的に生徒に渡す先生が劇的に増えました。また秋には自分達のマトリクスを見直し、未達成の項目についてキャンペーンを行うという評価・改善の流れもできました。3 つ目は「表彰の簡略化、GB バッジの作成」です。チケット獲得枚数に応じた色のバッジを作成し、そのバッジはどこにつけても構わないことにしました。生徒によっては筆箱やカバンにつけたり、中にはブレザーの胸元につけている生徒もいます。良い行動の結果を視覚化することで生徒のモチベーションの向上につながりました。また、数値としても大きな変化が出ています。本校は生徒の学校生活を ASSESS（学校適応感尺度）を用いて評価しています。この 3 年間で最も向上した項目は教師サポート（先生との関係が良好だと感じているか）と友人サポート（友人との関係が良好だと考えているか）でした。良い行動をすれば褒められ、互いに認め合う環境がこのような結果につながったのだと感じています。また、当初 40% 程度だった「自分にはいいところがあると思う」の否定的な回答を選ぶ生徒が 13% まで減少しました。現在実施 4 年目ですが、PBS は本校の顔と呼ぶにふさわしい実践に成長しました。今は担当者の引き継ぎと実践の持続性を保つことが課題としてあがっています。とにかく「学校みんなで」を合言葉に、今後も実践を続けていきたいと思います。

守口市立樟風中学校（前・寝屋川市立第八中学校）池嶋 一隆

文献

第 1 節

文部科学省初等中等教育局児童生徒課（2022）．令和 3 年度児童生徒の問題行動・不登校等生徒指導上の諸課題に関する調査結果について．文部科学省，2022 年 10 月 27 日，https//www.mext.go.jp/content/20221021-mxt_jidou02-100002753_1.pdf（2023 年 3 月 17 日閲覧）

National Implementation Research Network（2020）．The Hexagon: An Exploration Tool: Hexagon Discussion & Analysis Tool Instructions. Chapel Hill, NC: National Implementation Research Network, FPG Child Development Institute, University of North Carolina at Chapel Hill.

第 2 節

Fox, L., & Hemmeter, M. L.（2009）．A programwide model for supporting social emotional development and addressing challenging behavior in early childhood settings. Handbook of positive behavior support, 177-202.

庭山和貴（2020）．中学校における教師の言語賞賛の増加が生徒指導上の問題発生率に及ぼす効果－学生規模のポジティブ行動支援による問題行動予防－．教育心理学研究，68（1），79-93.

徳島県教育委員会・東みよし町教育委員会（2018）．スクールワイド PBS －スクールワイド PBS を学校に導入するために―．徳島県立総合教育センター特別支援・相談課，2018 年 2 月，https://manabinohiroba.tokushima-ec.ed.jp/wysiwyg/file/download/20/320（2023 年 3 月 27 日閲覧）

第 3 節

松山康成・三田地真実（2020）．高等学校における学校規模ポジティブ行動支援（SWPBS）第 1 層支援の実践－ Good Behavior Ticket（GBT）と Positive Peer Reporting（PPR）の付加効果－．行動分析学研究，34, 258-273.

庭山和貴・松見淳子（2016）．自己記録手続きを用いた教師の言語賞賛の増加が児童の授業参加行動に及ぼす効果－担任教師によるクラスワイドな "褒めること" の効果－．教育心理学研究，64, 598-609.

大久保賢一・月本 弾・大対香奈子・田中善大・野田 航・庭山和貴（2020）．公立小学校における学校規模ポジティブ行動支援（SWPBS）第 1 層支援の効果と社会的妥当性の検討．行動分析学研究，34, 244-257.

第 4 節

安藤きよみ・中島望・鄭英祚・中嶋和夫（2013）．小学校学級担任の学級運営等に関連するストレス・コーピングに関する研究．川崎医療福祉学会誌，22, 148-157.

Chaparro, E. A., Horner, R., Algozzine, B., Daily, J., & Nese, R. N. T.（2022）．How school teams use data to make effective decisions: Team-initiated problem solving (TIPS). Center on PBIS, University of Oregon. www.pbis.org.

第3章

学校規模ポジティブ行動支援
（SWPBS）の展開

　第3章では、「支援の階層化」と「地域規模でのSWPBSの展開」について扱います。

　第1節の「支援の階層化」では、SWPBSの第1層支援で十分な行動改善が見られない児童生徒を対象とした第2層・第3層支援について、その概要や実施に必要な校内体制を説明します。また、それらの児童生徒を抽出する方法や観点、SWPBSを支える推進チームと推進リーダーへの期待についても言及します。

　第2節の「学校規模ポジティブ行動支援の普及・拡大」では、地域規模でSWPBSを推進していく際に必要な9つの要素を説明します。それぞれの要素について、アメリカの研究で得られた知見だけでなく、国内の先進的な自治体の例も紹介します。

第1節

支援の階層化

① 追加支援を要する児童生徒の抽出

ポイント

● 第1層支援では十分な行動改善が見られない場合には、より手厚い支援として第2層支援、第3層支援に移行します。

● どの児童生徒により手厚い支援が必要であるかはデータをもとに判断します。

● 支援の効果が見られない児童生徒に社会構造的な偏りがないか、公平性の観点からの点検も重要です。

（1）第1層支援によってどこまでの効果が得られたか

　本書ではSWPBSの第1層支援の実践に焦点を当てて、その進め方について具体的に第2章において説明をしてきました。また、第1章でも解説した通り、第1層支援というのは全員の児童生徒を対象としたユニバーサルな支援です。第1層支援を整えることにより、多くの児童生徒にとって予測可能で一貫性があり、問題行動の少ない安心できる学校環境が整うことになると期待されますが、このような環境を整えてもなお、一部の児童生徒には問題行動が依然として起こり続けることがあります。その場合、次のより手厚い第2層支援に移行します。さらに第2層支援でも行動に改善が見られない場合には、その当該の児童生徒に特化して個別に計画された支援を第3層支援として実施します。

　このように、SWPBSでは階層構造を成して、児童生徒のニーズの程度に合わせた支援を行うような仕組みになっています。まず第1層支援から整えていくことが原則で、その中でさらに追加の支援が必要な児童生徒を特定していき、よりニーズの高い児童生徒に対して支援を段階的に手厚くしていきます。より手厚い

支援を必要とする児童生徒をどのように抽出するかについては様々な方法がありますが、1つの方法としては「成果データ」から判断することができるでしょう。

「キャンペーン」という形で特定の目標行動に取り組むような実践が行われている場合は、その行動ができているかどうかを成果データとして記録することがあります。例えば、「チャイム着席キャンペーン」としてチャイムが鳴るまでに着席しておくことを目標行動として取り組んだ場合に、児童生徒自身もしくは委員会の児童生徒、あるいは担任教師によりチャイムが鳴った時点で着席できているかどうかが成果データとして記録されます。キャンペーンの期間中はこの記録を毎時間、毎日継続して行うわけですが、このデータから特定の児童生徒がチャイム着席できていない実態が見えてきます。このキャンペーンでは、第1層支援として「チャイムが鳴り終わるまでに着席する」という明確な目標設定と、休み時間が終わる際に委員会の児童から教室に素早く戻るようにとの声かけ、またチャイム着席ができた児童の席には担任教師がシールを貼っていくという手続きを実施したとします。これらの手続きは第1層支援として児童全員に一律に実施されます。明確なルールの提示がなく、チャイムが鳴り終わるまでに着席していたとしても特に褒められたりすることもなかった環境から、このような環境に変えることで、ほとんどの児童はチャイム着席ができるようになります。しかし、一定数の児童については、このような環境設定を行っても、改善が見られない場合があります。つまり、全員一律で行っている第1層支援の手続きだけではそれらの児童のニーズには合っておらず不十分で、そのような児童がチャイム着席をできるようにするためには、追加の支援を行う必要があるということがわかります。

このように、第1層支援を実施した際には、学校全体あるいは学級全体としての成果を見るだけではなく、児童生徒個別の成果にも着目し、第1層支援の手続きはどこまでの児童生徒には効果的で、誰にとっては十分な成果につながらず追加の支援が必要か、という点を把握しておくことが重要です。

（2）公平性の観点からの確認

One size doesn't fit all（1つのサイズが全員には当てはまらない）という表現があるように、どれだけ有効だとされる実践であってもそれが全員に漏れることなく効果を発揮するということはありません。当然ながら、その実践が「合わない」児童生徒というのは一定数出てきます。先のチャイム着席の例では、第1層支援の手続きが、ある特定の児童生徒のニーズに合っておらず、不十分であるためにその児童の行動改善につながらなかったという説明をしました。支援が特定の児童生徒の成果につながらない理由を考える際に、もう一つ重要な観点があります。

　それは、ある支援が特定の児童生徒に十分に効果を発揮しない背景に、社会構造的なものがないかを確認することです。つまり、第１層支援をしても行動の改善が見られない児童生徒が、ある特定の社会的グループに属する児童生徒に偏る場合、それは第１層支援として行っている「ユニバーサル」とされる支援が、ある特定のグループに属する児童生徒に対して配慮なく実施されている可能性があるということです。例えば、行動の改善が見られない児童生徒が、児童養護施設から通っている児童生徒や、外国にルーツのある児童生徒、もしくは生活保護世帯の児童生徒に偏っているということがあるかもしれません。このように、特定の社会的背景を持つ児童生徒に偏って行動の改善が見られない、あるいは問題行動が多く報告される、ということがある場合には、第１層支援での実施方法や学校システムそのものに、これらの児童生徒を排除するような構造的問題があるのかもしれません。

　SWPBS を進めていく中で、誰により手厚い支援が必要かを把握し、その個別のニーズに対応していく観点が重要であると同時に、社会構造的に排除されてしまっているケースはないか、ということを常に点検しながら進めていく観点もまた重要であると言えます。

② 第２層支援

ポイント

●第２層支援は、第１層支援で行う手立てを、児童生徒のニーズの程度に合うようにより手厚くして行います。

●最もよく使われる第２層支援の実践がチェックイン・チェックアウト（Check-in Check-out; CICO）と言われるものです。

●第２層支援においても校内に支援チームを編成し、チームの各メンバーが担う役割を明確にして進めていきます。

（1）第２層支援の実施方法

　第２層支援は、基本的には第１層支援で行うことをより手厚く対象となる児童生徒に届くように実施するということです。例えば、先のチャイム着席の場合では、「チャイムが鳴り終わるまでに教室に戻りましょう」というのが第１層支援で全員に出している指示（行動の前の A の工夫）だとすれば、第２層支援とし

ては対象となる児童に戻ってくる時計の時刻を図で視覚的に示すことや、休み時間が終わる少し前に個別の声かけをすることなど、より明確に行動を引き出すような支援を対象児童にわかりやすく示すこと（より手厚い行動の前のＡの工夫）が第２層支援としてできることの一つです。また、他の児童はお昼休み明けのタイミングのみ、チャイム着席に対してシールがもらえるという手続き（行動の後のＣの工夫）だとすれば、対象児童はそれ以外の時間も毎回シールがもらえるようにする、といったようにシールをもらえる頻度が多く設定される（より手厚い行動の後のＣの工夫）ことも、第２層支援の例と言えます。つまり、児童生徒のニーズに応じて第１層支援の手続きの頻度や強度等を調整し、追加の支援を行うことが第２層支援です。学習支援でも同じだと思いますが、全員に同じよう

＿＿＿＿＿＿さん　と＿＿＿＿＿＿先生　の　**スマイル大作戦**

私は、毎日スマイルで学校生活を過ごすために、

＿＿＿＿＿＿の中でも特に＿＿＿＿＿＿という行動

＿＿＿＿＿＿の中でも特に＿＿＿＿＿＿という行動

＿＿＿＿＿＿の中でも特に＿＿＿＿＿＿という行動

をがんばります。

自分からがんばった場合＝２点ゲット！
先生から言われてがんばった場合＝１点あと少し！
先生から言われてもやらなかった場合＝０点ざんねん！

今日、いいねカード
はもらいましたか？
はい　／　いいえ

月　日 （　）	目標		
朝読書	２・１・０	２・１・０	２・１・０
朝の会	２・１・０	２・１・０	２・１・０
１時間目	２・１・０	２・１・０	２・１・０
２時間目	２・１・０	２・１・０	２・１・０
３時間目	２・１・０	２・１・０	２・１・０
４時間目	２・１・０	２・１・０	２・１・０
給食	２・１・０	２・１・０	２・１・０
５時間目	２・１・０	２・１・０	２・１・０
６時間目	２・１・０	２・１・０	２・１・０
清掃	２・１・０	２・１・０	２・１・０
帰りの会	２・１・０	２・１・０	２・１・０
ポイント 合計	／	／	／

先生のサイン＿＿＿＿＿＿＿＿＿＿＿＿

保護者のサイン＿＿＿＿＿＿＿＿＿＿＿

図 3-1-1　CICO に用いるシートの例

にある単元の内容を指導して、ほとんどの児童生徒はそれで理解ができていたとしても、一定数理解に時間がかかったりする児童生徒がいると思います。そんな時には、ヒントを出してあげたり、他の子よりもステップを細かくして提示してあげたり、練習の回数を増やしたりと個別に追加の支援をしていることでしょう。SWPBS で扱われる行動面の支援についても、同じ発想で考えることができます。

　SWPBS で第2層支援として行われている実証的な裏付けのある方法は複数ありますが、ここではよく使われる方法として、チェックイン・チェックアウト（Check-In/Check-out; CICO、Crone et al., 2010）を紹介します。具体的には毎朝、対象児童生徒は担当の教職員のところへ行き「チェックイン」をします。この時に図 3-1-1 のようなシートを受け取ります。このシートは、その日1日のタイムスケジュールに沿って、SWPBS で設定されている「学校で期待される姿」（例えば、決まりを守ろう、友達を大切にしよう、自分を大切にしようなど）に沿った行動がどの程度できていたかを評価することができるようになっています。チェックインでは、CICO 担当教員とその日の毎授業で「期待される姿」に沿って行動できるように確認をし、獲得する目標ポイント数を設定します。その後、対象児童生徒はそのシートを持って授業に行き、授業終わりに授業担当者にシートを渡して評価をつけてもらいます。1日の終わりには、再度 CICO 担当教員のところへシートを持って行き「チェックアウト」をします。ここでは対象児童生徒と CICO 担当教員で一緒にシートを確認し、あらかじめ決めておいた目標のポイント数に到達できた場合はご褒美が渡されます。児童生徒はそのシートを家に持ち帰り、保護者にサインをしてもらって翌日学校に持ってきます。このよ

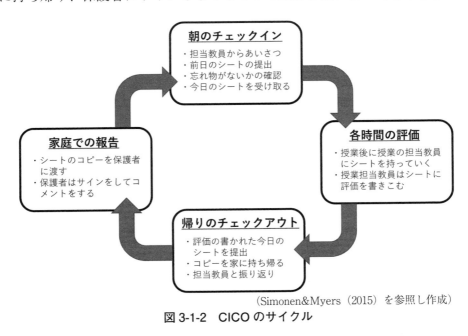

(Simonen&Myers（2015）を参照し作成)

図 3-1-2　CICO のサイクル

うなサイクルを毎日繰り返し行います（図3-1-2）。

　CICO では、対象児童生徒は大人との個別の関わりの頻度が増えることになります。したがって、問題行動が大人や周囲の子どもの注目を獲得するために起こっている場合に特に有効だとされていますが、そうではない理由（例えば、課題や大人との関わりを回避するため）で起こっている問題行動に対して用いる場合には注意が必要です。つまり、第2層支援に移行された全てのケースで CICO をここで紹介したやり方で実施するということは適切ではなく、その対象児童生徒の問題行動がどのような理由で起こっているかも踏まえながらそれに応じた工夫や調整を行うことが大切です。また、第2層支援を実施している場合にも、並行して第1層支援は継続されます。

　第2層支援では、CICO のような支援の他に、一人ひとりの子どものニーズに対応するために、複数の支援オプションを用意しておくことが推奨されています（Algozzine et al., 2014）。このような第2層支援の支援タイプは大きく3つに分けることができ、CICO のように（1）教職員が児童生徒に対して定期的に個別の声かけや称賛・承認を行うものに加えて、（2）小集団のソーシャルスキルトレーニング、（3）小集団の学習支援に分けられます（Bruhn, Lane, & Hirsch, 2014）。行動面への第2層支援の一つとして、学習支援が挙げられているのは、学習面の問題が問題行動の要因になりうるからです。例えば、ある子どもの学力レベルと授業内容が合っていない場合、本人にとって難し過ぎる課題を避けようとして問題行動につながってしまう場合があります。このような場合、"ただ静かに授業に参加する"ことを目標にするのでは本人のためにならず、授業内容の改善はもちろんのこと、授業中の支援や学力保障のための学習支援も必要になってくるでしょう。

（2）第2層支援を行うために必要な校内体制

　第2層支援を実施するためには第1層支援と同様、校内に支援チームを編成する必要があります。第2層支援では、対象となる児童生徒が焦点化され、より個別に対応する場面が出てくることから、チームのどの教職員がどの役割を担当するかについては明確に決めておいた方がいいでしょう。また、第2層支援のチームに含まれなかったとしても、CICO の手続きに関わる授業担当の教職員には、評価の基準などを事前に周知しておくことが大切です。

　第2層支援のチームは1週間に1回程度集まり、シートに記録されたデータを確認します。このデータに基づき、翌週の目標設定や必要に応じて第3層支援への移行、もしくは第2層支援の終了についての意思決定を行います。意思決定のためには、あらかじめルールを決めておくといいでしょう。例えば、対象児童生

徒が目標を1週間連続で達成できた場合には、目標を次の段階に高め、最も高いとされる目標を1週間連続で達成できた場合には、授業担当教員に毎時間評価してもらう形式から自己評価をする形式へと変更し、セルフモニタリングができるようにする。最終的にセルフモニタリングの形式を用いて1週間連続で目標達成ができれば、第1層支援へと戻すことを決定するというように、達成基準とそれに伴う次のステップへの進め方を決めておきましょう。また、より手厚い第3層支援へと移行することへの意思決定についても同様に、3回連続で目標が達成できなかった場合などの基準を決めておきます。ただし、第3層支援は次に説明するように、さらに個別化された手厚い支援になりますので、より多くのリソースを必要とします。したがって、目標達成ができなかったらすぐに第3層支援へ移行するということではなく、第2層支援の中でできる限りの調整は一通り行った上で、第3層支援への移行を決定するのがいいでしょう。

③ 第3層支援

ポイント

●より手厚い支援である第2層支援でも行動の改善が見られない場合には、個別化された支援である第3層支援に移行します。
●第3層支援では、機能的アセスメントに基づいて行動指導計画を立てます。
●第3層支援の支援チームは個別の児童生徒ごとに編成されます。
●月1回のケース検討会議は構造化することで効果的に行うことができます。

（1）個別の行動支援

第2層支援で手厚い支援を行っても、問題行動の改善が見られない場合には、第3層支援に移行することになります。まず、第3層支援が必要だと判断された児童生徒に対して、支援チームを構成します。ここから説明する第3層支援のプロセスは、原則的にこのチームで進めていくことがポイントです。対象児童生徒の学級担任が一人で抱えて対応していくのではありません。第3層支援では、対象児童生徒個別に問題行動に対する機能的アセスメント（Functional Behavior Assessment; FBA）が行われ、そのアセスメントの結果をもとに個別の行動指導計画（Behavior Intervention Plan; BIP）が立てられます。

　FBA とは、問題行動がどのような状況やきっかけで起こりやすいかという行動の前（A）、および問題行動がどのようなメリットにつながり維持されているのかという行動の後（C）を明らかにすることで、問題行動（B）が何かを「獲得するため」もしくは「回避するため」のいずれの機能で起こっているのかについて仮説を立てるためのアセスメントです。FBA では最初に、チームで対象児童生徒の問題行動と思われる行動を挙げていきます。多くの場合、複数の行動が挙がってきますので、チームでその時点で取り扱うべき問題行動の優先順位を決めます。対象とする問題行動が決まったら、その問題行動を具体的に定義します。具体的とは、誰から見てもその行動が観察でき、記録できるように客観的に記述されているということで、例えば「癇癪を起こして暴れる」ではなく「泣いて床に寝転んだり近くにある物を投げたりする」と記述する方が具体的ということになります。問題行動が定義できれば、次に問題行動（B）の前（A）と後（C）についての情報を集めます。情報収集の方法には、直接観察、関係者からの聴き取り、FBA のチェックリストの活用などがあり、実施しやすいものを採用するか、もしくは複数の方法を組み合わせて行います。情報収集の結果に基づき、問題行動がどのような場面や状況で頻繁に起こっているのか、またその問題行動がどのような結果（獲得もしくは回避）につながることによって維持されているのかという仮説を立てます。立てられた仮説が妥当であるとチームの合意が得られたら、次に BIP の作成へと移ります。

　BIP の作成では、仮説に基づき、①予防の支援、②指導の支援、③強化の支援の３つをチームで意見を出しながら決めていきます。①予防の支援とは、問題行動が起こりやすい環境設定を調整し、またその状況で起こって欲しいより適切な行動が起こりやすい環境を設定する計画を立てます。②指導の支援では、問題行動と同じ機能を果たすより適切な行動を具体的に定義し、その行動を対象児童生徒に教えます。③強化の支援では、適切な行動に対して問題行動で獲得できていたものと同じメリットが獲得できるように設定をしていきます。このようにして、問題行動を減らし、代わりとなる適切な行動が増えていくように BIP を立てていきます。BIP ができたら、その支援の具体的な手順も書き出しておき、チームで共有しておきます。書き出された手順は、支援の実行度の確認にも使用します。支援を開始する前には、支援者が計画通りの手順で支援が実行できるように練習を行います。十分な実行度で支援が実施できることが確認できれば支援を開始し、支援実施中も定期的に実行度を確認しておきます。

　また、作成した BIP が問題行動の減少および適切な行動の増加という成果につながっているかは、データから確認します。成果データの記録方法については、第1章第5節でも解説されていたような様々な方法がありますが、ここでは一例

行動	評価	日付				
		10月1日	10月2日	10月3日	10月4日	10月5日
癇癪	>9	⑤	⑤	5	⑤	5
	7~9	4	4	④	4	4
	4~6	3	3	3	3	3
	2~3	2	2	2	2	2
	0~1	1	1	1	1	1

5＝1日に10回以上（特別に悪い日）
4＝1日に7~9回（典型的な悪い日）
3＝1日に4~6回（まぁまぁの日）
2＝1日に2~3回（良い日）
1＝1日に0~1回（素晴らしい日）

図3-1-3　行動の記録方法の一例

として5段階で評価する方法を紹介します（図3-1-3）。この方法では、例えば問題行動として癇癪を記録する場合、1が素晴らしい日（1日に癇癪が0～1回）、5が特別に悪い日（1日に癇癪が10回以上）として記録をします。適切な行動については1が特別に悪い日、5が素晴らしい日として、1日に1回評価をつけていきます。5段階評価で成果データの記録をとる際は、評価基準について具体的・客観的な定義をし、特に記録者が複数いる場合には同じ基準で記録できるようにしておくことが大切です。

（2）第3層支援を行うために必要な校内体制

　第3層支援についても、先に述べた通り、第1層支援、第2層支援と同じく校内に支援チームを構成します。人的リソースの確保が難しい場合は、第2層支援のチームと統合することも可能です。また、支援チームを第3層推進チームと個別支援チームに分けて構成することもできます。この場合、コアチームは、固定のメンバーで編成され、第3層支援のすべてのプロセスに関わります。第3層支援ではより高い専門性を必要とするため、コアチームのメンバーには外部の巡回相談員やスクールカウンセラーなど行動支援の専門家を含めることが望ましいでしょう。実行チームは、対象児童生徒ごとに個別に編成され、BIPで決められた支援を実行する部隊となります。そこには必ずコアチームのメンバーも含まれ、他には対象児童生徒の担任教師や保護者、対象児童生徒に関わりのあるその他の教師など、対象児童生徒のことをよく知り、情報提供ができる人物、またBIPを実行できる人物が含まれます。

　第3層支援チームは月1回程度集まり、ケース検討会議を行います。ケース検討会議では、行っているBIPの経過を成果データと実行度データから確認します。

成果データでは、問題行動が減少しているかどうか、また問題行動の代替行動として設定した適切な行動が増えているかどうかを確認します。成果データが期待するような変化を示していない場合は、次に実行度データを点検し、計画していた通りの手順で支援が実行されたかを確認します。実行できていない点があった場合は、再度直接支援に関わる者をトレーニングしたり、手続きを実行しやすいものへと変更したりして調整をします。成果データが安定して目標を達成している場合は支援を段階的に緩めていきます。第3層支援を必要とする児童生徒は、支援対象となっている問題行動以外にも家族環境やメンタルヘルスの問題を複合的に抱えていることも少なくないため、それらの事情も配慮し、チームで話し合って支援の移行については判断しましょう。

　第3層支援では最低月1回のケース会議を対象児童生徒の数だけ設定することになりますので、特にコアチームに入っている教職員にとっては非常に大きな負担となります。さらに、ケース会議が構造化されていない場合、長時間費やした割に具体的なことが何も決まらないということにもなりがちで、ただ教職員の疲労感だけが積もっていきます。効果的にケース会議を持つためには、いくつか重要なポイントがあります。まず、会議の開始時刻だけではなく終了時刻も決めておき、必ずその時刻には終わることです。また、会議用議事録フォーマットを作成し、あらかじめその会議で検討すべき議題、それぞれの議題に費やす時間配分も決めておきます。会議の場ではタイムキーパー役を決め、タイムキーパーが時間を管理しながら会議を進めます。そうすることで話が横道に逸れることが防がれ、設定した時間内に決めるべきことが検討されます。会議の終わりには、今後対応すべきこととして挙がったタスク、そのタスクの担当者、タスクを実行する期限を決めてそれも記しておきます。会議の書記担当者がフォーマットに沿って議事録を取り、会議後にはメンバー全員に共有します。このように、ケース会議を持つ際には、会議の中での役割、会議で検討すべき議題、各議題に費やす時間配分、タスクの担当者と期限を決める、という形で進めることで時間を有効に使うことができます。

　以上は第3層支援の概要的説明で、本書では詳細は省きますが、第3層支援についてより詳しく知りたい方は、巻末に紹介している個別の行動支援に関する本などをご参照ください。

④ 推進チーム・推進リーダーへの期待

ポイント

● 推進チームと推進リーダーの役割として重要なことは、SWPBS の全体像を把握することです。
● SWPBS は、推進リーダー一人ですべてを抱えるのではなく、児童生徒、教職員、保護者などの関係者一人ひとりが当事者となり学校を作っていくことを目指します。

　本書は SWPBS の第１層支援に焦点を当てた推進チームおよび推進リーダーへの指針書ですが、SWPBS の完成形では３層支援モデルに基づき、第１層支援から第３層支援までが連続性を持って実施されることになります。完成形にまで整えるには校内の様々なシステムの変更・調整が伴うために、それ相応の時間がかかります。推進チームや推進リーダーは、本書に沿って、まず第１層支援を基盤として整えることを最優先事項として進めて欲しいと思います。しかし、学校内には当然ながら第２層支援、第３層支援のニーズがある児童生徒がいますので、それらの児童生徒には、これまでに校内で実施している個別対応の方法で継続して支援を行ってください。第１層支援が十分に行き渡ると、支援ニーズの高い児童生徒ほど大きな成果が見られることがこれまでの研究では示されています（Bradshaw, Waasdorp, & Leaf, 2015）。したがって、第１層支援が効果的に行われた結果、本当に手厚い第３層支援が必要な児童生徒はかなり絞られてくること

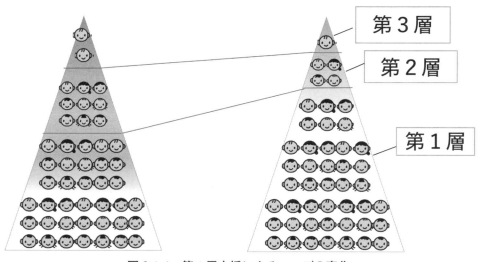

図 3-1-4　第１層支援によるニーズの変化

になります（図3-1-4）。必要な児童生徒に必要なリソースを分配できるようにするためにも、第1層支援から整えていくことが重要なのです。

　また、3層支援モデルについて誤解のないよう説明しますと、これは児童生徒をグループ分けするシステムではないということです。図3-1-5に示されているように、第1層支援で対応できる領域のものがあれば、別の領域については第3層支援が必要となるといったように、同じ個人の中でも複数のレベルの支援ニーズが混在します。3層支援モデルというのは支援ニーズに対応した支援を届けるためのシステムであるため、推進チームや推進リーダーには個人の強みとニーズを把握しながら、第1層支援から第3層支援を柔軟に行き来しつつサポートできるよう、個人内の支援ニーズの多様性に着目する視点を持つことが期待されます。

　本書をここまで読まれて、推進チームや推進リーダーとして果たすべき役割の多さ、求められるスキルや専門性の高さに圧倒されてしまっている方もいるかもしれません。一人ひとりPBSを進めるにあたって、推進チームや推進リーダーの役割が重要なことは言うまでもありませんが、それは推進チームや推進リーダーで全てを担うということではありません。推進チームや推進リーダーとして最も重要な役割は全体像を把握しておくことであり、今何をしようとしているのか、次はどこへ進もうとしているのかという方向を示すことです。そのために本書があります。そして、SWPBSの実践を通して学校を自分たちの理想とする形に作り上げていくのは、児童生徒、教職員、また保護者を含む関係者たち一人ひとりです。誰かに任せるのではなく、一人ひとりが当事者として学校を作っていく、この場を作っていく、それがSWPBSなのです。

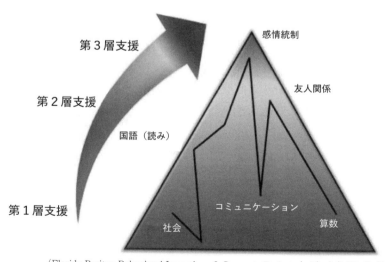

（Florida Positve Behavioral Inventions & Supports Project（n.d.）を参考に作成）

図 3-1-5　個人の支援ニーズの多様性

第2節

学校規模ポジティブ行動支援の 普及・拡大

① 地域規模での SWPBS の展開

ポイント

●アメリカでは、SWPBS を自治体規模で推進していく際に必要な要素が何か、研究によって明らかになってきています。

●こうした「自治体規模 PBS」に必要な要素について、日本とアメリカではその具体的な「形態」は異なるかもしれませんが、その要素がなぜ必要なのかという「機能」は日本も同様だと考えられます。

●「自治体規模 PBS」に必要な要素が何かを整理した「自治体版実行度チェックリスト」があり、市区町村用は DSFI、都道府県（アメリカでは州）用は SSFI と呼ばれています。

●本節では主に教育委員会関係者向けに、これら「自治体版実行度チェックリスト」の内容を解説し、日本において今後期待される展開について述べます。

　ここまで本書を読み、実際に SWPBS を実行してこられた／これから実行しようと思われている方の中には「SWPBS を他校に、地域に広げるにはどうすればよいのか？」と考える方もいらっしゃるでしょう。アメリカの研究では、どのようにして地域（自治体）規模で SWPBS を推進していけばよいのかについて、実証研究が進められています。そして、これらの研究によって、「自治体規模 PBS」に必要な要素が明らかになってきています。

　自治体規模で SWPBS を推進していく際に必要な要素をどれだけ実行できているか、実行度チェックリストとして採点・評価できるようにしたものが District Systems Fidelity Inventory（DSFI）と State Systems Fidelity Inventory（SSFI）です。日本でいうと、DSFI は市区町村用ですので「SWPBS の市区町村におけるシステム実行度尺度」、SSFI は都道府県用ですので「SWPBS の都道府県におけるシステム実行度尺度」と訳すことができます。本書でこれまで解説してき

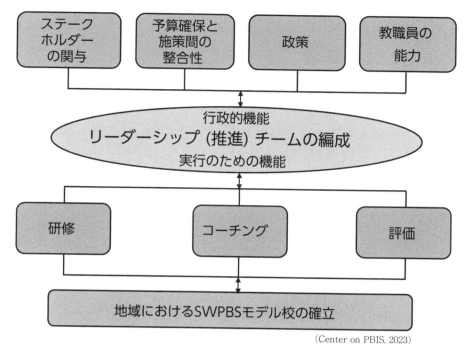

(Center on PBIS, 2023)

図 3-2-1　DSFI と SSFI の概要

た TFI は「学校全体の PBS の実行度」を評価するチェックリストですが、この DSFI と SSFI はその自治体版に当たり、「自治体が SWPBS を推進するのに必要な要素をどの程度実行できているか？」を評価し、数値化することが可能です。また DSFI も SSFI も、日本ポジティブ行動支援ネットワークのホームページで日本語版が公開されています（https://pbsjapan.com/210929/）。

　DSFI は全 56 項目、SSFI は全 45 項目からなりますが、DSFI と SSFI ともにこれらの項目が 9 つの下位尺度（要素）にまとめられています。これは、アメリカにおける 183 の地域と 760 校を対象とした研究に基づいています（Kittelman et al., 2022）。また、この研究では、DSFI と TFI の相関が検証されており、DSFI の総合得点と TFI 第 1 層支援の得点の相関の高さ（相関係数 .49【$p <$ .01】）が報告されています。

　DSFI と SSFI の概要を示したのが図 3-2-1 です。先に述べた以下の 9 つの要素の関係性が示されています。

　（１）SWPBS を推進するためのリーダーシップ（推進）チームの編成
　（２）ステークホルダーの関与
　（３）予算確保と施策間の整合性
　（４）政策
　（５）教職員の能力
　（６）研修

（7）コーチング

（8）評価

（9）地域における SWPBS モデル校の確立

　このうち、（2）〜（5）は SWPBS を推進する際に教育行政上、整えておくべき要素です。また、（6）〜（9）は学校現場における SWPBS の実行を直接支えるために必要な要素です。日本においては、（2）〜（5）は主に教育委員会事務局が担当し、（6）〜（8）は主に教育センター（自治体によっては教育研究所、教員研修センター等と呼称されます）が担当することが多いと考えられます。以下では、この9つの要素の概要を説明しながら、国内の先進的な自治体の例も参考に、日本においてどのようなことができるのかについて考察していきます。

（1）リーダーシップ（推進）チームの編成

　自治体規模で SWPBS を推進していく際にも、リーダーシップ（推進）チーム（以下、リーダーシップチームとする）が必要です。基本的には、教育委員会の中にこのリーダーシップチームが編成されることになるでしょう。このリーダーシップチームには、SWPBS を自治体規模で推進する上で必要な権限をもったメンバーに加えて、教育長など組織のトップに対して定期的に報告する機会のある人物が含まれているとよいでしょう。アメリカでは、各州でこのリーダーシップチームのコーディネーター役を指名しているところが多く、この州レベルのコーディネーターは SWPBS 推進のために十分な時間が割けるよう業務上の配慮がなされています。また、リーダーシップチームに SWPBS に関する高い専門性を持つ人材が含まれることも重要です。これについては、大学等との連携が必要になるかもしれません。そして、このリーダーシップチームが中心となって、自治体規模でどのように SWPBS を展開していくのか、短期的な計画だけでなく、中・長期的な計画を立案するようにします。

　学校レベルの推進チームと同様に、このリーダーシップチームは最低でも月1回は集まり、その推進会議は議題が明確で、効果的・効率的なものであることが大切です。つまり、各会議参加者が「次に何をするのか？」が明確に決まる会議であるということです。このためには、定期的に DSFI・SSFI に基づいて現在の自治体レベルの実行度を評価し、その評価に基づいた行動計画を立案するとよいでしょう。

（2）ステークホルダーの関与

　自治体規模で、SWPBS に関することを広報し、ステークホルダー（直接的・

間接的な利害関係を有する者）からの意見を集めるようにしましょう。教育委員会・教育センターのホームページ等でSWPBSの取組について紹介したり、成果について広報したりすることはよい方法だと考えられます。他にも、SWPBSの実践例を紹介したパンフレットや動画等を作成して公開することもよいでしょう。また、教育長など組織のリーダー的ポジションにある人物がSWPBS実践校を訪問するなど、目に見える形でSWPBS推進に賛同している姿を示すことも推奨されています。

（3）予算確保と施策間の整合性

　DSFIとSSFIの9つの要素のうち、学校現場のSWPBS第1層支援の実行度（TFI第1層支援の得点）と最も関連していると報告されているのが、この「予算確保と施策間の整合性」です（Kittelman et al., 2022）。SWPBSを自治体規模で推進するには、予算が必要です。初期は短期的な予算だったとしても、SWPBSの成果を着実に積み重ね、それをステークホルダーに共有していくことで、長期的な予算計画に移行していくことを目指しましょう。これを実現するためには、自治体の教育施策において目標とされていること、例えば不登校予防やいじめの未然防止、問題行動予防、自己肯定感の向上、教職員のメンタルヘルスなどが、SWPBSの実行によって改善できるということを示していくことが大切です。

　さらにSWPBSの他にも、子どもの心理・社会・行動面に関する教育施策が、同じ自治体の中で複数あることが多いと思います。そうした他の関連施策とSWPBSの方向性は揃っているでしょうか？他の関連する施策とSWPBSの関係性をはっきりさせ、連動しながら推進していくことを教育委員会として打ち出すことができると良いでしょう。DSFIやSSFIでは、文書でSWPBSと他の施策の関連性を示すだけでなく、図示することも奨励されています。こうして施策間の整合性を確保することは、学校現場に様々な施策がバラバラに降りていくことを防ぐことにもつながります。

　また、SWPBSに限らず、自治体規模で新しい施策を実施していこうとする際には、本書で既に紹介したヘキサゴンツールを参照しながら、その施策が本当に導入に値すべきかどうか検討するとよいでしょう。教育業界では、様々な新しい施策を次々と導入しながら、どれも人材不足・リソース不足・時間不足から中途半端な導入に終わり、結果として学校現場の負担を増やすばかりで、子ども達の成長につながっていないのではないか、という指摘が1980年代からなされています（Latham, 1988）。この指摘は、現在の日本の教育をめぐる状況にも当てはまるのではないでしょうか？こうした状況から脱却していくためにも、新しい施

策を導入する際の「意思決定プロセス」を整え、明文化しておくことが重要です。例えば、ヘキサゴンツールを参照しながら「本当にこの自治体の子ども達にこの取組は必要か？その根拠は？実際に実行していけるのか？十分なリソースは確保できるか？」などを検討し、必要に応じて既存の施策と統合したり、効果が見られない・負担に見合わない施策は廃止したりしていきましょう。

（4）政策

　自治体の教育政策にSWPBSの推進を明記することによって、当該自治体におけるSWPBSの普及は格段に促進されることになるでしょう。日本であれば、教育大綱や教育振興基本計画にポジティブ行動支援もしくはSWPBSの推進を記載することが考えられます（実際、国内では徳島県や宮崎県において記載されています）。また、SWPBSと明記せずとも、子どもの心理・行動面の成長や問題行動対応において、エビデンスに基づく指導・支援を推進することが記載されるだけでも良いかもしれません。

　ただし、SWPBSの実践校を増やしていくことはあくまで手段であり、それによって何を価値ある成果として期待するのか、成果指標についても明確にしておく必要があります。さらに「SWPBS実践校である」と言うことと、本書で示したようなTFIに基づく実行度の高いSWPBSが実際に行われているかは別物です。よって、SWPBSの実践校数の拡大だけでなく、SWPBSの実行度を高めていくこと、それをモニタリングする手段についても整理しておく必要があります。例えば、SWPBS実践校についてはTFIを定期的に評価し、自治体のTFI平均得点を把握しておくと良いでしょう。

（5）教職員の能力

　DSFIやSSFIでは、教員採用や教職員の人事評価において、ポジティブ行動支援の知識・技能を評価することが奨励されています。実際、アメリカでは教員採用の募集要項の「求める教員像」に「ポジティブ行動支援の知識・技能があること、実践した経験があること」などと記載されていることがあります。

　日本では、教員育成指標にポジティブ行動支援の文言を含めることが考えられます（これも国内では、徳島県において実例があります）。これによって、後ほど述べる自治体の教員研修にポジティブ行動支援・SWPBSに関する内容を含めやすくなります。また、教員育成指標の養成段階（教員採用前の段階）にポジティブ行動支援を位置付けることは、自治体としてポジティブ行動支援を学んだ人材を求めていることを示すことにつながります。

（6）研修

　各学校が独自に研修講師を招いて SWPBS 研修を行っている状態から、自治体として研修を実施できるようにしていきましょう。自治体の研修計画の中にSWPBS 研修を位置付け、探索―導入―試行―完全実施の各段階においてどのような研修内容が適しているのか検討した上で、体系的な SWPBS 研修プログラムを作成できるとよいでしょう。本書の内容が、研修内容を整理していく上で役に立つと思います。また、各 SWPBS 実践校の TFI の得点を集約し、自治体としてどの項目の得点が低くなりやすいのか把握し、これに基づいて研修計画・内容を改善していくことも大切です。他にも、初任者研修や中堅教諭等資質向上研修の一部にポジティブ行動支援を組み込むことによって、SWPBS として実践せずとも、教室内でポジティブ行動支援的な指導・支援を実践する教職員を増やすことにつながり、結果として SWPBS 推進への賛同も得やすくなるかもしれません。

　以上のような SWPBS 研修を、初期段階では大学教員等の外部専門家に依頼して実施するのでも良いのですが、長期的には自治体内部の人材だけでも行えるようにしていくことが重要です。SWPBS 実践校が拡大するにつれ、研修を行う頻度が増えますし、また SWPBS 研修を持続的に行うためにも大切な観点です。よって、SWPBS 研修だけでなく、SWPBS 研修ができる人材をどのように養成していくか、そういった人材に対する研修をどのように位置付けるかについても検討していく必要があるでしょう。

　また研修に加えて、SWPBS 実践校間の「実践交流会」を定期的に開催することも大切です。特に各実践校の推進リーダーが交流することによって、新しい実践のアイデアが生まれたり、校内で SWPBS を推進していく上での悩みを共有し解決策を導き出したりすることにつながるかもしれません。既に国内でも、この実践交流会を年2回ほど実施している自治体がありますが、参加した教職員（推進リーダー）からは、「志を同じくする仲間と出会えて、明日からまた頑張ろうと改めて思えた」、「今の進め方で間違っていないと、先進校の先生とお話しして確認できたのがよかった」などという声も聞こえてきています。

（7）コーチング

　ここでいう「コーチング」とは、SWPBS に関する専門性を持った学校外部の専門家が、各学校に合わせた助言・フィードバック等を行うことを意味します。この外部専門家を、「外部コーチ」と呼びます。SWPBS は特定のプログラムや手法ではなく「枠組み」であり、この「枠組み」を参照しながら各学校の実態に合わせて具体的にどのような実践を行うのか、またどのようなスケジュールで進めるのか検討する必要があります。この際、SWPBS に関する専門性を持った外

部コーチが、各校の推進リーダーや管理職に適宜助言し、また励ましたり、フィードバックしたりします。外部コーチが、学校のSWPBS推進会議に出席して、適宜助言するのも良いでしょう。校内の推進リーダーがSWPBS実践において、教職員をサポートするように、外部コーチは推進リーダーや管理職を支える役目です。外部コーチが直接、SWPBS実践校の教職員をサポートするために、定期的に各教室を巡回し、各教職員が行っている指導・支援のよい点を見つけて称賛・承認し、適宜助言するのも良いでしょう。

　研修と同様、初期段階ではこの外部コーチを大学教員等に依頼しても良いのですが、SWPBS実践校の拡大を見越して、外部コーチを自治体内で養成できるようにしていくことが大切です。よって、外部コーチ養成のための研修計画を立案したり、また外部コーチ間の情報交換会を企画したりする必要もあります。なお、米国では、スクールサイコロジストやSWPBS実践校の元管理職・元推進リーダーなどがこの外部コーチを務めることが多いようです。日本では、教育委員会・教育センターの指導主事や特別支援学校のセンター的機能を生かした巡回相談員がこの外部コーチを務めている例があります。

（8）評価

　前述の通り、SWPBS第1層支援の実行度と最も強く関連するのは、9つの要素の中では「（3）予算確保と施策間の整合性」だと報告されています。しかし、SWPBSの実行を直接的に支える「研修」「コーチング」「評価」の3つの要素に絞ると、この「評価」が最も強く関連すると指摘されています（Kittelman et al., 2022）。よって、研修やコーチングを行うだけでなく、自治体としてSWPBSの「成果データ」および「実行度データ」を学校現場が定期的かつ最小限の負担で収集できるように仕組みを整え、各校のデータをモニタリングできる体制を整えるようにしましょう。

　「成果データ」については、例えば生徒指導アプリ（庭山, 2021）を使って問題行動データを収集するのであれば、アプリを実際に各学校が使えるように、教育委員会・センターが使用方法を説明できるようにしたり、問い合わせに対応したりできるようにしておく必要があるでしょう。また、各種アンケートデータについても、児童生徒が一人一台端末で回答できるようにし（Google Form やMicrosoft Forms 等が使えるかもしれません）、それを教育委員会・教育センターの方で分析して、学校側に結果をフィードバックできる環境をつくると良いでしょう。

　「実行度データ」については、TFIを定期的に評価できる体制を整えておく必要があります。校内の教職員だけでTFIを採点するのではなく、外部コーチが

学校を訪れ（もしくはオンライン会議で）、推進チームとともに TFI に基づく評価を行い、改善に向けた推進チームの行動計画作成をサポートできるようにしましょう。

　さらに、これらのデータをただ集めるだけでなく、活用していくこと（データに基づく意思決定）が大切です。先に述べたように、自治体全体の SWPBS に関する「成果データ」と「実行度データ」に基づいて、研修計画やコーチングの体制を定期的に見直し、必要であれば自治体としての SWPBS 推進計画も修正するようにしましょう。自治体規模の SWPBS の成果と課題について年次報告書の形にまとめ、ステークホルダーに共有することも大切です。

　また、各 SWPBS 実践校に対しては、データに基づいて定期的にポジティブなフィードバックを行いましょう。以前より改善したところがあれば、その点を強調しながらフィードバックし、推進リーダーや管理職、そして各教職員の日々の努力を労うことが大切です。さらに校内においても、こうしたデータを推進リーダーや推進チームが教職員と共有し、さらなる改善に向けて活用するよう促しましょう。

　他校よりも手厚いサポートが必要な学校がどこか、データに基づいてリーダーシップチームが把握しておくことも大切です。ただし、より手厚いサポートを行う際には、「SWPBS の導入・実行がうまくいっていないからサポートする」というスタンスにならないよう気をつけましょう。学校側（推進チーム）とその学校のデータを一緒に見ながら進捗状況や難しいと感じている点を聴き取り、それらを踏まえた上でより手厚いサポートをする用意があると伝えるようにしましょう。

（9）地域における SWPBS モデル校の確立

　SWPBS を自治体規模で推進していく際、初期段階では少数のモデル校を決め、そこから始めていくとよいでしょう。その地域ではどのような形で SWPBS を実行していけばよいのかのモデルケースとなります。また他校にとっても、近隣の学校で SWPBS の導入・実行が成功するのは興味を持つきっかけとなりやすいでしょう。

　なお、自治体規模で SWPBS を推進する際、これまでの実践例から気をつけるべきとされているのは、「トップダウンで学校現場がやらされる」形にならないようにすることです。例えば、問題行動が多い、不登校が多い、学業成績が低いなどの理由で「SWPBS をやりなさい」と教育委員会が特定の学校を SWPBS 実践校・モデル校として指定するのは、うまくいかないケースが多いです。そうではなく、必要なのは「SWPBS をやってみたい！やってみよう！」と学校現場の

管理職・教職員が思えるような環境をつくっていくことです。このためには、先行してSWPBSを実践してきたモデル校の推進リーダー・管理職・教職員の「生の声」を聞いてもらえる機会を積極的につくるとよいでしょう。また、SWPBSを導入していくかどうかの判断は、当然ですが学校側に委ねるようにすることが大切です。

　また、ある学校がSWPBSを導入・実行するための準備が整っているかどうかについては、「レディネス・チェックリスト」を用いてアセスメントするとよいでしょう。図3-2-2は、日本のある自治体の教育委員会で実際に使用されているレディネス・チェックリストです（一部改変）。アメリカではこうしたチェックリストを学校側が記入して、教育委員会に提出することが多いようですが、図3-2-2のチェックリストを運用している日本の自治体では、指導主事が学校を訪

学校規模ポジティブ行動支援（SWPBS）モデル校に係る事前アンケート

学校名：＿＿＿＿＿＿＿＿＿＿＿　　校長名：＿＿＿＿＿＿＿＿＿＿＿＿＿　　日付：＿＿＿＿＿＿＿＿＿＿＿

	質問項目
□　はい □　いいえ □　設定予定 □　今後検討を行う	1. 学校経営計画の中に、SWPBSによって改善が見込まれる項目（遅刻・欠席・不登校・問題行動等の児童生徒の行動、学校安全、学校風土など）が目標として含まれている。 ※学校経営計画の該当部分のコピーを添付してください。（現在記載のある学校のみ）
□　はい □　いいえ □　来年度組織予定 □　今後検討を行う	2. SWPBS推進チームが校務分掌として組織されている。または、既存の校務分掌が推進チームの役割を担うことが決まっている。
□　はい □　いいえ □　今後検討を行う	3. 管理職（学校長）が、SWPBS推進チームの打ち合わせに積極的に参加し、教員がSWPBSに関する研修に参加することに同意している。
□　はい □　いいえ □　今後検討予定	4. SWPBSは3-5年かけて推進していくものであること、また継続的な研修と学校のSWPBS推進計画の年度ごとの見直しが必要であることを踏まえた上で、単年度の取組とせず、継続的に取り組むことができる。
□　はい □　いいえ □　今後検討を行う	5. SWPBS推進チームは、学校全体の取り組みを推進していくために、定期的なミーティングを行うことができる（目安：短時間でもよいので月1回）。
□　80％以上 □　60～80％ほど □　40～60％ほど □　40％以下 □　今後説明予定	6. 管理職および教職員の少なくとも80％が、SWPBSの概要説明を聞いた上で、これを実践していくことに同意している。（今後説明予定の学校はいつ頃説明するかご記入ください：　　　　　　月頃） ※同意についてどのように確認したかも、以下にご記入ください（例：SWPBS概要説明後の教職員アンケート）
□　はい □　いいえ □　今後検討予定	7. 校内のSWPBS推進リーダー（各校1～2名）を決め、この推進リーダーは追加の研修を受けたり、他のSWPBS実践校との交流に参加したりすることができる。
□　はい □　いいえ □　今後検討予定	8. SWPBSに関係するデータをとりながら、取組みを進めていくことができる。（データをとることが負担とならないよう、生徒指導アプリ、児童生徒アンケート、遅刻・欠席データなどから、自校の実態にあったものを選択することができます。）

SWPBSを成功させるには、管理職のサポートおよび関与が必要です。
SWPBSモデル校に選定された際には、上記の趣旨をご理解の上、取組みの推進をお願いいたします。

図3-2-2　レディネス・チェックリストの例

問して学校の状況を聴き取りながらチェックリストに記入するようにしています。こうすることによって、仮にこのチェックリストに基づいて SWPBS 導入の準備が整っていないと判断される場合にも、準備を整えるために教育委員会がどのようにサポートできるのか、学校側とその場で相談できるようにしています（例えば、まずは学級規模ポジティブ行動支援の研修から行ったり、先行して SWPBS を成功させているモデル校を視察したりできるように調整するなど）。

② 今後の日本における SWPBS の普及・拡大のために

　DSFI および SSFI の９つの要素は、日本においても SWPBS を普及・拡大していく上で必要だと考えられます。今後考えていかなければならないのは、これらの要素を日本の教育システムの中で、どのように具現化するかです。例えば、研修、コーチングを行う人材をどのようなポジションの誰が行うのか、これらの人材の養成システムを既存の研修プログラムの中にどう組み込むのか、SWPBS 推進に必要な予算の財源は、などを具体的に考えていく必要があるでしょう。もし既存の人材（例えば教育委員会事務局の指導主事）を活用するのだとすれば、現在の業務内容に SWPBS 推進に関わる業務を統合するか、あるいは何かを削ることが必要でしょう。SWPBS 推進に関わる業務を単純に加えるだけでは、必ずどこかで無理が生じます。

　SWPBS を自治体規模で推進していくには、こうしたことを一つひとつ具体的に検討していくことが必要であり、同じ日本国内であっても自治体によって異なる形になることが想定されます。各自治体の強みや既存の施策・人材を活かしながら、DSFI・SSFI の各要素の「機能」を日本においても果たせるように徐々に整えていくことが求められます。この際、「最小の変更で、最大の効果を生む」にはどうすればよいか、という方向性で検討するのがよいでしょう。

　日本において SWPBS を普及させていく際の最大の障壁が、リソースと時間の不足だと考えられます。例えば、日本には本書の著者５名以外にも SWPBS を専門とする研究者はいますが、これらの研究者だけで SWPBS 実践校の研修、コーチング、評価を行うには人数がとても足りません。SWPBS を自治体内で普及させていこうとするのであれば、必ず、その自治体内だけでも研修、コーチング、評価を行えるように人材を養成し、システムを構築していく必要があります。しかし、そのために必要なリソースや時間が不足しているのが現状です。また、教員不足や学校現場の長時間労働が未だに深刻な中、SWPBS に関する研修時間の確保はもちろんのこと、SWPBS 推進チームがミーティングを行う時間でさえも不足しがちです。

このようなリソース・時間の不足の中で、SWPBS普及のための方略として考えられるのは、日本の学校教育において現在既に行われている取組の一部として、SWPBSを積極的に位置付けていくことです。SWPBSと目的を同じくする既存の取組とSWPBSを置き換える、もしくは統合して実施されるような形に持っていくことによって、限られたリソース・時間を活用してSWPBSを実行できる可能性が高まるでしょう。

　実際にこうしたことを一つひとつ検討し、具現化していくのは果てしなく遠い道のりかもしれません。しかし、SWPBS実践校が2万7000校を超えるアメリカにおいても、そこに至るまでに30年近くかかっており、様々な苦労と試行錯誤があったと聞いています。日本においても、SWPBSに興味関心がある者同士が、ともに力を合わせ、知恵を振り絞り、SWPBSの普及と拡大、そして何よりも子ども達の利益につなげるにはどうすればよいか、一緒に考えていくことが大切です。本書をお手に取られ、ここまで読み進めて来られた皆さんが、その「仲間」にお一人でも加わって頂けることを願っています。

文献

第1節

Algozzine, B., Barrett, S., Eber, L., George, H., Horner, R., Lewis, T., Putnam, B., Swain-Bradway, J., McIntosh, K., & Sugai, G (2014). School-wide PBIS Tiered Fidelity Inventory. OSEP Technical Assistance Center on Positive Behavioral Interventions and Supports. www.pbis.org.

Bradshaw, C. P., Waasdorp, T. E., & Leaf, P. J. (2015). Examining variation in the impact of school-wide positive behavioral interventions and supports: Findings from a randomized controlled effectiveness trial. *Journal of Educational Psychology*, 1107, 546-557.

Bruhn, A. L., Lane, K. L., & Hirsch, S. E. (2014). A review of tier 2 interventions conducted within multitiered models of behavioral prevention. *Journal of Emotional and Behavioral Disorders*, 22 (3), 171-189.

Crone, D. A., Hawken, L. S., & Horner, R. H. (2010). Responding to problem behavior in schools: The Behavior Education Program (2nd ed.). New York: Guilford Press.

Florida Positive Behavioral Interventions & Supports Project (n.d.). Student Needs Exist Along a Continuum. Retrieved August 9, 2023 from https://flpbis.cbcs.usf.edu/docs/Acknowledging%20a%20range%20of%20needs.pdf

Simonsen, B., & Myers D. (2015). Classwide positive behavior interventions and supports: A guide to proactive classroom management. New York: The Guilford Press.

第2節

Center on PBIS. (2023). PBIS State Systems Fidelity Inventory (SSFI). University of Oregon. www.pbis.org.

Kittelman, A., Mercer, S. H., McIntosh, K., Morris, K. R., & Hatton, H. L. (2022). Validation of a measure of district systems implementation of positive behavioral interventions and supports. Remedial and Special Education. https://doi.org/10.1177/074193252211144

Latham, G. (1988). The birth and death cycles of educational innovations. *Principal*, 68, 41-43.

庭山和貴 (2021). 生徒指導アプリ. 日本ポジティブ行動支援ネットワーク.

リソース・資料・用語集

　ここからは、SWPBS のリソース・資料・用語集を掲載します。

　リソースのページでは、SWPBS と関連する情報を掲載した国内外の web ページが紹介されています。また、SWPBS の実践、応用行動分析学の理論を説明する書籍も取り上げられています。これらの情報は、SWPBS の実践や理論をより深く学ぼうとする読者の手がかりになるでしょう。

　資料のページでは、本文、図表で取り上げられた情報を補足する各種資料が紹介されています。資料は、コーチのためのチェックリスト、TFI の各項目、ヘキサゴン・ツールの実施手順や指標ごとの評価基準が掲載されています。これらの情報は、SWPBS 導入準備を進める読者の役に立つでしょう。

　用語集のページでは、本書で取り上げれられた SWPBS に関する用語の説明が示されています。用語の中には、SWPBS 実施に当たって特有の概念や、応用行動分析学が取り扱う概念が含まれます。これらの情報は、読者が本書の内容の確認を行う際、手助けとなるでしょう。

SWPBS のリソース

　以下には、各章で紹介されていた SWPBS のリソースの詳細を紹介します。それぞれのリソースの情報は、2023 年 8 月時点でのものです。リソースを積極的に活用して、SWPBS の "実践"、"システム"、"データ" 活用のキャパシティを広げましょう。

web ページ

○米国国立ポジティブ行動支援技術支援センター

　National Technical Assistance Center on Positive Behavioral Interventions and Supports（PBIS）

　https://www.pbis.org/

　SWPBS 実践の普及、拡大を目的に、米国教育省の資金援助により開設されたホームページです。言語は英語となりますが、米国で広がる SWPBS の情報、階層支援の構築に役立つツール、文献の紹介などがあります。

○日本ポジティブ行動支援ネットワーク

　https://pbsjapan.com/

　日本ポジティブ行動支援ネットワークは、行動支援に関する専門的知見によって、人々の生活の質を生涯に渡って高めることを目指して活動する団体です。「ポジティブ行動支援」（PBS）の実践・研究・普及を目的とする国際組織である The Association for Positive Behavior Support の日本組織として正式に承認された団体であり、研修会の開催、研修動画の配信、各種参考サイトや文献の紹介、教材やツールの提供を行っています。

　本書で取り上げられている下記の教材・ツールも、ホームページに掲載されています。

・Tiered Fidelity Inventory（TFI）の日本語版（第 1 章第 4 節で紹介）
・教室観察アプリケーション「PBS Classroom」（第 1 章第 5 節で紹介）
・問題行動記録アプリケーション「生徒指導アプリ」（第 1 章第 5 節で紹介）
・日本語版（暫定版）DSFI と SSFI（第 3 章第 2 節で紹介）

○徳島県立総合教育センター特別支援・相談課のホームページ
「特別支援まなびの広場」

https://manabinohiroba.tokushima-ec.ed.jp/

徳島県立総合教育センターが運営するホームページです。「ポジティブ行動支援」に関するパンフレット・リーフレット、研修用動画、研修資料、教材例、Ｑ＆Ａ、実践事例が豊富に示されています。各校の実践はもちろん、地域の普及に役立つ情報が満載です。

本書で取り上げられている下記のコンテンツも、ホームページに掲載されています。

・SWPBS に関する研修資料や研修動画（第２章第１節）
・行動マトリクスの作成（第２章第２節）

○子どもの強さと困難さアンケート
(Strength and Difficulties Questionnaire：SDQ)

https://ddclinic.jp/SDQ/index.html

子どもの情緒や行動についての 25 の質問項目で回答するアンケートです。対象は、児童生徒本人、親または学校教師となります。ロバート・グッドマン博士によって英国で開発された尺度です。世界各国で臨床評価、学校健診などのスクリーニングに用いられています。子どものメンタルヘルスが学校全体の課題となる場合、定期的に回答を収集することで、子どもの行動として顕在化しない問題を捉える工夫になります。

関連書籍

以下には、SWPBS や応用行動分析学に関する書籍を紹介します。SWPBS 実践の充実のためには、多様な実践や、背景にある理論に触れることが重要です。本書をきっかけとして、関連書籍にもあたり、理解を一層深めていただくことを期待しております。

○ SWPBS に関するもの

「参画型マネジメントで生徒指導が変わる：『スクールワイド PBS』導入ガイド 16 のステップ」石黒康夫・三田地真実．(2015)．図書文化社．
「ポジティブな行動が増え、問題行動が激減！ＰＢＩＳ実践マニュアル＆実践集」

栗原慎二 編著．(2018)．ほんの森出版．

「スクールワイド PBS: 学校全体で取り組むポジティブな行動支援」クローン・ホーナー 著 野呂文行・三田地真実・大久保賢一・佐藤美幸 訳．(2013)．二瓶社．

「高校ではじめるスクールワイド PBS: 階層的な校内支援体制整備を目指して」若林上総・半田健・神山努・加藤哲文．(2020)．ジアース教育新社．

○応用行動分析学に関するもの

「3ステップで行動問題を解決するハンドブック―小・中学校で役立つ応用行動分析学」大久保賢一 (2019).Gakken.

「発達障害のある子の『行動問題』解決ケーススタディ―やさしく学べる応用行動分析」小笠原恵 (2010)．中央法規出版．

「行動分析学」坂上 貴之・井上 雅彦．(2018)．有斐閣．

「応用行動分析学―ヒューマンサービスを改善する行動科学」島宗理．(2019)．新曜社．

「行動分析学辞典」日本行動分析学会．(2019)．丸善出版．

「応用行動分析学から学ぶ 子ども観察力＆支援力養成ガイド 改訂版: 子どもの行動から考えるポジティブ行動支援」平澤紀子 (2023).Gakken.

「保護者と先生のための応用行動分析入門ハンドブック―子どもの行動を『ありのまま観る』ために」三田地真実・岡村章司 著 井上雅彦 監修 (2019)．金剛出版．

「行動変容法入門」ミルテンバーガー 著 園山繁樹・野呂文之・渡部匡隆・大石幸二 訳．(2006)．二瓶社．

「子どもの視点でポジティブに考える問題行動解決支援ハンドブック」オニール・アルビン・ストーレイ・ホーナー 著 三田地真実・神山努・岡村章司・原口英之訳．(2017)．金剛出版．

資　料

○コーチのチェックリスト（第1章第3節）

> このセルフアセスメントは、コーチとなった人に今備わっている強み、専門性向上の目標に気づく手がかりを提供します。アセスメントは、コーチに必要なスキルを3つのレベルに分けて行われます。レベル1は「コーチ」、レベル2は「コーチ／トレーナーないしはコーチの指導者」、レベル3は「コーディネーター」となります。加えて、それぞれのレベルでは、「データ」「実践」「システム」の知識をアセスメントします。

レベル1 – 初級: コーチ

　このレベルでは、コーチは、学校全体、各教室、教室外、といったそれぞれでの環境に伴う第1層支援の項目に習熟する必要がある。コーチは、すべての過程でチームやメンバーを方向付け、ファシリテートできる力を備える必要がある。

3 = 流暢/習熟している
2 = スキルは習得したが流暢ではない
1 = 学んでいる最中

領域	スキル	自己評価
データ	1. 多様なデータ収集システムと、その活用に慣れている(例; 問題行動の記録、実行度の評価、各種のアンケート、学業成績の統計、出欠統計など).	3・2・1
	2. 必要に応じて上記以外の他のデータシステムの構築を支援できる	3・2・1
	3. 意思決定を方向付けるためにチームがデータ活用の方法を教え、支援することができる	3・2・1
実践	1. 学校規模ポジティブ行動支援の本質的な特徴を知っており、その定義を実践に当てはめることができる	3・2・1
	2. 教室での効果的な指導や学級経営の特徴を理解している	3・2・1
	3. 根拠に基づく実践を明確にして実践に落とし込めるように、学校を方向づけることができる	3・2・1
	4. 適切な行動を増やし、不適切な行動を減らす方策を知っている	3・2・1
	5. 他校で実施されているSWPBSのモデルや取組例を学校に提供できる	3・2・1
	6. 応用行動分析学の基本的な原則を理解している（すなわち、強化、弱化、刺激制御）	3・2・1
システム	1. 効果的なチーム会議をファシリテートできる	3・2・1
	2. 推進チームに対して効果的なコンサルテーションや技術支援を提供できる	3・2・1
	3. 校内で効果的なコミュニケーションをとることができる	3・2・1
	4. 教職員を支え、SWPBSの取組の持続可能性が高まるよう学校を支援する仕組みづくりを支えられる	3・2・1

レベル 2 – 上級: コーチを導く

このレベルでは、コーチは、効果的な学校規模の運営、第 2 層支援、第 3 層支援を構築する必要がある（絞り込んで集中的にアセスメントや介入を行う）。コーチは、第 1 層を新規に立ち上げる推進チームの研修を支援する必要がある。

3 = 流暢/習熟している
2 = スキルは習得したが流暢ではない
1 = 学んでいる最中

領域	スキル	自己評価
データ	1. 第 1 層支援の実行度評価を整理し、推進チームに報告できる。また、推進チームを評価するために、メンバーのそれぞれに第 2 層支援、第 3 層支援の評価を求めることもできる。	3・2・1
	2. 機能的アセスメントや他のアセスメントを用いて個々の児童生徒の直接行動観察を扱うことができる	3・2・1
	3. CICO-SWIS ファシリテーター研修が終わっており、チームの SWIS ファシリテーターを担っている	3・2・1
	4. 多様なデータソースを用いて学校の状況を評価することができる	3・2・1
実践	1. 機能的アセスメントを実施できる	3・2・1
	2. 児童生徒の行動の機能に応じて、第 2 層支援の用意をする学校を支援できる	3・2・1
	3. 個に応じて包括的な行動介入の計画の作成を学校でできるよう支援できる	3・2・1
	4. 第 2 層、第 3 層支援においてソーシャルスキルの指導を学校が扱えるように、指導の計画や実行を支援できる	3・2・1
	5. 上級者向けの応用行動分析学の知識を理解している（強化スケジュール、消去、般化、維持）	3・2・1
	6. 学習の内容や方法の調整、合理的配慮に慣れている	3・2・1
	7. 第 1 層支援、第 2 層支援の実践、データ活用、仕組みづくりを新たに進める他校のチームの研修を支援できる	3・2・1
システム	1. 児童生徒の支援を取り扱うチームの立ち上げや支援過程の検討に取り組む学校を支援できる	3・2・1
	2. 第 2 層支援、第 3 層支援を必要とする児童生徒を絞り込むために必要となる、データに基づくシステムの立ち上げを進める学校を支援できる	3・2・1
	3. 第 2 層支援、第 3 層支援の進捗を評価する仕組みの立ち上げようとする学校を支援できる	3・2・1
	4. 実践に基づいて学校の方針を整理しようとする学校を支援できる	3・2・1
	5. 他の教職員と馴染んでおり、学校、教職員、保護者との協働を進めることができる	3・2・1
	6. 学校/地区/地域での成果普及のために、地域のコーディネーターと協働できる（プレゼンテーション、記事、事例検討）	3・2・1

レベル3 – コーディネーター

　このレベルでは、コーチは、複数の学校に関わり続ける。加えて、第1層から第3層にわたって研修している推進チームを含めた研修実施に責任をもち、コーチの研修も担っている。また、地区/地域の仕組みづくりにも取り組み始めている。

3 = 流暢/習熟している
2 = スキルは習得したが流暢ではない
1 = 学んでいる最中

領域	スキル	自己評価
データ	1. 多様なデータソースを用いて複数の学校（地区/地域）の状況を評価できる	3・2・1
	2. それぞれの学校で何が必要かを把握するためにデータを用いることができる	
	3. 学校規模の進捗の報告の一部として、地区/地域の評価を完成させる支援ができる	3・2・1
	4. 推進チームに対してデータに基づく意思決定に関連する研修を提供できる	3・2・1
	5. 地区/地域の評価報告の仕上げや、州レベルでの報告作成の支援できる	3・2・1
実践	1. 専門性向上と研修スキルを効果的に進めるスキルがある	3・2・1
	2. 州レベルでの研修、評価、普及活動を支援できる	3・2・1
	3. 地区/地域の方針に PBS の本質的な特徴を位置付けることができる	3・2・1
	4. SWIS ファシリテーター研修の参加/運営ができる	3・2・1
システム	1. 地区/地域/州のレベルでの会議でリーダーシップをとることができる	3・2・1
	2. 地区/地域間で効果的にコミュニケーションをとることができる	3・2・1
	3. 材料提供、専門家とのつながりといった点で、学校/地区/地域に対する資源となっている	3・2・1
	4. 州レベルの PBS の取組を方向づける方針の作成を支援できる	3・2・1

○ Tiered Fidelity Inventory (TFI; 第1章第4節)

TFIは、SWPBSの中心的な特徴が実行されている程度の評価に用いられます。本来は、第1層、第2層、第3層のそれぞれを評価できる項目がありますが、ここでは本文中に示した第1層の「実践項目のチェックリスト（表14-1）」の各項目と、原版を適切な手続きで翻訳した日本語版 TFI の項目、及び項目ごとの段階評定を一覧にして示します。日本語版 TFI の各項目と評価基準の詳細については、こちらでご確認ください。その他、適切な実施手順、第2層、第3層の評価項目を含む完全な日本語版 TFIについては、先に紹介した日本ポジティブ行動支援ネットワークのホームページにアクセスし、pdf版を入手してご確認ください。

No.	特徴	表1-4-1「実践項目のチェックリスト」に記載された項目	日本語版 TFI の項目	利用可能な情報源	得点化の基準 2点	1点	0点
チーム							
1.1	チーム構成	校内に SWPBS 第1層推進チームを結成しよう	第1層支援チームは、第1層支援担当のコーディネーター、学校長、保護者で、次の(1)から(5)のことができる者を含んでいる。(1)応用行動分析学の専門性。(2)コーチングに関する専門性。(3)児童生徒の学習と行動のパターンに関する知識。(4)学年や教科全域にまたがる、学校運営についての知識。(5)また高校では生徒代表がチームメンバーに含まれること。	・学校組織図 ・第1層支援チームの会議の議事録	コーディネーター、管理職、特定された役割全員が含まれた第1層支援チームが存在し、かつ役割全員の会議の出席率が80%以上である。	第1層支援チームが存在するが、特定された役割全員を含んでいないか、または第1層支援チームが存在し、かつ役割全員の会議の出席率が80%未満である。	第1層支援チームが存在しない、または、コーディネーター、学校長、応用行動分析学の会議の専門性を持つ者を含んでいない。
1.2	チーム構成の運営手順	推進チームが定期的に集まり、できたことと次に取り組むことについて決定しよう	第1層支援チームは、少なくとも月1回は集まり、(1)会議の進行手順が取られており、(2)議事録が取られており、(3)各参加者の会議における役割が明確であり、(4)チームが次に何をするかの行動計画がある。	・第1層支援チーム会議の議事録 ・第1層支援チーム会議の議題 ・第1層支援会議の記述 ・役割の記述 ・第1層支援チームの行動計画	第1層支援チームは、少なくとも月1回は集まり、会議の進行手順が定められており、話し合うべき課題があり、議事録が取られており、各参加者の会議における役割が明確であり、また次に進行中の教職員の行動計画がある。	第1層支援チームは、少なくとも4つの特徴の全てではないが、会議の進行手順や毎回話し合う課題の会議の少なくとも2つの特徴がある。	第1層支援チームの会議には、(1)～(4)の特徴がない。
実践							
1.3	「学校で期待される姿」の設定	学校全体で「ポジティブ行動マトリクス」を作成し、児童生徒全員で共有しよう	学校は、児童生徒と教職員に対する5つ以下のポジティブに記述された「学校で期待される姿」と、その場面や場所毎の具体的な行動の例（つまり、ポジティブ行動マトリクス）を、明確にして、掲示している。	・TFI ウォークスルーツール ・教職員の手引き ・児童生徒の手引き	5つ以下の「学校で期待される姿」が決まっており、それらは肯定的な表現であり、掲示されていて、具体的な行動の例が明確にされており（つまり、ポジティブ行動マトリクス）、かつ、教職員の少なくとも90%は「学校で期待される姿」のうち少なくとも67%を挙げることができる。	5つ以下の「学校で期待される姿」が決まっているが、ポジティブ行動マトリクスが作成されていないか、または掲示されていても掲示されていない。	「学校で期待される姿」が決まっていない、あるいはそのすべてが肯定的な表現になっていない、または、その数が5つより多い。
1.4	目標行動の指導	「ポジティブ行動マトリクス」に示された目標行動を具体的に児童生徒に教えよう	目標行動を教室と校内のその他の各場面に、教室やその他の場所に対して、全ての児童生徒に接教えられている。	・TFI ウォークスルーツール ・教員研修の日程表 ・行動支援計画 ・非公式のウォークスルー	目標行動を教室と校内の各場面で児童生徒に教えるために、指導スケジュールの日程表があり、かつ、児童生徒の少なくとも70%は「学校で期待される姿」のうちの少なくとも67%を挙げることができる。	目標行動が各教員の裁量に任された状態で教えられている。	目標行動が教えられていないか、目標行動が教えられている状態で教えられていない。

No.	特徴	表1-4-1「実践項目のチェックリスト」に記載された項目		利用可能な情報源	得点化の基準		
		日本語版 TFI の項目	実践		2点	1点	0点
1.5	問題行動の定義（問題行動対応）の方針	問題行動には一貫して対応する指針を持とう	学校は、学業的、社会的達成を阻害する問題行動が何かについて明確な定義を定めており、主要事や生徒指導主事等も含め対応が必要な生徒指導のみで対応した対応が必要でもよい問題か（それとも担任教員のみで対応してもよい問題か）といった問題か、問題行動対応への指針・手続き（例えば、問題行動対応フローチャート）を持っている。	・教職員の手引き ・児童生徒の手引書 ・学校経営計画／校務規程 ・生徒指導のフローチャート	問題行動の定義と対応手続きが明確に定められ、文書化され、教職員への研修が行われ、保護者と共有されている。	問題行動の定義と対応手続きは存在するが、明確なものではなく、かつ／または、担任教員のみで対応しており、よい問題を管理職のみで対応さえも明確に定められない。	問題行動の明確な定義は存在せず、問題行動はよい問題、生徒指導主事も含めた対応が必要な問題かが整理されていない。問題行動への対応手続きも定められていない。
1.6	生徒指導（問題行動対応）の方針	問題行動の指導では代わりとなる望ましい行動を伸ばすアプローチを中心に位置付けよう	問題行動の指導の代わりとなる望ましい行動になるよう望ましく教えること、これを具体的に教えること、およびまたは、望ましい行動が生じた際には当事者間の関係性を修復するアプローチを中心とし、これが校内で一貫して実施されている。	・生徒指導の方針 ・生徒手帳 ・行動規程 ・非公式の学校長インタビュー	生徒指導（問題行動対応）に関する文書は積極的なアプローチを含んでおり、かつ学校長は、それは一貫して校内で行われていると答えている。	生徒指導（問題行動対応）に関する文書は積極的なアプローチを含み、または後の学校長は、それは積極的なアプローチを含むと答えている。	生徒指導（問題行動対応）に関する文書は存在せず、後退的な結果のみを含んでいる。
1.7	教職員研修	SWPBS の効果的な実践を行うために教職員の研修計画を年間のスケジュールに組み込み実施しよう	(a)「学校で期待される姿」を教えること、(b)適切な行動を称賛すること、(c)問題行動を修正すること、(d)問題行動への対応に困った場合には他の教職員に支援を求めること、この4つの中心的な実践に全教職員が取り組めるよう研修計画が作成され、実行されている。	・教職員研修の日程表 ・教職員研修の手引書	全教職員に第1層支援システムのすべての公式な研修計画が日程表にも記載されており、その内容は第1層支援の4つの中心的な実践すべてを含んでいる。	研修計画は非公式／文書化されておらず、研修計画が日程表に記載がなく、または／もしくは全教職員または第1層支援の4つの中心的な実践の実践すべてを含んでいない。	教職員のための研修が全くない。
1.8	学級の支援手続き	各学級においても SWPBS の実践を取り入れよう	第1層支援の特徴（学校で期待される姿をルーティンとして教えること、望ましい活動を称賛・承認することで教えること、教室内の問題行動のレベルに応じた対応をすること）が一貫して、学級内でも実施され、学級全体の取組みとの整合性がとれている。	・教職員の手引き ・非公式のウォークスルー ・進捗状況の確認 ・個別の教室データ	全学級が第1層支援のすべての中心的な要素を実施しており、それらは学級全体の取組みと整合性がとれている。	第1層支援の中心的な要素を実施しており、それら学級の取組みと、行っていない学級がある。	学級内で第1層支援が実施されていない。
1.9	フィードバックと承認	児童生徒の「学校で期待される姿」に沿った望ましい行動を称賛・承認する学校全体で共通する手段を持とう	児童生徒の適切な行動を称賛／承認するための学校全体のフィードバックシステムが存在し、適切な行動への承認が校内で期待される姿を明した文書が存在し、さらにこの各場面に関連付けられており、このフィードバックシステムは、ランダムに聴き取りを行った教員のうち90%以上により行われ、ランダムに聴き取った児童生徒の50%以上がフィードバックを受けている。	・TFI ウォークスルーツール ・（行動支援計画書）	学校全体のフィードバックシステムがあり、これは学校全体のフィードバックシステムに聴き取りを行った教員の90%以上が行った、またはランダムに聴き取った児童生徒の50%以上がフィードバックを受けている。	児童生徒の適切な行動を称賛・承認を行った教職員を称賛システムを取り入れている、またはランダムに聴き取った50%以上の児童生徒がフィードバックを受けている、のどちら	児童生徒の適切な行動を称賛・承認を行った教員を承認するフィードバックシステムがない。
1.10	教職員の関与	全教職員で SWPBS の実践に関わるデータを定期的に確認し、意見交換をしよう	学校全体のデータが定期的に提示されており、少なくとも年1回は SWPBS の基礎的内容（例えば、学校で期待される姿、目標行動の定義、問題行動への対応方法）に関して意見を提供している。	・PBS 実行度チェックリスト ・非公式の調査 ・教職員会議議事録 ・チーム会議議事録	教員は年4回以上データを示されている、または過去12ヶ月以内に第1層支援の実践に関する意見を提供している。	教員は年1回以上データを示されている、または過去12ヶ月以内に第1層支援の基礎的内容について意見を提供しているが、両方はなされていない。	教員のデータは年に一度もデータを開示されておらず、さらに第1層支援の基礎的内容について意見を提供していない。

No.	特徴	表1-4-1「実践項目のチェックリスト」に記載された項目	日本語版 TFI の項目	利用可能な情報源	得点化の基準		
					2点	1点	0点
			実践				
1.11	児童生徒/家族/地域の関与	児童生徒、保護者、地域住民ともSWPBSの実践と成果を共有し、意見交換をしよう	関係者（児童生徒、家族、地域住民）は、は、SWPBSの基礎的内容（例えば、学校で期待される姿、目標行動、問題行動への対応方法、承認・承認方法）に関する意見を少なくとも年1回は提供している。	・調査 ・保護者/家族との会合における投票結果 ・チーム会議の議事録	第1層支援の実践について児童生徒、保護者、地域住民が過去12か月以内に提供した意見が記載した文書がある。	第1層支援の意見の基礎的内容に関する意見はあるが、文書は過去12か月以内のものではない、また児童生徒、保護者、地域住民の3者すべてからの意見ではない。	第1層支援の基礎的内容に関してに記載した内容が文章らの意見を記載した文書がない（またはその意見機会が設定されていない）。
			評価				
1.12	問題行動のデータ	SWPBSの成果や進捗状況を確認できるデータを用意しよう	第1層支援チームは行動、場所、時間、児童生徒個人ごとに生徒指導上の問題行動の頻度がまとめられたグラフにすぐアクセスできる。	・学校教育計画・校経営計画 ・チーム会議の議事録 ・児童生徒の行動に関するデータ	生徒指導のデータシステムが存在し、行動、時間帯、場所、児童生徒ごとに問題行動の頻度がまとめられたグラフにすぐアクセスできる。	データシステムは存在するが、各グラフにすぐアクセスできない。	意思決定に用いるための生徒指導に関する学校規模のデータシステムが存在しない。
1.13	データに基づく意思決定	データをもとにSWPBSの成果や進捗状況を評価し、実践の見直しや指導改善に役立てよう	第1層支援チームは少なくとも月1回、生徒指導のデータ（例えば、カリキュラムに基づく尺度（CBM）、学力調査など）を確認し、意思決定のために活用する。	・データによる意思決定のルール ・教職員研修の日程表 ・教職員の手引き・チーム会議の議事録	チームは少なくとも月1回生徒指導のデータを活用している。もしデータが学業的な問題があることを示し、もしくは修正するための教職員の行動計画が立てられる。	データを確認し、意思決定のために活用してはいるが、月1回未満の頻度である。	データに基づく意思決定のプロセス/手順がない、またはデータを確認して意思決定のために活用されていない。
1.14	実行度のデータ	TFIを定期的につけて、それに基づいた改善計画を立てよう	第1層支援チームはSWPBSの実行度についてのデータ（例えば、SET, BoQ, TIC, SAS, TFI）を最低でも年1回は採点し、その結果を活用する。	・学校教育計画/校経営計画 ・教職員の手引き ・学校通信 ・学校のホームページ	第1層支援の実行度のデータが年1回は公式に収集され、毎年意思決定に活用されている。	第1層支援の実行度のデータが非公式に集められており、または、年1回未満の頻度である。	第1層支援の実行度についてのデータが集められていない。
1.15	年度評価	年度末には1年間の実践を振り返り、その成果を報告しよう	第1層支援チームは関係者（教職員、保護者、地域、教育委員会）が閲覧可能かつ理解しやすい形で、第1層支援の実践の実行度と成果（経年比較を含めて）少なくとも年1回は報告する。	・家族への調査 ・学校運営/経営計画 ・児童生徒の成果 ・校区の報告 ・学校通信	SWPBS第1層支援に関する評価が最低年1回は実施され、SWPBSに関するデータ（学業を含む）が関係者と共有されている。	SWPBS第1層支援に関する評価の手続きが、毎年行われているが、続きの改善・調整のために第1層支援を用いている、データを用いて評価が行われている。	SWPBS第1層支援に関する評価が行われていない（または、データを用いて評価が行われていずれに評価が行われている。

○ヘキサゴン・ツール（第2章第1節）

　ヘキサゴン・ツールは、各学校が導入しようとするプログラムや実践の適合性や実行可能性を検討する上で有用なツールです。グレーに色分けされている「ニーズ」「フィット」「キャパシティ」は、導入を検討しているプログラムがどれくらい学校に合うかを検討するために各学校の実態把握に関する指標です（実施校指標；implementing site indicators）。白に色分けされている「エビデンス」「ユーザビリティ」「サポート」は、導入を検討しているプログラム自体に関する指標です（プログラム指標；program indicators）。2つの指標は、以下の手順で得点化することが可能です。各指標の得点化の根拠を推進チームのメンバーが協働して収集し、導入を検討しているプログラムや実践の評価を進めましょう。

○ヘキサゴン・ツールの6つの領域（図2-1-1 再掲）

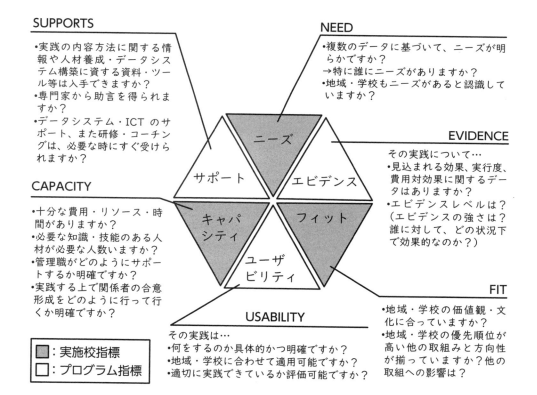

○得点化の手続き

1. 対象となる児童生徒のニーズ、そして評価対象となるプログラムや実践の共通理解を深める。

2. 論点（図中の各領域にある質問項目）と、対応するデータや資料があることを確認する。議論すべき領域に優先順位をつける。

3. 論点ごとに議論し、関連する考察を記録する。

４．各領域の議論が終われば、領域ごとに５段階評価を行う。

５．記録された考察と５段階評価をもとに、プログラムや実践を採用するかどう
か、意思決定を行う。

○領域ごとの５段階評価

指標	領域	得点ごとの基準				
		5点	4点	3点	2点	1点
実施校指標	ニーズ	実施校の児童生徒のニーズをどのようにプログラムや実践が満たすか、推進チームは十分に理解した（3種類以上のデータの詳細な分析有）	実施校の児童生徒のニーズをどのようにプログラムや実践が満たすか、推進チームは理解した（2種類以上のデータの詳細な分析有）	実施校の児童生徒のニーズをどのようにプログラムや実践が満たすか、推進チームはいくらか理解した（2種類以上のデータ活用有）	実施校の児童生徒のニーズをどのようにプログラムや実践が満たすか、推進チームは最低限理解した（1種類のデータ活用有）	実施校の児童生徒のニーズをどのようにプログラムや実践が満たすか、推進チームは理解していない
	フィット	プログラムや実践は、実践校・地域の価値観、他の取組との方向性が揃っている	プログラムや実践は、実践校・地域の価値観、他の取組との方向性が揃っているが、地域性を詳細に検討していない	プログラムや実践は、実践校の価値観とは合っているが、地域の価値観や他の取組と方向性が揃っているかは不明確である	プログラムや実践は、実践校の価値観といくらか合っているが、地域の価値観や他の取組と方向性が揃っているかは不明確である	プログラムや実践は、実践校の地域・学校の価値観、他の取組との方向性が揃っていない
	キャパシティ	実践校には、プログラムや実践に必要な人員、財源、技術サポート、管理職のサポートの全てがあり、実行度を保って実践できる	実践校には、プログラムや実践に必要な人員、財源、技術サポート、管理職のサポートのうち3つがあり、実行度を保って実践できる	実践校には、プログラムや実践に必要な人員、財源、技術サポート、管理職のサポートのうち2つがあり、実行度を保って実践できる	実践校には、プログラムや実践に必要な人員、財源、技術サポート、管理職のサポートのうち1つしかなく、実行度を保って実践できる	実践校には、プログラムや実践に必要な人員、財源、技術サポート、管理職のサポート、といったものかなく、実行度を保てない
プログラム指標	エビデンス	プログラムや実践は、児童生徒を対象群と比較群に分け、少なくとも2つの厳密な研究で、1年以上効果が持続することが示されている	プログラムや実践は、児童生徒を対象群と比較群に分け、少なくとも1つの厳密な研究で効果が示されている	プログラムや実践は、児童生徒を対象群と比較群に分けられた、厳密ではない研究で効果が示されている	プログラムや実践は、児童生徒の変容に必要な理論や論理モデルによってガイドされ、実践ベースでの効果が示されている	プログラムや実践は研究されておらず、実践ベースでの効果も示されていない
	ユーザビリティ	プログラムや実践は、具体的な原則、内容があり、妥当な実行度アセスメント方法があり、学校の状況に沿った内容の変更もできる	プログラムや実践は、具体的な原則、内容があり、実行度アセスメント方法があり、学校の状況に沿った内容の変更もできる	プログラムや実践は、具体的な原則、内容があるが、実行度アセスメント方法はなく、内容の変更が可能かがわからない	プログラムや実践は、原則、内容があるが、具体的ではなく、内容の変更が可能かがわからない	プログラムや実践は、原則、内容がはっきりしない
	サポート	研修、コーチング、実行度アセスメント、専門家の助言、さらにICT・データシステムに関するサポートのすべてを受けることができる	研修、コーチング、実行度アセスメント専門家の助言、さらにICT・データシステムに関するサポートのいくつかを受けることができる	研修、コーチング、実行度アセスメント、専門家の助言のうちいくつか、もしくはICT・データシステムに関するサポートを受けることができるがこれら両方ではない	研修を1回実施した後、限定的なサポートしか受けられない	ほとんど、あるいはまったくサポートを受けられない

用語集（50音順）

〇学校で期待される姿（expectation）
（第1章第4節、第2章第2節、第3章第1節）

　学校で期待される姿は、児童生徒が学校生活（小学校6年間、中学校3年間等）を通して目指す目標や価値をキーワードとして表したものである。なお、このキーワードは、児童生徒に加えて、学校の教職員に対しても期待されるものである。

〇機能的アセスメント
（Functional Behavior Assessment; FBA）（第3章第1節）

　問題行動がどのような状況やきっかけで起こりやすいかという行動の前（A）,および問題行動がどのような結果につながり維持されているのかという行動の後（C）を明らかにするアセスメントの手続きのことである。直接観察，関係者からの聴き取り，チェックリストなどの方法がある。

〇強化（reinforcement）（第1章第2節）

　強化とは、行動に特定の結果（刺激の出現または消失）が後続することで、その行動の将来の生起頻度が増加する現象である。強化には、行動の後にある刺激が出現すること（例：勉強したら称賛される）で行動が増加する「正の強化」と、行動の後にある刺激が消失すること（例：薬を飲んだら痛みが消える）で行動が増加する「負の強化」がある。

〇強化子（reinforcer）（第1章第2節）

　強化子とは、行動に後続することで、その行動の将来の生起頻度を増加させる機能をもつ刺激である。強化子は、主に「無条件強化子」と「条件強化子」に分類される。「無条件強化子」は、生得的に行動を増加させる機能をもつ刺激である（例：食べ物や快の感覚）。「条件強化子」は、無条件強化子との対提示によって、経験的に行動を増加させる機能を獲得した刺激である（例：称賛・承認やお金）。

〇コーチ（coach）（第1章第3節）

　コーチとは、学校全体の方向付け、研修、他の教職員に対するフィードバック、効果的実践のモデル提示、支援方策の立案などの重要な役割を担う人材を意味する。たいていは、教職員の中から指名される（内部コーチ；internal coach）。実践面で教職員に支持的にかかわるほか、データの収集や分析、支援方策の決定過程の整備などシステム構築にも尽力する。

〇行動（Behavior）（第1章第2節）

　行動とは生きている人が行うことすべてを指す。つまり、歩く、話す、文字を書く、計算する、笑うといった外から観察できる行動だけでなく、考える、想像

するなどの外から観察できないことも行動として捉える。ただし、しゃべらないなど「〜しない」という否定形や、褒められるなど「〜される」という受身形は、行動ではない。

○行動の前（antecedent）（第1章第2節）

「行動の前」は本書でわかりやすく言い換えた言葉であり、専門的には先行事象、先行条件、先行刺激などと言う。「行動の前」において、目標行動をいつ・どこでしたらよいのかのきっかけ（弁別刺激）を明確にしたり、ヒントを出したり・補助したり（プロンプトの提示）、目標行動をする必要性を生み出したり（確立操作）することが大切である。

○行動の後（consequence）（第1章第2節）

「行動の後」は本書でわかりやすく言い換えた言葉であり、専門的には後続事象、結果事象などと言う。「行動の後」にどのような変化が起こるかによって、その行動がその後も繰り返されるか・続くか（生起頻度）が影響を受ける。よって、目標行動の「後」には、その行動が繰り返されやすくなるような出来事・刺激（強化子）が提示される必要がある。

○行動支援計画 (Behavior Intervention Plan; BIP)
（第1章第2節、第3章第1節）

機能的アセスメントの結果に基づき，問題行動が維持されていた機能（獲得もしくは回避）と同じ機能を果たしつつ，より適応的な代替行動を増やすべき標的行動として設定する。予防の支援としては，問題行動が起こりにくい環境，また適応的な代替行動が起こりやすい環境を設定する。また，指導の支援として標的行動を具体的に定義し，教える。強化の支援では，適応的な代替行動が強化されるように報酬や称賛・承認の方法を考える。このように予防，指導，強化の支援についての具体的な計画のことを指す。

○賛同（staff buy-in）（第1章第2節、第3節）

賛同とは、SWPBS実施に当たって教職員が支援に対してどの程度責任を持ち、支援に当たるかの程度を表す。SWPBSが実施されて児童生徒に変容が生じることと、教職員が児童生徒の支援に熱心に取り組むことは関連があると考えられている。

○実行度（implementation fidelity）（第1章第2節、第3節、第4節）

支援や実践が計画された通りに実行できていた程度を意味する。本書ではSWPBSの実行度を評価するためのチェックリストとして日本語版TFIを紹介した。TFIでは70％以上の得点率で「十分な実行度」だと評価される。また、SWPBSの実践の中で行う個別の取り組みについても、その実施手順を書き出しておき、実際にその通りに行ったかを確認することは、実行度の評価になる。

○称賛・承認（praise/acknowledgement）（第2章第3節）

　称賛・承認は、教職員が児童生徒の望ましい行動を増やしたい場合に用いられやすい強化子の1つである。先行研究によると、単に称賛する（例：えらいね）よりも、望ましい行動を具体的に述べながら称賛する（例：友達に優しい言葉をかけることができてえらいね）ほうが効果的であることが報告されている。

○チェックイン・チェックアウト（Check-in/Check-out；CICO）（第3章第1節）

　チェックイン・チェックアウトとは、児童生徒の望ましい行動（例：話している人に体を向けて話を聴く）の生起について、教職員が毎時間フィードバック（例：自発的に聴けた＝2、促しがあって聴けた＝1、促されても実行しなかった＝0）を与える手続きである。児童生徒は、毎朝、教職員と望ましい行動について確認を行い（チェックイン）、放課後に得点に応じた強化子を得る（チェックアウト）。

○抵抗（resistance）（第2章第2節）

　抵抗とは、教職員が示す態度のうち、取組への反対、熱意の不足、不本意ながらのかかわりなどを指す。効果的なSWPBS第1層支援の実施には、教職員の一貫した対応が必要となるため、抵抗への対処は、SWPBSの円滑実施にとって重要事項となる。

○データに基づく意思決定（data-based decision making）（第1章第2節、第3節、第4節、第5節）

　SWPBSでは、第1層支援から第3層支援における実践、システム、成果に関するデータを収集し、そのデータを基に現在の計画の評価と改善に関する意思決定を行う。意思決定には、計画の忠実な実行に関するデータ（実行度データ）と、各層の支援の対象となる児童生徒に関するデータ（成果データ）を用いる。

○ポジティブ行動マトリクス（matrix）（第1章第2節、第2章第2節）

　ポジティブ行動マトリクスは、児童生徒に期待する望ましい行動（ポジティブな行動）を示す表である。この表には、児童生徒が学校生活を通して目指す目標や価値をキーワードで示した"学校で期待される姿（expectation）"と、このキーワードを場面毎に行動レベルで具体化した"目標行動（rule）"が記載される。

○リーダーシップチーム（leadership team）（第1章第3節、第3章第2節）

　SWPBS実施に責任を有し、取組を先導するグループを意味する。わが国では推進チーム、コアチームなどと呼ばれる。メンバー構成は、学校の実情に応じて変化するが、おおむね校長、教頭をはじめ、各学年、各分掌組織の代表者などがメンバーとなる。

おわりに

　まずはここまで本書をお読みいただき、ありがとうございました（ポジティブフィードバックです！）。なかなかの情報量だと思いますので、一度通して読んだだけでは理解しきれない部分もあるかもしれませんが、学校での実践を進めながら、繰り返し該当する箇所に戻って何度も読んでいただくことで、さらに SWPBS に対する理解も深まってくると思います。どうぞ本書をバイブルのようにして、これからのみなさんの現場での実践のお供としていただけましたら幸いです。

　本書の執筆者である私たち5名が理事を務めております日本ポジティブ行動支援ネットワークは、アメリカの Association for Positive Behavior Support（APBS）に公式に承認された団体として 2017 年度に立ち上がり、その頃から日本においても学校全体で取り組む SWPBS の導入が開始されました。アメリカと日本では学校システムも文化も異なりますので、そっくりそのまま導入するというのは当然うまくいきません。SWPBS の重要とされる要素は保ちながらも試行錯誤を重ね、日本の学校教育制度や文化的価値観、先生方の働き方の現状も踏まえつつ、日本に合う形、かつ効果が出る形を求めて歩んできた6年間でした。本書で紹介されている導入の流れや実践例は、このようにして蓄積された日本でのノウハウがたくさん詰まったものとなっています。したがって、「アメリカで効果があるとされたものを翻訳して紹介しました」というものではないのです。そして当然それは、SWPBS に取り組んでくださった多くの学校の先生方、児童生徒のみなさん、その保護者のみなさん、そして教育行政のみなさんとの協働関係があり、意見を交換しながら共に作り上げてきた結果であります。この場をお借りし、この6年間の歩みを伴走してくださった関係者の皆さんに感謝申し上げたいと思います。

　しかしながら、日本における SWPBS はまだまだ発展途上でもあります。本書を執筆するに至った背景には、この SWPBS をさらに広く実践していただけるように、その指南書となるものを作成しようという私たち執筆者の思いがあります。ただ、本書だけで効果的な SWPBS の実践普及が叶うとは思っておりません。そこにはやはり、それを支えるためのシステム構築、財源確保、人材育成などまだまだ超えるべき課題もたくさんあります。本書を手に取っ

ていただいた皆さんとともに、これからさらに日本において、SWPBS を普及・発展させていければ大変嬉しく思います。

　SWPBS が他の多くの教育実践と異なる点は、プログラムパッケージではなく「フレームワーク」であるという点です。つまり、SWPBS というのは、決まったコンテンツがあるわけではなく、その学校の現状や関わる人（教師、子ども達、保護者）の想いや願いを大いに反映させて、自分たちの学校づくりをしていく実践です。SWPBS は、そのための枠組みを提供するものであり、中身はその学校に関わる当事者たちで作り上げていく、それが大きな特徴です。第 2 章ではたくさんの実践例が紹介されていますが、その実践例にこれだけのバリエーションがあるのも、実践の内容がそれぞれの学校の「こんな学校にしたい」「こんな子ども達に育ってほしい」が反映された形であるからです。本書を通して SWPBS を知っていただき、できるところから実践を始めていただくことで、「作りたい学校が作れるんだ！」と希望に胸が膨らむことがあれば執筆者として嬉しく思います。

　最後に、本書の執筆においてコラムとして経験を共有していただいた現場の先生方、そして本書の出版に当たりご尽力ご支援くださった株式会社ジアース教育新社、代表取締役加藤勝博様、営業部小川利幸様、編集西村聡子様に、深く感謝申し上げます。

　2023 年 5 月 8 日

編著者を代表して
大対香奈子

編著者紹介

若林　上総（わかばやし・かずさ）（第1章第3節、第2章主に推進リーダーの役割・ポイントを担当）

宮崎大学 教育学部 准教授

兵庫教育大学大学院連合学校教育学研究科学校教育実践学専攻学校教育臨床連合講座修了。博士（学校教育学）、公認心理師、臨床心理士。

主な著書・論文：「高校ではじめるスクールワイドPBS −階層的な校内支援体制整備を目指して−」（共著、2020年）ジアース教育新社

半田　健（はんだ・けん）（第1章第1節、第2章主に小学校の実践例を担当）

宮崎大学 教育学部 准教授

筑波大学大学院人間総合科学研究科障害科学専攻博士後期課程修了。博士（障害科学）、公認心理師、臨床心理士。

主な著書・論文：「小学校における自閉スペクトラム症児を対象とした社会的スキルの欠如タイプに応じた指導の効果」（共著、2021年）特殊教育学研究

田中　善大（たなか・よしひろ）（第1章第5節、第2章主にモデルケースを担当）

大阪樟蔭女子大学 児童教育学部 准教授

関西学院大学大学院文学研究科総合心理科学専攻博士課程後期課程修了。博士（心理学）、公認心理師、認定心理士。

主な著書・論文：「学校規模ポジティブ行動支援（SWPBS）を支えるデータシステムとしてのODR」（2020年）行動分析学研究

庭山　和貴（にわやま・かずき）（第1章第2節、第2章主に中学校の実践例を担当、第3章第2節）

大阪教育大学 総合教育系 准教授

関西学院大学大学院文学研究科総合心理科学専攻博士課程後期課程修了。博士（心理学）、公認心理師。

主な著書・論文：「学校規模ポジティブ行動支援（SWPBS）とは何か？―教育システムに対する行動分析学的アプローチの適用―」（2020年）行動分析学研究

大対　香奈子（おおつい・かなこ）（第1章第4節、第3章第1節）

近畿大学 総合社会学部 准教授

関西学院大学大学院文学研究科心理学専攻博士課程後期課程修了。博士（心理学）、公認心理師、学校心理士。

主な著書・論文：「小学校における学校規模ポジティブ行動支援の第1層支援が児童および教師に及ぼす効果」（共著、2022年）LD研究

■ 表紙デザイン　宇都宮 政一

学校全体で取り組む
ポジティブ行動支援スタートガイド

2023 年 8 月 26 日　初版第 1 刷発行

編　　著　　若林 上総・半田 健・田中 善大・庭山 和貴・大対 香奈子

発 行 者　　加藤 勝博
発 行 所　　株式会社 ジアース教育新社
　　　　　　〒 101-0054
　　　　　　東京都千代田区神田錦町 1-23 宗保第 2 ビル
　　　　　　Ｔ el：03-5282-7183
　　　　　　Ｆ ax：03-5282-7892
　　　　　　E-mail：info@kyoikushinsha.co.jp
　　　　　　URL：https://www.kyoikushinsha.co.jp/

本文デザイン・DTP　株式会社 彩流工房　　　　　Printed in Japan
印刷・製本　　シナノ印刷 株式会社
○定価は表紙に表示してあります。
○落丁本・乱丁本はお取替えいたします。
　ISBN978-4-86371-665-0